21世纪高职高专规划教材·汽车运用与维修系列

汽车车损与定损（第二版）

主　编　明光星
副主编　蒋　岩

中国人民大学出版社
·北京·

出版说明

进入21世纪以来，随着我国汽车工业的迅猛发展和人民生活水平的不断提高，随着公路运输设施和城市基础设施建设投资的迅速增加，以及政府鼓励汽车消费政策的逐步实施，我国汽车保有量迅速增长。目前，我国汽车数量每年以两位数的增长率递增，据此，预计仅汽车维修业近两年就将新增80万从业人员，其中大部分从业人员需要接受职业教育与培训。中国人民大学出版社经过充分的市场调研，策划出版了这套高职高专汽车运用与维修专业的系列教材。

本套教材紧密贴近我国高职教学改革的实际，力求体现以下几个特点。

1. 以企业需求为基本依据，以就业为导向

教材的编写以就业为导向，以能力为本位，能够满足企业的工作需求，提高学生学习的主动性和积极性。我们对每本书的主编精心遴选，除了要求主编必须是高职院校的骨干教师外，还要求他们有在一线汽车相关企业的工作经验或实验实训经历，确保教材的内容既能紧密贴合教学大纲，又能准确把握市场需求、加强实践操作环节内容。

2. 适应汽车企业技术发展，体现教学内容的先进性和前瞻性

本套教材关注我国汽车制造和维修企业的最新技术发展，通过校企合作编写的形式，及时调整教材内容，突出本专业领域的新知识、新技术、新工艺和新方法，克服旧教材存在的内容陈旧、更新缓慢、片面强调学科体系完整、不能适应企业发展需要的弊端。每本教材结合专业要求，使学生在学习专业基本知识和基本技能的基础上，及时了解、掌握本领域的最新技术及相关技能，实现专业教学基础性与先进性的统一。

3. 教材内容按模块化形式编写

教材力求摆脱学科课程旧思想的束缚，从岗位需求出发，尽早让学生接触实践操作内容。根据具体的专业情况，有的是每本书一个模块，有的是每本书分为多个模块，每部分内容都以工作岗位所需要的技能展开。

4. 跨区域开发、整合多方优势

由于我国幅员辽阔，各地区经济发展都具有不同的地域特点，而作为与经济建设密切相关的职业教育也必然存在区域间的差异。为了打造出一套适用性强、博采众长的教材，我们在教材的策划阶段，即与不同区域的众多开设汽车相关专业的高职院校取得了联系，并进行了深入调研，经过反复研讨后确定了具体的编写大纲。教材在编写过程中得到了辽宁交通高等专科学校、承德石油高等专科学校、长春汽车工业高等专科学校、内蒙古交通职业技术学院、河南交通职业技术学院、河北交通职业技术学院、广东轻工职业技术学院等二十多家职业院校的参与与大力支持。

5. 教材配备完善的立体化教学资源

本系列教材在研发的同时，希望能够在相关课件的开发制作方面做出自己的特色，从而提升教材的核心竞争力。通过对市场的前期调研，我们对目前已经出版的相关教材配套

课件情况进行了分析，针对目前同类产品存在的不足，制定了专业基础课教材课件完整、专业主干课教材演示视频丰富、全系列教材教学资源整合形成网上资源平台的策划思路，力求使本套教材成为真正的立体化教材。

本套教材在编写过程中，除了得到多所高职院校的帮助外，《汽车维修技师》杂志社、辽宁省交通高等专科学校汽车研究所、辽宁鑫迪汽车销售服务有限公司、大连新盛荣汽车销售服务有限公司、辽宁宝时汽车销售服务有限公司、安徽宝德汽车维修有限公司等在技术和资料方面给予了很多支持，在此表示衷心的感谢。

希望本套教材的出版能够为高职高专院校汽车运用与维修专业的教学工作起到积极的促进作用，也欢迎本套教材的使用者针对教材中存在的不足提出宝贵的建议。

中国人民大学出版社

第二版说明

随着汽车工业的发展和人民生活水平的提高，我国汽车的拥有量正在大幅上升，例如目前仅北京市便日均有超过600辆新车上路，这也导致了机动车交通事故高发不下。随之，汽车查勘与定损、汽车保险与理赔行业正悄然兴起，对从业人员的要求也越来越规范。

本书介绍了汽车保险理赔的主要内容，包括汽车及配件基础知识、查勘与定损流程和技术、车险条款等。本书可供高职院校作为相关专业教材使用，也可供汽车保险查勘人员、定损人员、理赔人员作为业务学习和参考的资料。根据使用反馈，我们在修订过程中增加了学习测试内容和部分定损案例，同时也更新了部分陈旧内容。

本书共七章，由辽宁省交通高等专科学校明光星主编，平安保险公司蒋岩为副主编，参编人员有中华联合保险公司孙立忠、新长城汽车维修站李月超、奥迪汽车服务站付建国，以及辽宁省交通高等专科学校张凤云、杨洪庆、任佳君、李晗、明阳、宋斌等。

在本书编写过程中，参考了有关文献资料，谨向这些作者表示诚挚的谢意。

由于时间仓促和水平所限，书中不当甚至错误之处，恳请读者指正。

编者

2012年6月

目录 Contents

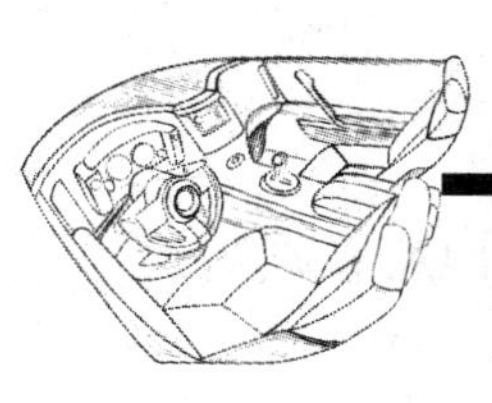

第一章

车险理赔工作简介

引言

生活的每一天里，都会发生交通事故。其中，有些车辆可能仅轻微损坏而不需修理，有些车辆可能严重受损无需再修理，而由保险公司核定为报废车辆，还有许多事故车辆却需修理后再投入使用。近年来我国对机动车实行强制保险制度，使在保车辆和车险理赔业务急剧增加，所以，对车险理赔人员的业务能力和素质的要求也越来越高。让我们通过车险理赔工作简介来了解车险理赔人员应掌握的知识。

学习任务一　车险理赔服务流程

学习目标：了解车险理赔服务流程。

学习方法：本任务为理论知识学习，采取教师讲解与学生讨论相结合的方法完成。

一、车险理赔服务内容

车险理赔服务包括报案受理、异地委托和受理、查勘救援调度、查勘定损、核价核损、立案、缮制、核赔、结案归档、赔款支付、服务品质评估、服务品质改进等环节。

(1) 报案受理：核实客户身份、记录报案信息、初步分析保险责任、给客户提供索赔指引等。

(2) 异地委托和受理：异地出险案件的代查勘（含通赔）委托和受理。

(3) 查勘救援调度：为减少或控制被保险标的损失而采取的抢救措施，如协调119、120等。

(4) 查勘定损：现场查勘定损、保险责任判定、损失预估。

(5) 核价核损：对车损、物损案件的查勘定损结果进行审核和确认。

(6) 立案：预估人伤损失，人伤住院案件的立案。

(7) 缮制：收集赔案所需单证，初步审核保险责任，理算赔款，报批赔案。

(8) 核赔：对赔案进行审核。

(9) 结案归档：结案清分单证、理赔卷宗装订、理赔档案管理。

（10）赔款支付：审核支付手续，支付赔款。

（11）服务品质评估：对理赔服务品质进行评估。

（12）服务品质改进：针对品质评估发现的问题，制定改进措施，跟踪落实。

二、车险理赔服务流程

如图 1—1 所示为车险理赔的具体流程。

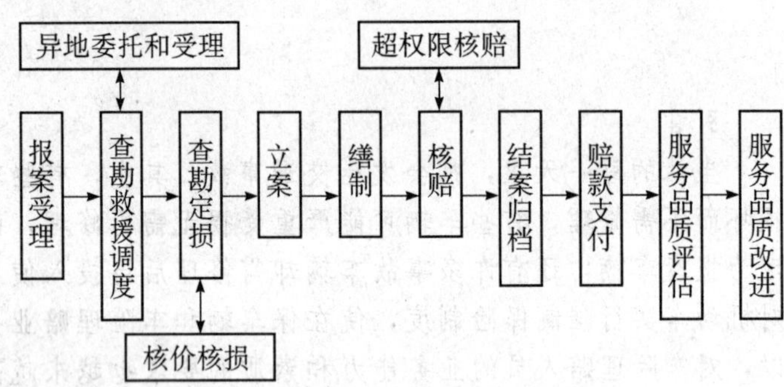

图 1—1　车险理赔服务流程

三、查勘定损岗位规范

（一）查勘定损岗位职责

（1）负责现场勘查取证，核实出险标的，核对现场和碰撞痕迹，判断事故真实性，判断事故责任和保险责任。

（2）拓印标的车 VIN 码、发动机号码，查勘受损车辆、财物、受伤人员情况，确定事故损失金额。

（3）指导客户填写《机动车辆保险索赔申请书》或打印《机动车辆保险索赔申请书》交客户签章，并告知客户索赔流程和所需的单证。

（4）及时处理受理案件，坚决杜绝案件积压，保证及时立案率和理赔时效。

（5）协调好车主、维修厂、保险公司三者的关系。

（二）查勘定损员应具备的条件

作为一名查勘定损员，要协调好车主、维修厂、保险公司三者之间的关系，因此要具备以下条件：

（1）能严格执行服务人员岗位规范，服从调度，具有良好的职业道德。

（2）掌握汽车基本构造、工作原理及汽车碰撞维修基本工艺。

（3）能独立完成现场查勘、定损、核损、索赔等车险理赔工作。

（4）应具备良好的沟通能力。在查勘现场过程中，应及时与客户联系并进行良好的沟通。同时，根据案件性质，给客户索赔以专业的指导，一次性告知客户索赔流程和所需的单证。

（5）精通车险相关条款。

学习任务二 车险理赔中的道德问题及防范方法

学习目标：了解目前修理行业存在的欺诈行为。

学习方法：本任务为理论知识学习，采取教师讲解与学生角色扮演相结合的方法进行学习。

一、车险理赔中的道德问题

（一）为追求利益擅自从中作梗

为追求利益擅自从中作梗是指修理企业为降低成本，追求修理企业利益最大化，对碰撞损坏的部件，要求一概更换，或者使用报废件或副厂配件代替原厂配件，严重侵害车主和保险公司的利益，这种现象在车险理赔中常见。实际中有些部件只需进行简单维修就能恢复使用性能，也不影响汽车的行驶安全性。

（二）节省扣除款

节省扣除款是指客户为了节省免赔款，要求修理企业作假来欺骗保险公司，这是最普遍的方法。例如，一个修理企业确定修理费为80元，而客户要求将修理费改为100元，这样客户便可以获得20元的免赔款。为了避免这种现象的发生，就需要理赔人员有一双明亮的眼睛，有很强的业务能力及良好的职业道德。

（三）搭车维修

搭车维修是指客户利用保险条款的全额支付机会让修理企业翻新汽车，或让修理企业修理与事故无关的损坏件，或者是索赔同一损坏零件的双份保险的方式。例如：一辆汽车的车门板受到轻微的损坏，车主办理了保险索赔单后，并没有维修车门；几个月后，在另一起交通事故中又撞到了该车门，于是该车经鉴定后进行修理，但总修理费用中已包括上次轻微损坏的修理费。

（四）冒名顶替

冒名顶替是指出险时受损标的未投保，或驾驶员饮酒，出险后假借其他投保人名义或更换驾驶人员到保险公司索赔。

（五）虚假理赔

虚假理赔是指保险公司内部人员勾结投保人，故意编造未发生的保险事故或者改动有关文字资料，骗取保险金归个人所有。

二、道德问题产生原因

（一）调查难度加大

查勘和核赔工作的难度大，以及缺少社会相关部门对理赔调查工作的支持与协作，是促使道德问题产生的重要原因。因为在具体调查核赔的过程中，并不是所有的相关部门都支持保险公司的工作，再加上“24小时取赔款”等快速理赔条款的出现，都大大增加了保险公司的经营风险。

（二）查勘力量薄弱

由于业务量庞大、人员短缺，保险公司往往不能第一时间赶赴现场进行查勘，这给了骗赔者可乘之机。在处理理赔案的过程中，按照理赔原则，应双人查勘，逐级审批，但实际上，少数公司出现了从出险到赔偿整个理赔过程均由一个人经办的现象，一人查勘，一人定损，一人核赔，这也是造成理赔道德问题的重要原因。

（三）法制观念淡薄

一些理赔员在长期定损工作中经不起利益的诱惑，相关部门忽视对理赔人员的道德及法制教育，常导致理赔人员产生道德问题。

三、道德问题防范方法

为了防范车险理赔中的道德问题，首先是要加强理赔人员道德及法制教育，在理赔员与修理企业的谈判过程中减少个人主观意见的介入。第二，建立、健全定点维修厂的监管机制，促使行业主管部门尽快出台相关标准，结束各保险公司各自为政的局面。第三，提高理赔人员专业素质，鼓励理赔员和维修人员参加培训，提高业务能力。第四，健全定损员监督机制。通过岗位轮换、交流等方式，对理赔员的工作进行监督，避免理赔员与修理企业之间产生“默契”；对高额定损案件应不定期进行数据分析，对定损金额时常高于平均水平的理赔员及维修厂应进行特别监督。

学习任务三　查勘定损常用工具和装备

学习目标：了解车损检查流程中所需要的工具。

学习方法：本任务为理论知识学习，采取教师讲解与实物认识相结合的方法进行学习。

下面所介绍的工具和装备将有助于车损检查工作更容易、更准确地进行。

一、举升架

（一）举升架的用途

举升架并不经常使用，但专门用来检查和记录底盘的损坏程度。当检查底盘损伤时应配备良好的照明条件。如图 1—2 所示为受损车辆在举升架上接受检查。

（二）举升架的使用方法

（1）使用前应清除举升架附近妨碍作业的器具及杂物，并检查操作手柄是否正常。

（2）操作机构灵敏有效，液压系统不允许有爬行现象。

（3）车辆驶入后，应将举升架支撑块调整移动对正该车型规定的举升点。

（4）支车时，四个支角应在同一个平面上，调整支角胶垫高度，使其接触车辆底盘支撑部位，支起后四个托架要锁紧。

（5）举升时人员应离开车辆，举升到需要高度时，必须插入保险锁销，并确保安全可靠后才可开始车底作业。

（6）举升要稳，降落要慢，且不得频繁起落。

（7）有人作业时严禁升降举升架。

（三）举升架的保养

（1）发现操作机构不灵、电机不同步、托架不平或液压部分漏油，应及时保修，不得

图 1—2 举升后检查车身底部的损坏

带故障操作。

(2) 作业完毕后要清除杂物，并打扫举升架周围以保持场地整洁。

(3) 定期（半年）排除举升架油缸积水，并检查油量，油量不足应及时加注相同牌号的压力油，同时应检查润滑举升架传动齿轮及链条。

二、千斤顶

(一) 千斤顶的用途

在没有举升架的情况下，可通过千斤顶将汽车举升，然后进行全面的汽车底部损坏检查。为方便进入汽车底部检查，可用一个滑动躺板作为辅助工具。

(二) 千斤顶使用的注意事项

(1) 在进行车身底部检查之前，先要确保汽车已可靠地支撑，确保汽车的损坏不影响到举升设备的正常工作及查勘人员的安全。

(2) 在检查密封或遮光部位时要用到工作灯或手电筒。

(3) 搞好防护工作，防止泄漏液体、损坏零件对查勘人员的损伤。

三、卷尺和滑规式测尺

在通过几个矫准控制点对车身变形量进行检查时，要用到卷尺和滑规式测尺，如图 1—3 所示。同时，在对控制点进行测量时，应备有记录测量信息的纸张。

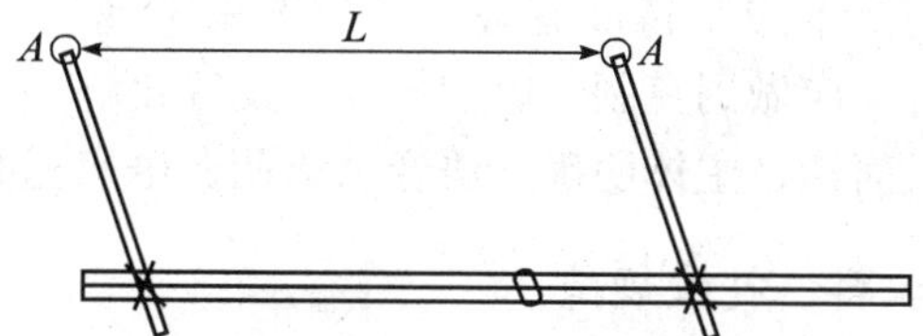

图 1—3 滑规式测尺能迅速测出发动机罩内侧的尺寸

四、其他常备工具

（一）数码相机

车损照片是必不可少的理赔资料，近年来为方便计算机管理，便于网上传输，数码相机被广泛应用于车险理赔工作中。为了现场查勘的顺利进行，查勘前需先检查好数码相机电池电量、性能、存储卡容量等。

（二）移动电话

与客户的及时沟通，对减少车损及顺利进行理赔工作非常重要。移动电话已成为车险理赔工作的常备工具。上岗前检查电池的电量、携带的耳机及车载充电器等必备附件，方便与客户的及时、有效沟通。

（三）照明设备

夜间出现场还应该备有电力足、亮度够的手电筒、小型发电机及照明设备。

（四）相关单证

相关单证包括索赔须知、查勘报告、出险通知书等。

知识与能力拓展

车险服务人员行为规范

学习车险理赔服务规范的目的是通过规范服务行为，建立标准化的车险服务体系，提高车险理赔服务品质，提高车险服务水平和市场竞争力，加强人员服务意识，规范操作，及时纠正服务中的不良行为，进一步提高车险理赔服务质量。

一、职业道德规范

（1）热爱本职工作，精通业务，以饱满的精神和强烈的责任心投入工作。

（2）遵守“诚实信用”原则和遵循“信誉第一、效率第一、客户至上、服务至上”的服务宗旨，客观公正、准确快速地处理每一个案件，廉洁奉公，不谋私利。

（3）真诚对待每一个客户，为客户提供“用心、专业、圆满”的服务。

二、服务态度、语言规范

（1）热情大方、微笑服务、举止文雅、言语礼貌。

（2）耐心细致地了解客户需求，主动、体贴、专业地指导和协助客户办理索赔手续，认真负责、准确快捷、亲切周到地服务好每一个客户。

（3）对客户不合理的要求应坚持“有理有节、不卑不亢”的原则，但严禁与客户争执，面对客户的过激言行，应做到克制、以理服人、友好化解。

（4）语言表达准确、简洁、主体明确，语音、语调、语速标准。

三、着装、仪表、仪容、礼仪规范

（1）工作时间必须按要求统一着装，衣物应保持清洁平挺，不得有破绽、污渍、

皱折。

（2）佩戴司徽和服务工牌。

（3）男员工应每天修面，不得蓄须，不准理光头，发型要求前不盖眉、侧不掩耳、后不遮领。

（4）女员工淡妆上岗，佩戴简洁饰品，款式应朴素大方。

（5）站姿：端正站立，两手自然下垂，男士双脚分开站立，女士丁字步站立，不得前俯、斜靠。

（6）坐姿：保持坐姿标准，身体略向前倾，女士需将双脚并拢，稍向左侧或右侧，不准卧坐在椅子深部、趴于桌面或跷二郎腿；处理业务需移动凳子时，须保持仪态，不能有大力蹬地或拉身动作。

（7）走姿：步伐均匀，两臂自然摆动，脚不宜抬得过高，不得风风火火走路。

（8）蹲姿：保持上身端正，两腿并拢或高低交错，轻蹲轻起。

（9）鞠躬礼：行礼前要目视对方，行礼时要双腿并拢，男士双手放在身侧，女士双手放在体前，以腰为轴向前俯身，接待客户行 15 度鞠躬礼，目视肢前 1.5 米处。

学习测试

测试 1：判断题

1. 查勘定损是指核实客户身份、记录报案信息、初步分析保险责任、给客户索赔指引等。（ ）

2. 服务品质评估是对品质评估发现的问题，制定改进措施，跟踪落实。（ ）

3. 查勘定损员在查勘现场过程中，应及时与客户联系并进行良好的沟通。同时，根据案件性质，给客户索赔以专业的指导。（ ）

4. 冒名顶替是指出险时受损标的未投保，或驾驶员饮酒，出险后假借其他投保人名义或更换驾驶人员到保险公司索赔。（ ）

5. 为了防范车险理赔中道德问题，首先是要加强理赔人员道德及法制教育，在理赔员与修理企业的谈判过程中减少个人主观意见的介入。（ ）

测试 2：选择题

1. 对于保险公司如何防范车险理赔员出现道德问题，甲说：应加强理赔人员道德及法制教育；乙说：应对理赔员的工作进行监督，避免理赔员与修理企业之间产生“默契”。正确选项是（ ）。

A. 甲正确　　B. 乙正确　　C. 甲乙都正确　　D. 甲乙都错误

2. 对于保险公司如何防范车险理赔员出现道德问题，甲说：应建立健全定点维修厂的监管机制；乙说：应对所有车损案件进行不定期的数据分析。正确选项是（ ）。

A. 甲正确　　B. 乙正确　　C. 甲乙都正确　　D. 甲乙都错误

3. 对于保险公司如何防范车险理赔员出现道德问题，甲说：应对所有私家车车损案件进行定期数据分析；乙说：对定损金额时常高于平均水平的理赔员及维修厂应进行特别监督。正确选项是（ ）。

A. 甲正确　　B. 乙正确　　C. 甲乙都正确　　D. 甲乙都错误

4. 车险理赔服务流程中（　　）是指理赔人员对车损、物损案件的查勘定损结果进行审核和确认。

A. 核价核损　　B. 报案受理　　C. 查勘定损　　D. 核赔

5. 在车险理赔中保险公司内部人员勾结投机人，故意编造未发生的保险事故或者改动有关文字资料，骗取保险金归个人所有，这种现象为（　）。

A. 正常理赔　　B. 冒名顶替　　C. 搭车维修　　D. 虚假理赔

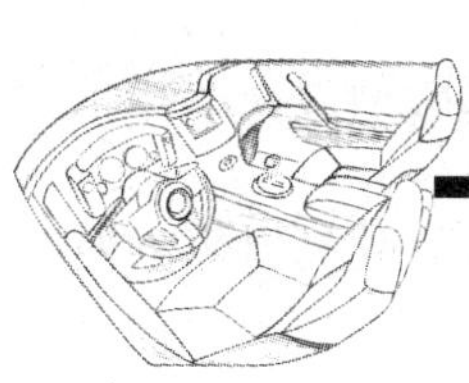

第二章

汽车基础知识

引言

汽车专业知识是做好车险理赔定损工作的基础，定损员必须掌握有关汽车构造、汽车维修方面的知识。本章重点介绍汽车的组成、分类、车身结构及材料。

学习任务一 概述

学习目标：了解汽车组成与分类、车身结构及材料。

学习方法：本任务为理实一体学习，采取教师讲解与学生参观实习相结合的方法进行。

一、汽车组成

汽车通常由发动机、底盘、车身、电气设备四个部分组成。典型轿车总体构造如图 2—1 所示。

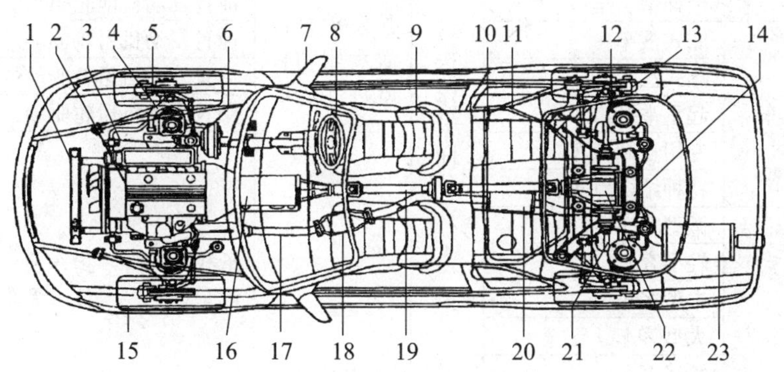

图 2—1 轿车的总体构造

1—散热器；2—发动机；3—车架横梁；4—前悬架；5—制动器；6—制动主缸；7—后视镜；8—方向盘；9—前坐椅；10—后坐椅；11—油箱；12—后悬架；13—制动器；14—悬架部分；15—轮胎；16—变速器；17—排气管；18—三元催化器；19—传动轴；20—副消声器；21—半轴；22—主减速器；23—主消声器

发动机由曲柄连杆机构、配气机构、供给系、冷却系、润滑系、点火系（汽油发动机采用）、启动系等部分组成，作用是使供给其中的燃料燃烧而发出动力。

底盘由传动系、行驶系、转向系和制动系组成，作用是接受发动机的动力，使汽车产生运动，并保证汽车按照驾驶员的操纵正常行驶。

车身是驾驶员工作的场所，也是装载乘客和货物的场所。车身应为驾驶员提供方便的操作条件，以及为乘客提供舒适安全的环境或保证货物完好无损。

电气设备由电源组、发动机启动系和点火系、汽车照明和信号装置等组成。此外，在现代汽车上愈来愈多地装用各种电子设备，如微处理机、中央计算机系统及各种娱乐装置等。

二、汽车的分类

随着汽车用途的日趋广泛，汽车结构装置也在不断地改进，种类也越来越多。汽车分类方法较多，见表 2—1。

表 2—1　　汽车的分类

分类方式	类别	车型
按用途不同分类	载货汽车	微型货车
		轻型货车
		中型货车
		重型货车
	越野汽车	轻型越野汽车
		中型越野汽车
		超重型越野车
	自卸车	轻型自卸汽车
		中型自卸汽车
		重型自卸汽车
		矿用自卸汽车
	牵引车	半挂牵引车
		全挂牵引车
	专用汽车	厢式汽车
		罐式汽车
		起重举升汽车
		专用自卸汽车
		特种结构汽车
	客车	微型客车
		轻型客车
		中型客车
		大型客车
		铰接客车
		双层客车
	轿车	微型轿车
		普通轿车
		中级轿车
		高级轿车
	半挂车	轻型半挂车
		中型半挂车
		重型半挂车
		超重型半挂车

分类方式	分类依据	类别	车型/说明
按结构不同分类	按动力装置进行分类	内燃机汽车	汽油机汽车
			柴油机汽车
			气体燃料汽车
			液化气体汽车
		电动汽车	无轨电车
			电瓶汽车
	按发动机的位置分类	前置发动机汽车	
		后置发动机汽车	
		中置发动机汽车	
	按驱动方式进行分类	前轮驱动汽车	
		后轮驱动汽车	
		全轮驱动汽车	
	按发动机位置和驱动方式进行分类	前置发动机前轮驱动的汽车（FF）	
		前置发动机后轮驱动的汽车（FR）	
		后置发动机后轮驱动的汽车（RR）	
		中置发动机后轮驱动的汽车（MR）	
	按车身承载方式进行分类	承载式车身汽车	指车身作为承载基础件（无车架）的汽车
		非载式车身汽车	指车架作为承载基础件的汽车

三、车辆识别代号（VIN）编码

在实际理赔工作中，车险理赔定损员必须懂得VIN编码的重要性，因为VIN码能够准确提供车辆产地、出厂日期、配置等重要信息。所以，车险理赔定损人员必须了解VIN编码规则，掌握VIN编码的相关知识。

（一）车辆识别代号（VIN）编码规则及要求

VIN（Vehicle Identification Number）编码又称17位编码，现在世界各国汽车公司生产的汽车大部分使用了VIN车辆识别代号编码。“VIN车辆识别代号编码”由一组字母和阿拉伯数字组成，它是识别一辆汽车不可缺少的工具，就如同人的身份证一样，具有在世界范围内对一辆车的唯一识别性。当每一辆新出厂的车被刻上VIN代号，此代号将伴随着车辆的注册、保险、年检、维修与保养，直至回收或报废而载入每辆车的车辆档案。VIN编码的每位代码代表着汽车的某一方面的信息参数，按照识别代号编码顺序，从VIN编码中可以识别出该车的生产国别、制造公司或生产厂家、车的类型、品牌名称、车型系列、车身形式、发动机型号、车型年款、安全防护装置型号、检验数字、装配厂名称和出厂顺序号码等信息。

（二）基本要求

（1）每一辆汽车、摩托车都必须具有VIN编码。

（2）在30年内生产任何车辆的VIN编码不得相同。

（3）VIN编码应尽量标示在车辆右侧的前半部分，易于看到且能防止磨损或替换的车辆结构件上。

（4）9人座或9人座以下的车辆和最大总质量小于或等于3.5t的载货汽车的车辆识别代号应永久的标示在仪表板上靠近风窗立柱的位置，在白天不需移动任何部件就能从车外分辨出VIN编码。

（5）VIN编码的字码在任何情况下都应字迹清楚、坚固耐久和不易替换。VIN编码的字码高度：若直接打印在车辆结构件上，则字高应不小于7mm，深度应不小于0.3mm，其他情况字高应不小于4mm。

（6）VIN编码采用0～9阿拉伯数字和大写英文字母ABCDEFGHJKLMNPRSTUVWXYZ表示。

（7）VIN编码标示在车辆或标牌上时，应尽量标示在一行，此时可不使用分隔符。特殊情况下，由于技术原因必须标示在两行时，两行之间不应有空行，每行的开始与终止处应选用一个分隔符。

（8）VIN编码在文件上标示时应标示在一行，不允许有空格，不允许使用分隔符。

（9）VIN编码还应标示在产品标牌上（两轮摩托车和轻便摩托车可除外）。

（10）VIN编码可采用人工可读码形式或机器可读的条码形式进行标示，若采用条码，应符合国家标准《车辆识别代号条码标签》（GB/T 18410—2001）的要求。

（三）VIN编码组成

VIN编码由世界制造厂识别代号（WMI）、车辆说明部分（VDS）和车辆指示部分（VIS）三部分构成。

WMI　　　　　VDS　　　　　　VIS

□□□　□□□□□□　□□□□□□□□

1 2 3　4 5 6 7 8 9　10 11 12 13 14 15 16 17

1. 世界制造厂识别代号（WMI）

世界制造厂识别代号（WMI）一般由三个字码组成。

(1) 第一位字码是标明一个地理区域的字母或数字。

(2) 第二位字码是标明一个特定地区内的一个国家的字母或数字（车辆的国家代码如表 2—2 所示）。

(3) 第三位字码是标明某个特定的制造厂的字母或数字。

第一、二位字码的组合能保证国家识别标志的唯一性，第一、二、三位字码的组合能保证制造厂识别标志的唯一性。

表 2—2　　车辆的国家代码

国家	代码	国家	代码	国家	代码
美国	1	德国	W	意大利	I
加拿大	2	韩国	K	泰国	M
墨西哥	3	中国	L	瑞典	S
美国	4	英国	G	日本	J
巴西	5	法国	F	西班牙	E
澳大利亚	6				

2. 车辆说明部分（VDS）

车辆说明部分（VDS）由六位字码组成。此部分能识别车辆的一般特征，其代号顺序由制造厂决定。

3. 车辆指示部分（VIS）

车辆指示部分（VIS）由八位字码组成，最后四位是数字。

(1) 第一位字码指示年份，年份字码按表 2—3 规定。

(2) 第二位字码可用来指示装配厂或制造厂规定的其他内容。

(3) 制造厂的年产量≥500 辆时，此部分的第三～八位字码表示生产顺序号，制造厂的年产量＜500 辆时，此部分的第三、四、五位字码与第一部分的三位字码一起来表示一个车辆制造厂。

表 2—3　　年份代码

年份	代码	年份	代码	年份	代码	年份	代码
1971	1	1981	B	1991	M	2001	1
1972	2	1982	C	1992	N	2002	2
1973	3	1983	D	1993	P	2003	3
1974	4	1984	E	1994	R	2004	4
1975	5	1985	F	1995	S	2005	5
1976	6	1986	G	1996	T	2006	6
1977	7	1987	H	1997	V	2007	7
1978	8	1988	J	1998	W	2008	8
1979	9	1989	K	1999	X	2009	9
1980	A	1990	L	2000	Y	2010	A

学习任务二　车身类型与结构

学习目标：了解各种车身构造、类型及特点。

学习方法：本任务为理实一体学习，采取教师讲解与学生拆装实习相结合的方法进行。

汽车碰撞损伤评估中的大部分工作是车身损伤评估，了解车身结构及其材料对汽车碰撞损伤评估特别是对车身损伤评估至关重要。车身的形式多种多样，一般按照受力情况分为非承载式、承载式、半承载式三种。

非承载式车身，即有车架的车身。车身与车架通过多个弹簧或橡胶垫柔性连接，发动机和底盘主要总成直接装配在车架上，载荷由车架承担，车身主要承受客货的重力和汽车行驶引起的惯性力、空气阻力。非承载式车身主要应用于货车、客车和少数高级轿车。

承载式车身，没有单独车架只有车身。发动机和底盘主要总成都装配在车身上，各种载荷全部由车身承受。车身是由钢板焊接而成的箱式或蛋形结构，其刚性结构可将冲击能量分散到整个汽车，因此在受撞击时，损伤会波及远离冲击点的一些部位。底盘与车身无柔性连接，这种车身需要装备有效的隔声和防振措施。承载式车身主要应用于现代轿车。

半承载式车身，车身与车架采用螺钉、焊接和铆接等方式的刚性连接，载荷主要由车架承受，车身也分担部分车架载荷，这种形式的车身只用于大客车上。下面分别介绍轿车、货车车身基本结构。

一、轿车车身

（一）非承载式车身

1. 车架结构

早期的轿车采用笨重的梯形或X形钢制车架，巨大的纵梁和横梁能承担很大的载荷，但车身离地面很高，造成汽车重心很高，使车辆不能进行高速急转弯。后来改进型的车架采用复合结构，这种结构设计大大降低了车架的重量和强度，但车架的结构尺寸、重量仍然很大。早期车架的类型如图2—2所示。

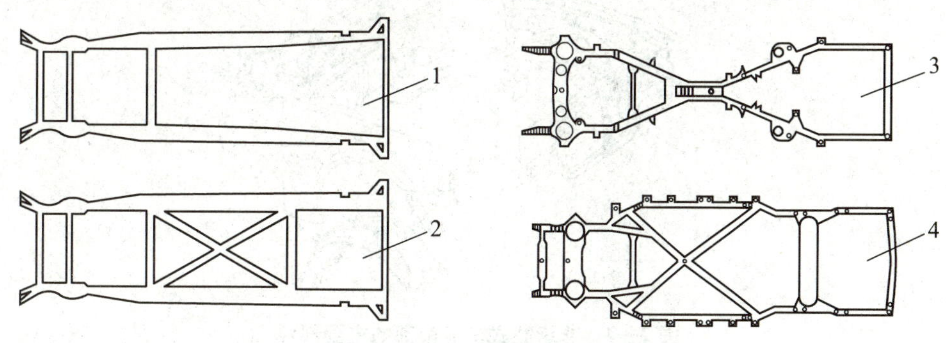

图2—2　早期车架类型

1—梯形车架；2—X形车架；3—沙漏形车架；4—组合车架

现代周边式车架如图2—3所示。该车架多用于客货两用汽车、厢式汽车、越野车和客车上。这种车架具有抗扭性能好且能快速装配悬架系统、发动机以及传动系统等特点。

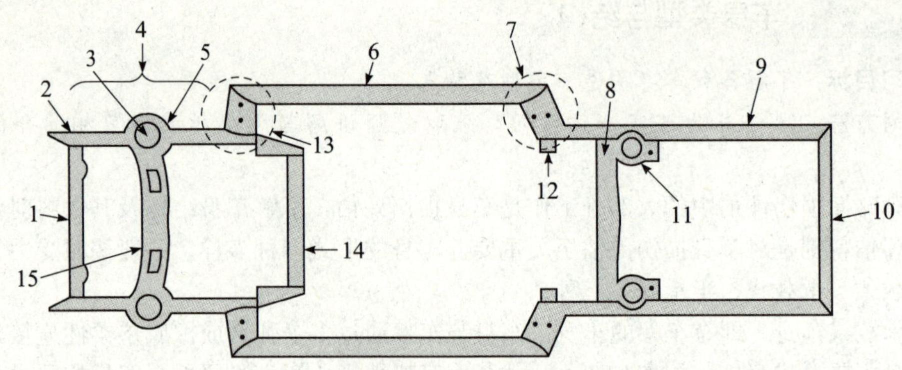

图 2—3　现代周边式车架

1—前横梁；2—角状梁；3—上控制臂接触点；4—前纵梁；5—弹簧座；6—纵梁；7—车架抗扭箱形截面件；8—后悬架横梁；9—后短轴；10—后横梁；11—后弹簧座；12—稳定杆安装支座；13—抗扭箱形截面件；14—变速器支撑横梁；15—主横梁

2. 车身结构

现代非承载式汽车车身前部由散热器固定支架、前翼子板和前挡泥板等组成，如图2—4 所示。这些零部件是用螺栓安装固定的，这样形成一种很容易拆卸的结构。散热器固定支架是由上部固定框、底部固定框和左右侧边固定框焊接在一起而形成的独立结构。非承载式车身的前翼子板与承载式车身的前翼子板不同，顶部支撑板和后端的翼子板采用点焊连接在一起。这种结构不仅增加了前翼子板的强度和刚度，而且能够和前挡泥板一起减少传到乘员舱中的振动和噪声，同时能保护悬架和发动机，使它们在汽车发生侧面碰撞时不致受到损坏。

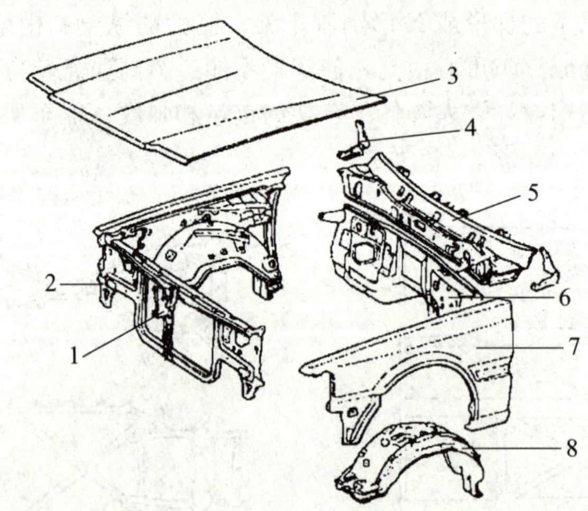

图 2—4　非承载式车身前部的主要部件

1—发动机罩扣；2—散热器固定支架；3—发动机罩；4—发动机罩铰链；5—仪表盘板；6—前围板；7—前翼子板；8—前挡泥板

主车身由车身前围板、车身底板及车顶板等围成，如图 2—5 所示。以上零件构成乘员舱和行李舱，在结构上与承载式汽车很相似。车身前围板、左右车身前柱、车身前围侧板和仪表盘板共同构成发动机舱和乘员舱的隔断。后驱动车身底板的前部有一个传动轴通道。这样在底板的中间形成了一个交叉通道，车架横梁焊接在这个交叉通道上并在这儿与车架相连。这样在发生侧面碰撞时可防止乘员舱、顶部车架纵梁、车门和车身侧面被损坏。另外，在冲压加工过程中车身底板的前部、后部及左右两侧都设计成不对称结构，这样可以增加车身底板本身的刚度以减少振动。

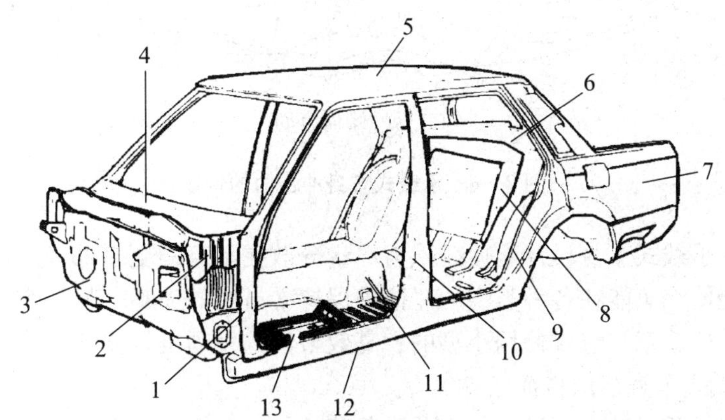

图 2—5　非承载式汽车主车身部件

1—车身前柱（A 柱）；2—前围侧板；3—前围板；4—仪表盘板；5—车顶板；6—后隔板上板；7—后翼子板；8—后隔板；9—车身后柱（C 柱）；10—车身中柱（B 柱）；11—传动轴通道；12—门槛板件（外部）；13—前部车身底板

客货两用汽车、厢式汽车大多采用这种非承载式的设计结构。因为这些车不需要达到客车所具有的安全性，所以这种车大多数没有防撞杆和保险杠隔离器。

驾驶室是用螺栓连接在车架上的，从车架传到驾驶室的振动通过橡胶支座得到衰减。驾驶室是由焊接在一起的一些冲压钢板零件组成的。碰撞维修中这些零件可以被单独更换。

（二）承载式车身结构

1. 承载式车身设计原理

几十年来，大多数轿车使用的非承载式车身结构最终转变成了承载式车身结构。这种承载式车身结构在车身设计方面是一种完全不同的概念，它需要新的组装技术。承载式车身设计是在飞机制造业中首先被成功应用的。在飞机制造中需要重量轻、强度高的机身。应用到汽车制造业中，承载式结构减轻了对独立刚性车架的需求。强度和刚度是由车身本体满足的，这是通过把钢板焊接到盒形或蛋形结构中达到的，这样通过结构设计的改变达到结构中所有的零部件都能满足车身所需的强度。

在承载式车身结构设计中，原来的大尺寸、冷轧钢材被小尺寸高强度的合金钢材及铝合金所代替。这种合金需要新的处理、焊接技术。同时独立的钣金件互相依靠以满足结构的整体性，但是承载式车身受外部冲击时，会由于冲击力的传递会造成车身多处损伤，如图 2—6 所示。结构的改变及新材料的大量应用，增加了碰撞修理的难度，其中有一些在现在碰撞修理中仍然是难题。

这种结构的一个主要优点是能提高乘客安全性。不像非承载式车身那样使碰撞损坏集

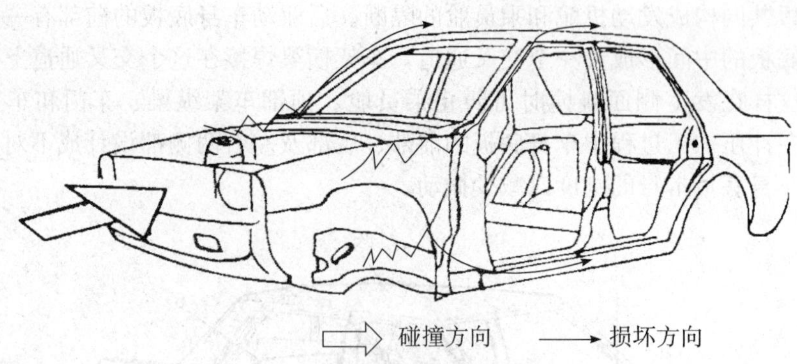

图 2—6　承载式车身冲击力的传递

中在一个地方，承载式车身设计能使碰撞力尽量分散在车身的更多部分。这种能够吸收并扩散能量的性能使汽车能在各种类型的碰撞中保持乘员舱的完整。另一个优点是承载式车身重量比较轻。这就意味着仅使用小型的、高效节油的发动机就能够驱动汽车。

2. 现代承载式车身结构特征

在现代汽车承载式车身上没有单独承受载荷的结构，但整个车身均参与承载。一般说来，能够使车架和车身成为一体结构，承受并保持外力的车身结构称为承载式车身结构。承载式车身具有以下特征：

（1）由很多薄金属板压合在一起形成各种形状的钣金件。这些钣金件通过点焊结合在一起，形成一个完整的结构。这种结构重量很轻并且具有较高的抵抗弯曲和扭转的能力。

（2）框架设计风格使汽车结构更加简洁。

（3）车身维修困难。

（4）为提高车身强度、降低车身重量，大量采用高强度钢、铝合金等材料。

承载式车身的一个主要优点是它们的乘员舱相对坚固，这是因为在这种结构的汽车上，各主要零件都焊接在一起。这种结构在发生碰撞时可起到保护乘客的作用，并且在发生同样的碰撞时与非承载式汽车产生不同的碰撞效果。当发生碰撞时，承载式车身设计的结构不是抑制或将损坏定位在一个地方，而是由其结构中比较坚硬的部分将碰撞能量传到车身更多的部位，因此，定损员对承载式汽车的碰撞分析肯定要有一定的差别。因为所有的部件都焊接在一起，碰撞力会使从碰撞点到远离碰撞点的地方都发生位移。即使被加大或拆松的部分也能在损坏之前传递很大的冲击力。例如，汽车发生前面碰撞的能量足以使后部的部件损坏，这是在通常的检查中很容易被忽略的问题。当汽车修复后，一些被忽略的问题很容易使转向系统和动力传动系统发生故障，因为车身的变形改变了车轮定位，造成转向及行驶稳定性变差。因此，定损员对承载式汽车的碰撞分析要注意这一点。

3. 承载式车身结构

承载式车身的主要零部件如图 2—7 所示。

（1）车身前部。

前车身主要由前翼子板、前纵梁、前围板、发动机罩、前轮罩、水箱框架以及保险杠

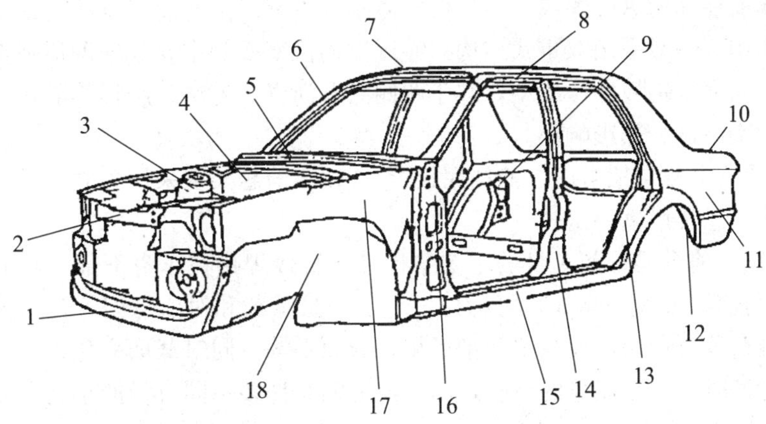

图 2—7　承载式车身的主要零部件

1—前横梁；2—散热器支架；3—塔座（悬架滑柱）；4—前围板；5—仪表盘板；6—风挡玻璃柱；7—车顶盖前横梁；8—车顶盖纵梁；9—后减振器塔座；10—行李舱盖；11—后翼子板（后围侧板）；12—（内、外）轮罩；13—C 柱；14—B 柱；15—（内、外）门槛板；16—A 柱；17—挡泥板加强件；18—挡泥板

的组件组成。发动机、悬架和转向系都安装在前挡泥板和前部车身的前端纵梁上，它影响到前轮的定位。因此，前部车身各部件都必须相当精确并具有足够的强度。外部车身零件除了发动机罩、前翼子板用螺母螺栓安装外，其他的都焊接在一起，以降低车身重量，增加车身强度。前车身上的主要零部件如图 2—8 所示。

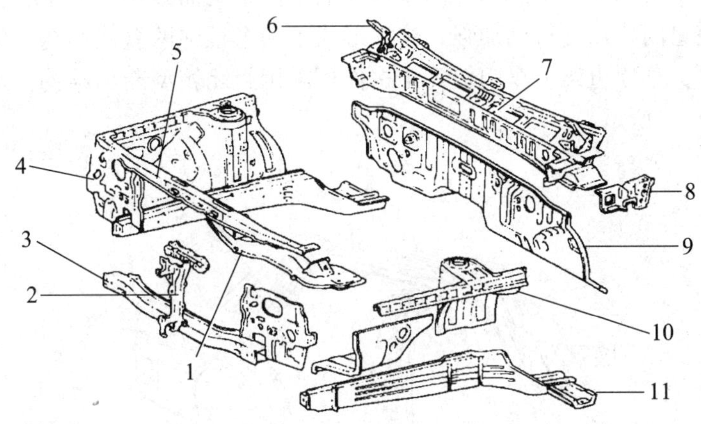

图 2—8　前车身上的主要零部件

1—前悬架横梁；2—罩盖锁柱；3—车架前横梁；4—散热器侧支撑；5—散热器上支撑；6—发动机罩铰链；7—仪表盘板；8—前围侧板；9—前围板；10—前挡泥板；11—前纵梁

1）发动机罩。发动机罩多用高强度钢板冲压成的网状骨架和蒙皮组焊而成。多数轿车还在夹层之间使用了耐热点焊胶，使之确保刚度，并在其间形成良好的消声胶层。车身维修中应有针对性实施方案，不要轻易用火焰法修理，以免破坏夹胶的减振与隔音效果。

2）前围板。前围板位于乘客室前部，通过前围板使发动机室与乘客室分开。前围板的两端与壳体前柱和前纵梁焊成一体，使整体刚性更好。由于前车身的后部结构还起横向加固壳体的作用，一般采用双重式结构。靠近发动机室一侧主要起辅助加强作用，靠近乘客室一侧则用高强度钢板冲压成型，并于两侧涂有沥青、毛毡、胶棉等隔热材料，以求乘客室振动小、噪声低、热影响小。

3）前轮罩（又称悬架塔座、前挡泥板等）。轿车前悬架多采用独立悬架方式，悬架顶部靠前挡泥板（悬架塔座）定位。

4）前纵梁。前纵梁是前车身的主要结构件，直接焊接在车身下部，其上再焊接轮罩（有的前轮罩与前纵梁为一体式）等构件。为了满足承载和对前悬架、转向系等支撑力的要求，并使载荷分布均匀，前纵梁前细后粗，截面不等，同时截面变化也较为明显，能够提高汽车受冲撞时对冲击能量的吸收，前纵梁上钻有许多不同直径的小孔，用于安装发动机总成及其他附件。

5）散热器支架。散热器支架以点焊的方式或螺栓固定的方式连接到前纵梁上，上面安装散热器、冷凝器、前照灯等。

6）前翼子板。前翼子板属前车身的主要覆盖件，多数通过螺栓固定在前挡泥板上。它不仅起着使车身线条流畅的作用，而且使前车身的整体性更强。

(2) 车身侧部。

车身侧部与车身前部、车顶板、底板连接在一起形成乘员舱。车顶、车底和立柱等构件，均以焊接方式组合在一起。在行驶过程中，这些板件将车身底部的负载传到车身上部，并防止左、右侧面发生弯曲。车身侧面还是车门的支撑体，并且当汽车翻车时能保持乘员舱的刚性。虽然侧面车身的强度由于巨大的车门空间而减小，但将它们与内部和外部板件连接可以使它们的强度得到加强，这样形成了一个很强的盒式结构。中间车身侧体框架的中柱、边框、车顶边梁、车门槛等结构件也采用封闭箱型断面结构。承载式车身侧面的零部件如图 2—9 所示。

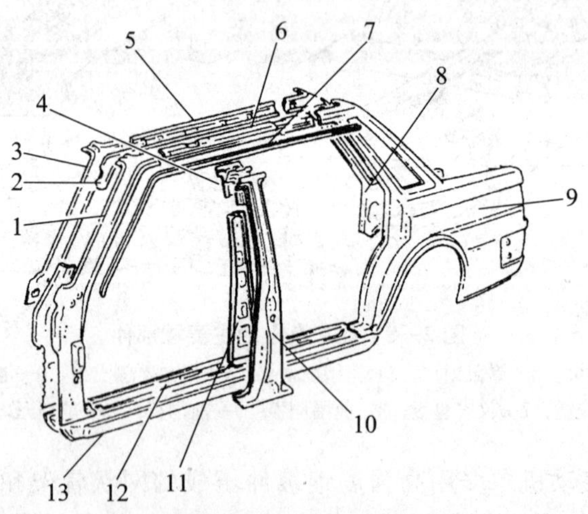

图 2—9　承载式车身侧面的零部件

1—车身前柱上部外侧；2—车身前柱内上端的加强筋；3—车身前柱内上端；4—中柱的外部顶端加强筋；5—车顶侧面内纵梁；6—车顶侧面外纵梁；7—车顶积水槽；8—车顶侧面内板；9—后翼子板；10—中柱外板；11—中柱内板；12—车门槛板（内部）；13—车门槛板（外部）

（3）车身腹板。

车身腹板包括底板、内外车门槛板、前后部所有的梁等。车身腹板结构中，前、后纵梁都是很重要的结构件。前、后纵梁形成了框架的周边式结构。这些纵梁和车身底板的安装方式和形状基本上相同，这取决于悬架和车身腹板结构的大小和形状。承载式汽车的车身腹板由前部、中间和后部三部分组成，整体结构如图 2—10 所示。

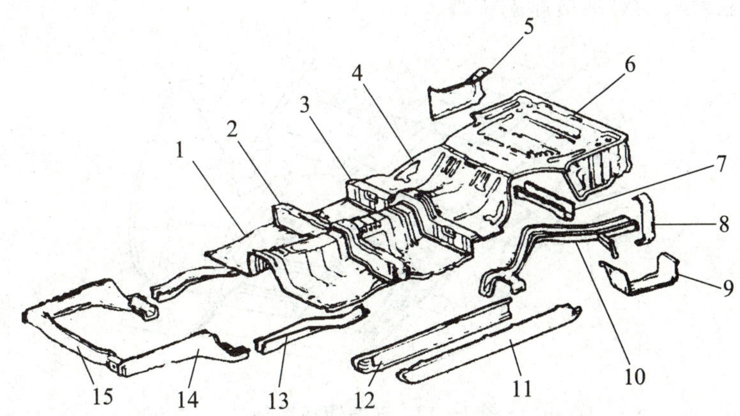

图 2—10　承载式车身腹板的主要组成部分

1—前底板；2—前底板第一横梁；3—中底板的前板；4—中底板；5—后底板的侧面板件；6—后底板；7—后底板的第一横梁；8—后翼子板支撑；9—后围板底端延伸件；10—后底板的侧部纵梁；11—车门槛板（外部）；12—车门槛板（内部）；13—前底板下加强筋；14—前纵梁；15—前横梁

由于前部车身外板和前纵梁直接影响到前轮的定位，因此它们是采用高强度钢制成的一种矩形结构，如图 2—11 所示。为减少在发生正面碰撞时对乘员舱的损坏，前纵梁前细后粗，且截面变化较为明显，这样在发生碰撞时所有的纵梁能够弯曲并吸收冲击能量。对于发生正面碰撞的汽车要注意纵梁变截面处的检查。

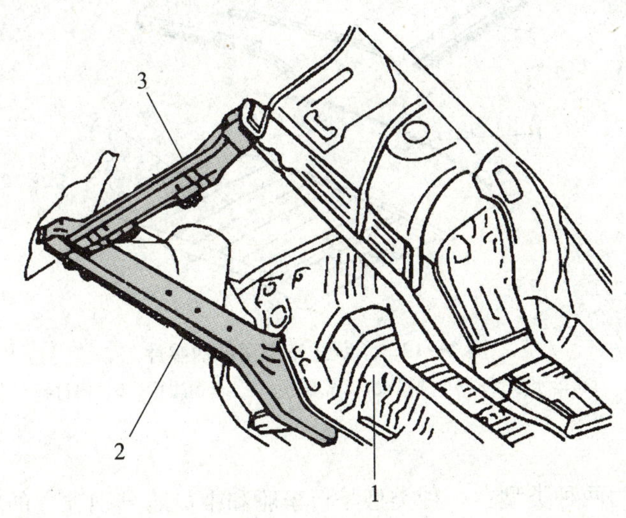

图 2—11　车身腹板前部

1—传动轴通道；2—前纵梁；3—前横梁

后轮驱动的汽车中部车身腹板的中间有传动轴通道，这个通道是为防止底板发生弯曲而设置的。另外，前坐椅和后坐椅前部下面的底板横梁能使左、右车身底板得到加强，并且在发生侧面碰撞时可防止底板折叠。

车身腹板的后部纵梁从座下部一直延伸到后部，设计成一个变截面且有多处弯曲的结构件，如图 2—12 所示。这种结构件就像前部车身纵梁的作用一样，在汽车发生追尾碰撞时能吸收碰撞能量减少对乘员舱的损坏。

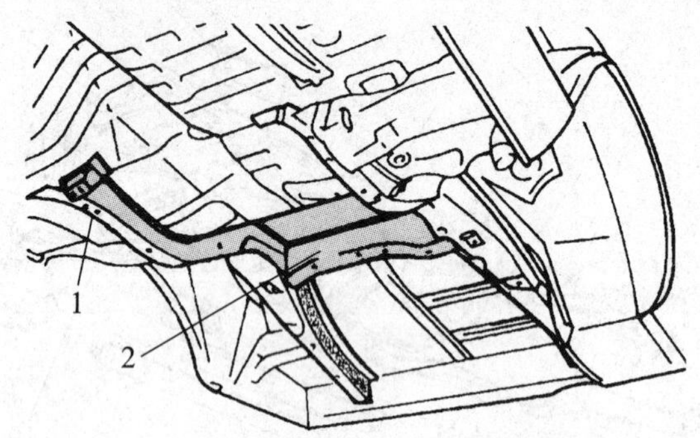

图 2—12　车身腹板后部

1—车架后纵梁；2—安全构件

（4）车身顶部。

车身顶部通常整体冲压成型，是所有车身板件中最大的，由车窗框内侧上部支架、车身立柱、顶盖侧部的纵梁和顶盖后部的后车窗内板支撑，车身顶盖的中部由顶盖横梁加固。承载式车身顶部的零件如图 2—13 所示。

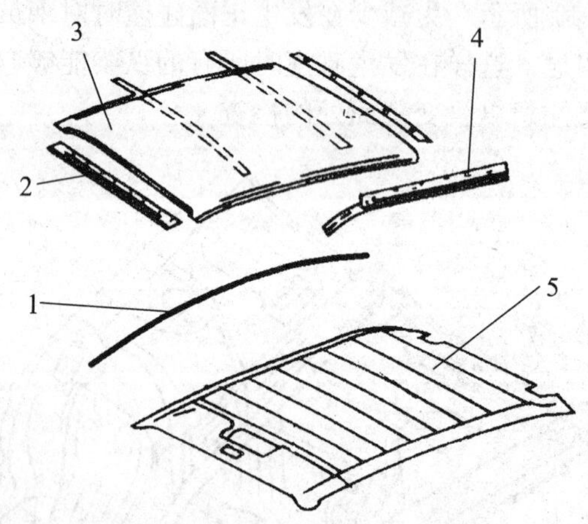

图 2—13　承载式车身顶部的零件

1—落水槽；2—车顶横梁；3—车顶；4—车顶边梁；5—内衬板

（5）车身后部。

车身后部可分为两种类型：一种类型是行李舱和乘员舱分别独立的轿车后部车身，结构如图 2—14 所示。

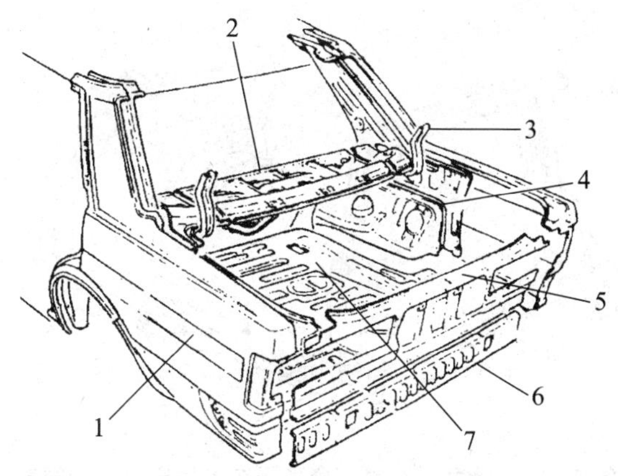

图 2—14　车身后部结构

1—后翼子板；2—后上围板；3—行李舱门铰链臂；
4—后侧车轮罩板件；5—后下围板；6—后裙板件；7—后底板；

轿车后车身的板件分解如图 2—15 所示。

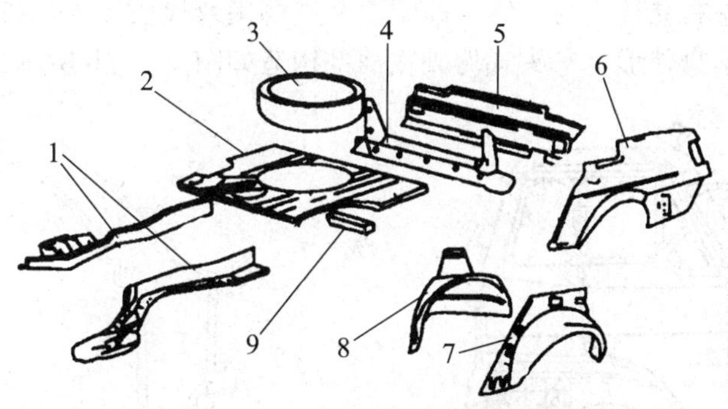

图 2—15　轿车后车身的板件分解图

1—后纵梁；2—后底板；3—备胎座；4—后围板横梁；5—后围板；
6—后翼子板；7—后轮罩外板；8—后轮罩内板；9—排气管支架

另一种类型是行李舱和乘员舱连在一起的后背举升车门。在客货两用车和后背举升车门汽车里没有后部隔板，车身的刚度是通过加大顶部车身的后板，增加一个后窗框架，将顶部车身围板扩展到后翼子板来实现的。上海大众桑塔纳旅行车后部就采用类似结构。承载式车身客货两用车的后车身结构组成如图 2—16 所示。

二、货车驾驶室结构

货车驾驶室的构造因车型、种类、用途，形成了各种各样的类型。目前比较流行的是乘坐舒适性好的长头驾驶室和长度利用系数高的平头驾驶室。

（一）平头式货车驾驶室

平头式货车驾驶室一般置于前轴位置之上，发动机室完全伸进驾驶室或移向后部，可使整车长度缩短，驾驶视野更开阔。平头式货车驾驶室的外形如图 2—17a 所示，由冲压件形成的板块式构件焊接而成。其中，驾驶室前部板件、车顶、侧体呈刚性连接，并以强

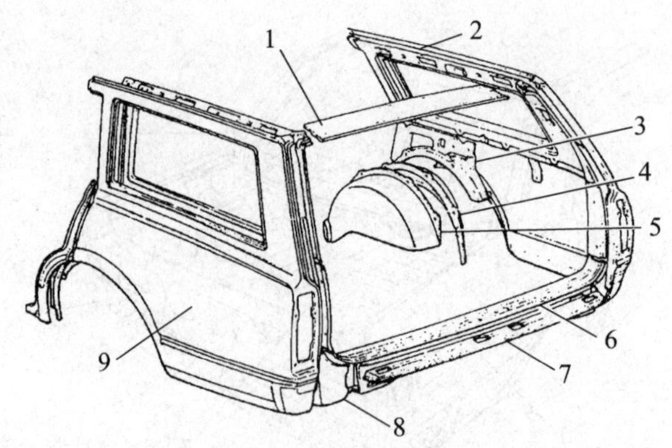

图 2—16　承载式车身客货两用车的后车身结构组成

1—后车窗上框；2—车顶内侧围板；3—车内前侧围板；
4—后侧围车轮罩外板；5—后侧围车轮罩内板；6—车身底端后围板（上部）；
7—车身底端后围板（下部）；8—内后围侧板；9—后翼子板

度可靠的风窗立柱、门柱为基础，连接方式则因车型而异。为提高前部结构件的整体性，仪表板支架横向将左右立柱连为一体。前蒙皮又以铆接或焊接方式，将前部结构件包容起来，形成了合理的车身外形，平头式驾驶室前部构造如图 2—17b 所示。

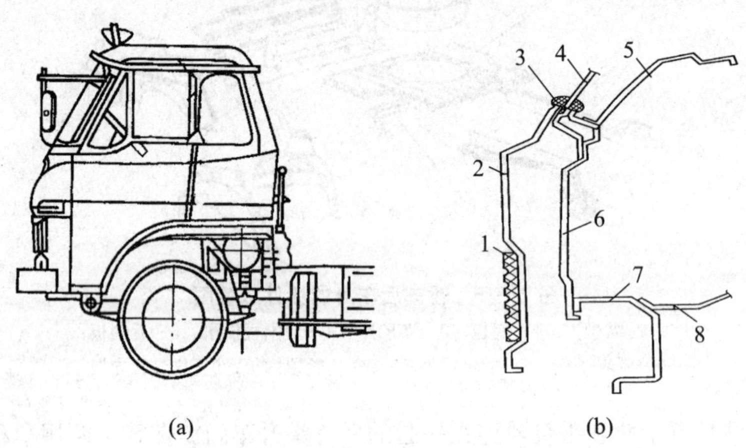

图 2—17　平头式驾驶室

1—前装饰栅；2—前面板；3—风挡玻璃密封条；4—风挡玻璃；
5—仪表板；6—隔板；7—底板骨架；8—底板

平头式驾驶室有一种为翻转式驾驶室，由于前部安装机构的受力作用，使前部构件与底部共同起着对翻转式驾驶室整体的支撑作用，所以前部构件的强度较高。前立柱的下端与车底相连，上端则支撑着驾驶室顶。左右转角结构件与前立柱内外共同形成双重构造的壳式结构，不仅起到对驾驶室的装饰作用，对前立柱同样也具有加强作用。

驾驶室的操纵机构分为前后两个部分，其中前部承担扭力用于使驾驶室翻转；后部则用于锁住驾驶室防止其自行向前翻转。除此之外，这两个部分还都分别承担着驾驶室的减振与支撑作用。

驾驶室的前部用一根连接焊有驾驶室底框支撑座的管梁和两个装有减振橡胶套的支撑架组成，结构如图 2—18 所示。

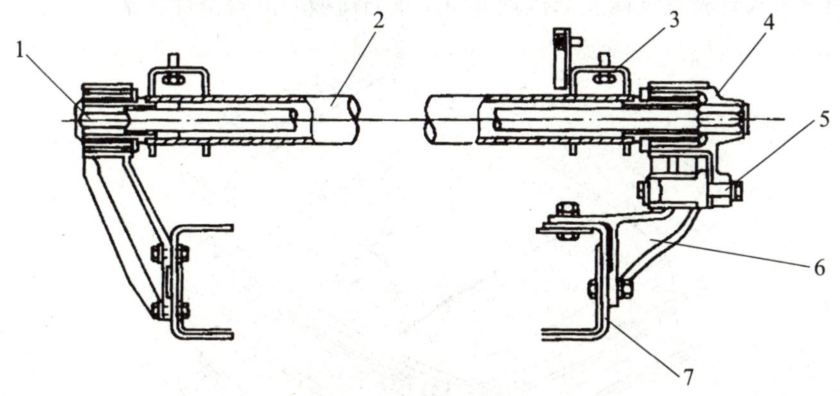

图 2—18　翻转式驾驶室的前部支撑

1—扭力杆；2—管梁；3—驾驶室座；4—锚定杆；5—定销；6—支架；7—车架

驾驶室的后部由两个支架和装有橡胶减振垫的支撑座组成。驾驶室后部下方的拱形梁上，装有用于扣紧驾驶室的爪形主挂钩，它与安装在驾驶室底部的挂钩座相啮合，主挂钩通过拉杆与释放操纵手柄相连。驾驶室外侧还备有一个安全钩，当驾驶室被拉下时安全钩先挂住驾驶室外侧钩座。扳动手柄可使安全钩进一步下拉，驾驶室随即达到安装位置。安全钩与主挂钩锁定机构不相联系，可独立扳动手柄使之脱解，结构如图 2—19 所示。

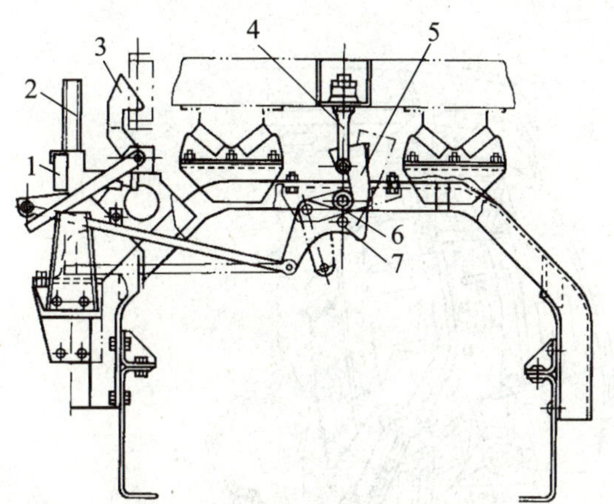

图 2—19　翻转式驾驶室的后锁止机构

1—定位板；2—锁止杠杆；3—安全杠杆；4—穿孔；
5—爪形杠杆；6—导板；7—导销

（二）长头式货车驾驶室

长头式货车驾驶室可分为前后两个部分：车前钣金件和驾驶室主体。车头部分按开启方式不同分为蝶形、鳄口形和车头翻转式三种。蝶形车头的整体性能不好，已很少使用；鳄口形车头的整体性能好，但开启后发动机室的敞口小；翻转式车头整体性能好，开启后发动机室的敞口大，但碰撞事故后波及范围大、修理难度大。车头翻转式驾驶室的前钣金件及翻转机构如图 2—20 和图 2—21 所示。长头式驾驶室内的空间比平头式驾驶室内的空间大，采用长头式驾驶室维修发动机较方便，正面碰撞时的安全性比平头式好。

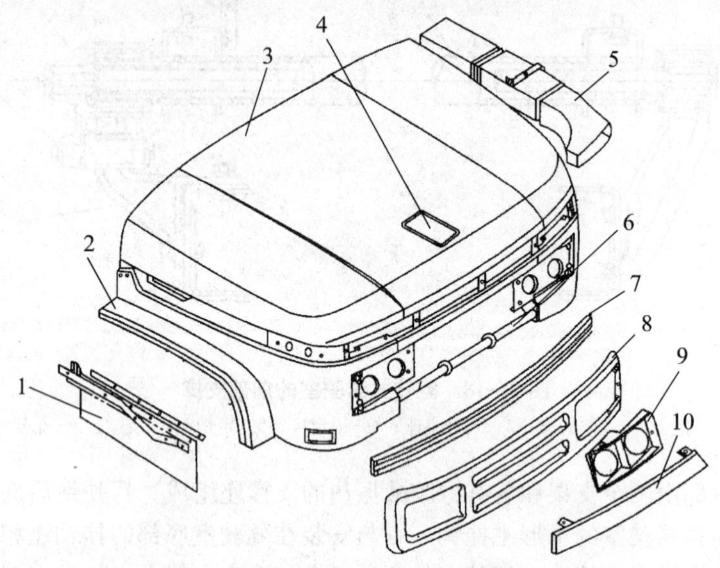

图 2—20　车头翻转式驾驶室的前钣金件

1—挡泥板；2—轮罩；3—发动机罩；4—加水口；5—通风管；6—支架；7—导流栅；8—面罩；9—灯罩；10—保险杠

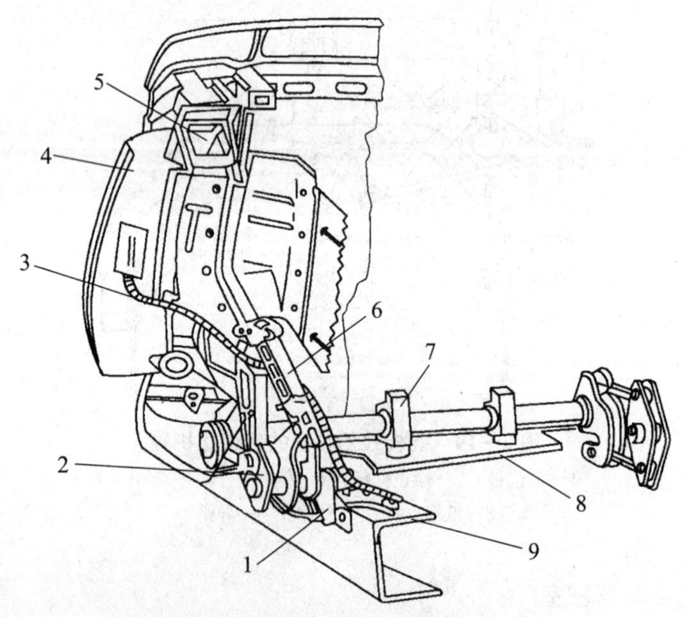

图 2—21　车头翻转式驾驶室的翻转机构

1—支架；2—连接臂；3—线束；4—车头；5—通风口；6—支撑杆；7—车头悬挂；8—连动杆；9—车架

学习任务三　车身材料基础知识

学习目标：了解车身常用材料的种类与性质。

学习方法：本任务为理论知识学习，教师通过 PPT 等多媒体手段完成本学习任务。

一、汽车用金属材料

由于现代汽车的车身材料的种类繁多，使用的金属种类也很多，常见的有低碳钢、高强度钢、镀锌钢、铝质材料等。多数汽车常使用低碳钢或特制高强度合金钢金属材料。

这些金属板制造方法有冷轧法和热轧法两种。热轧钢板是在高温环境下轧制而成的，加工后钢板用于汽车上相对来说较厚的零部件，如纵梁和横梁等。冷轧钢板是将热轧钢板经过处理得到的，首先用酸液清洗，再冷轧到所需的尺寸厚度，然后进行退火处理，以提高工作性能。冷轧钢板具有尺寸可靠、精度较高的特点，所以多用在承载式车身上。

（一）低碳钢

低碳钢的冷热加工及焊接性能良好，多年来广泛应用于汽车制造上，但由于其强度低，在轿车车身上的应用越来越少。

（二）高强度钢

高强度钢一般有高强度低合金钢、高抗拉强度钢、马氏体钢等类型。承载式汽车车身使用高强度钢，这样能够承担很大负载，也能吸收足够的能量。

目前承载式汽车车身零件像挡泥板或纵梁等，都采用高强度钢，这样不仅重量减轻而且能够承担一部分悬架反作用载荷，并且能支撑发动机、蓄电池和悬架系统。同时还设计有抗弯组件以避免乘员舱的损坏。但是，若由于碰撞而使高强度钢损坏，在修复时要比低碳钢困难得多。

1. 高强度低合金钢

高强度低合金钢广泛应用于车身，如前横梁、后横梁、车门槛、保险杠面罩、保险杠加强件、车门铰链和锁柱等。

高温会导致钢的强度降低，为避免汽车构件对正常道路载荷和碰撞力的抵抗能力的较大幅度下降，在维修时注意不要超过厂家推荐的温度及加热时间。对高强度低合金钢的焊接建议采用惰性气体保护焊，不要用电弧焊和氧乙炔焊。

2. 高抗拉强度钢

高抗拉强度钢的抗拉强度极高，常用于车门加固件和保险杠加固件。维修时加热温度应限制在 927℃以内。

3. 马氏体钢

马氏体钢是一种合金钢，它的抗拉强度大约是低碳钢的 10 倍，常用于车门加固件和某些保险杠加强件。由于这种钢在加工制造的过程中加入了一些特殊成分或者结晶体成分，使其具有很高的强度，所以在修理时不能进行加热，因为任何再次加热都会破坏这种特殊的成分并使钢的强度也降低到和低碳钢的强度一样，也不能使用普通修理设备对其进行矫正处理。因此，这种钢板损坏后不可修复，必须更换。

（三）镀锌钢板

镀锌钢板是经过镀锌加工而制成的，具有很好的经济性和很强的耐腐蚀性，常用于耐腐蚀车身腹板（维修厂又名大底）上。

（四）铝材

目前汽车在向减轻汽车的重量、提高经济性方向发展，像宝马、奥迪车身都大量采用了重量很轻的铝合金材料。汽车底板、踏脚板、前罩板、车顶板、后围板和车架纵梁都可采用铝合金来制造，甚至整个承载式车身都可能会出现采用铝合金的情况（奥迪 A8 采用全铝合金车身结构）。

纯铝的机械性能（强度和屈服点）不能满足许多技术要求，现在都是通过添加合金元素制成合金材料。通过添加不同元素可获得不同机械性能，同时化学性能也随之改变，现代车身制造工艺铝合金添加元素及其影响如表 2—4 所示。

表 2—4　　铝合金中添加元素对性能的影响

主要合金元素	化学符号	合金元素对性能的影响
硅	Si	强度、耐磨性、可铸性提高；熔点降低
锰	Mn	强度、韧性、变形性提高
镁	Mg	含量 < 3.5% 时，强度、可铸性、抗腐蚀性提高；含量 > 3.5% 时可焊性提高
铜	Cu	强度提高；可铸性、抗腐蚀性、可焊性下降
锌	Zn	与 Cu、Mg 组合后强度高

铝合金件损坏后，尤其是铝合金车身的维修费用很大，在实际定损工作中要考虑铝合金件维修工艺的复杂性。

从以上介绍可以看出，金属材料的性质决定修理方式，当计算修理费用时，既要考虑损坏零件所用钢材的种类，也要考虑修理作业的工时。图 2—22 所示为金属材料在承载式车身上的应用。

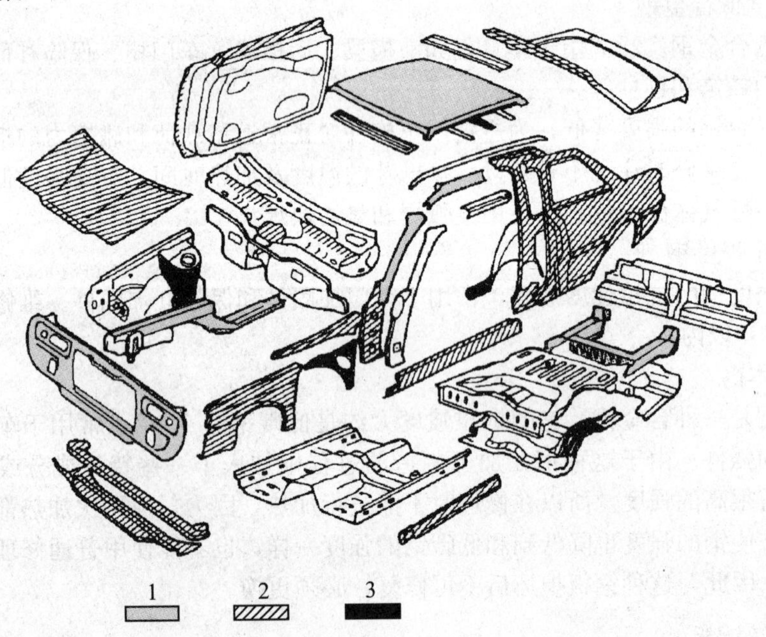

图 2—22　典型金属材料在承载式车身上的应用

1—表示高抗拉强度钢；2—表示抗腐蚀钢；3—表示镀锌高抗拉强度钢

二、汽车用非金属材料

(一) 车用塑料

最近几年来，越来越多的塑料用于制造各种汽车零件，特别是在车身前端，例如保险杠面罩和翼子板的延伸部分、汽车前端装饰件、翼子板、发动机罩、格栅板、车身防飞石装置、车身仪表板、装饰板以及其他地方。因为这些零件在重量上比金属轻，这样可以减轻车身重量、提高汽车的燃油经济性。常见塑料件在汽车上的应用如图 2—23 所示。

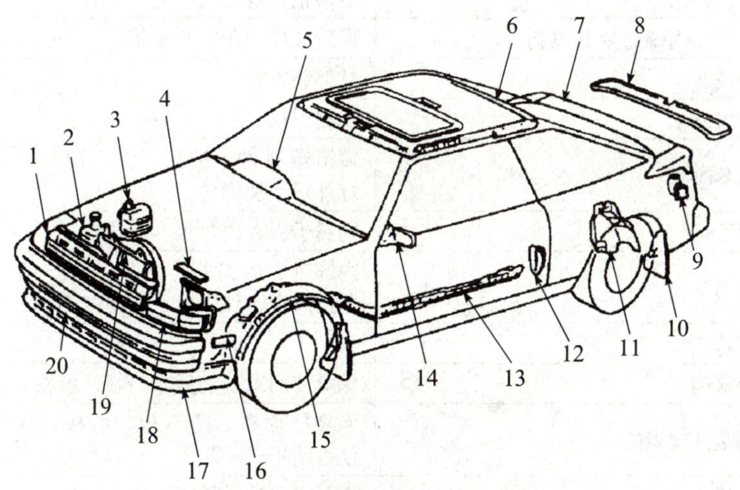

图 2—23 塑料件在汽车上的应用

1—散热器格栅；2—风窗玻璃洗涤罐；3—散热器备用冷却液罐；4—伸缩式前照灯装饰；5—安全缓冲垫；6—驾驶室顶衬；7—后扰流板；8—后车门内饰；9—后翼子板加油口；10—翼子板；11—进油管保护架；12—驾驶室压力释放阀；13—燃料管护罩；14—外后视镜；15—翼子板内衬；16—示宽灯/侧转向信号灯；17—前导流板；18—前转向信号灯；19—风扇罩；20—前保险杠面罩

1. 车用塑料的种类

应用于汽车上的塑料有热塑性塑料、热固性塑料两类。热塑性塑料可以多次通过加热冷却的方法使其软化和变硬。对其进行加热时，它会变软或熔化。热固性塑料，其化学成分通过加热、催化作用或紫外线辐射而改变，是用催化剂和树脂混合后形成的一种新产品，具有不可熔化的特性，这种塑料不可以进行熔接。

2. 车用塑料类型的鉴别

准确鉴定损坏的塑料的种类和确定应当采用的修理方法是确定塑料件修理成本的关键，若错误鉴别而致使错误修理，会导致塑料零件快速脱胶、破裂或褪色，同时会使碰撞修理的工时、零件和材料成本增加。可通过标签识别法、燃烧识别法鉴别。

(1) 标签识别法。

很多塑料零件贴有标准的识别标签，为便于观察，必须将零件从汽车上拆下来，对照汽车说明书或者修理手册上列出的塑料属性进行鉴别。表 2—5 列出了常用汽车塑料及其一般应用。

表 2—5　常用汽车塑料的名称及应用

符号	化学名称	应用举例	属性
AAS	丙烯腈—苯乙烯	—	热塑性
ABS	丙烯腈—丁二烯—苯乙烯共聚物	车身板、仪表板、护栅、大灯外罩	热塑性
ABS/MAT	玻璃纤维强化硬质丙烯腈—丁二烯—苯乙烯共聚物	车身板	热固性
ABS/PVC	丙烯腈—丁二烯—苯乙烯共聚物/聚氯乙烯	—	热塑性
EP	环氧树脂	玻璃钢车身板	热固性
EPDM	乙烯—丙烯二烯共聚物	保险杠冲击条、车身板	热固性
PA	聚酰胺	外部装饰板	热固性
PC	聚酰酸酯	护栅、仪表板、灯罩	热塑性
PPO	聚苯醚	镀铬塑料件、护栅、仪表前板、大灯外罩、装饰件	热固性
PE	聚乙烯	内翼子板、内衬板、阻流板	热塑性
PP	聚丙烯	内饰件、内衬板、内翼子板、散热器挡风帘、仪表板、保险杠面罩	热塑性
PS	聚苯乙烯	—	热塑性
PU	聚氨酯	保险杠面罩、前后车身板、填板	热固性
TPUR	热塑性聚氨酯	保险杠面罩、防石板、填板、软质仪表前板	热塑性
PVC	聚氯乙烯	内衬板、软质填板	热塑性
RIM	反应注模聚氨酯	保险杠面罩	热固性
RRIM	强化反应注模聚氨酯	外车身板	热固性
SAN	苯乙烯—苯烯腈	内衬板	热固性
TPR	热塑橡胶	帷幔板	热固性
UP	聚酯	玻璃钢车身板	热固性

（2）燃烧识别法。

1）PVC 塑料的识别。

置于火炬中的塑料燃烧并发出浅蓝色火焰，则表明是 PVC（聚氯乙烯）。

2）ABS 和 PP 型塑料识别。

用刀片从零件背面隐蔽处切下一块塑料切片，并点火燃烧，ABS 塑料燃烧时会产生黑烟并会短暂地悬浮在空间。PP 塑料燃烧时则无明显黑烟，但只有其自身独特的气味，将它从火中取出时会继续燃烧，并会浮在水上。

3）PE（聚乙烯）塑料的识别。

当用火焰直接燃烧 PE 塑料时，它会熔化，膨胀并滴下，它也会浮在水上。移去火焰，小滴会继续燃烧并散发出石蜡的气味。

4）热塑性聚氨酯（TPUR）塑料的识别。

这种塑料十分柔软，当置于火上时其燃烧火焰呈黄橘色并发出黑烟，当移出火焰，塑料会继续燃烧并会四处溅射。

3. 塑料零件的维修方法

塑料零件的维修方法一般有两种：对热固性塑料采用胶粘的方法修复；对热塑性塑料采用可熔性焊接。不同的修理方法所需的费用是不同的，而零件的修复和更换所需费用也不同。

当零件仅是裂缝、破裂、擦伤和孔洞时可采用修复处理，特别是零件很难拆，或者是新零件很难定位时一般要采用修复方法。当零件损坏的程度很大，很容易拆卸，新件也容易定位时，可采用更换方法。

(二) 车用密封材料

在现代汽车结构修理中，密封材料和粘合剂起到越来越重要的作用。车身板连接部位和焊接部位需要特殊的密封保护，因为这些区域很容易受到碰撞冲击。接缝的焊接处是金属防腐的敏感区域。水、雪、灰尘和路面上的沙子都很容易在连接处聚集。所以汽车上的连接处必须采用密封剂，以消除材料和车身板表面的缝隙，同时它还起到碰撞保护及防腐的作用。密封胶在汽车上的应用如图 2—24 所示。

一般车用密封剂有稀薄密封剂、稠密封剂、涂刷密封剂和固体密封剂等多种类型，它们的应用部位和使用方法也有所不同。

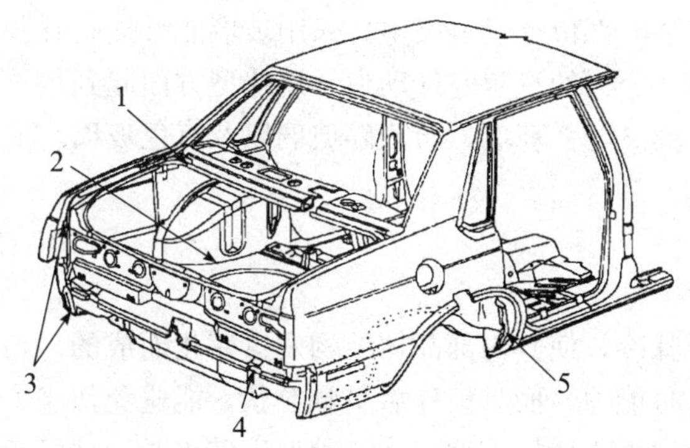

图 2—24 密封胶在汽车上的应用

1—在焊点上刷上密封剂；2—稠密封剂填充焊缝；3—稀薄密封剂填充狭小焊缝；4—固体密封剂压入宽的连接缝；5—在内部不可见部分刷上涂刷密封剂

1. 稀薄密封剂

稀薄密封剂可用于密封 4mm 以下的缝隙。这种密封剂在保持减振作用的同时会产生微小的收缩以保证连接处的精确度，具有粘合性能好的特点，适用于干净裸露的金属。由于大多数缝隙都在一个垂直的表面内，使用时应注意防止密封剂流出缝隙。

2. 稠密封剂

稠密封剂适用于密封 4～8mm 宽的缝隙。这种密封剂可以遮盖缝隙，还可以以珠状形式存在。密封剂的收缩量应减到最小，保证其具有很好的抵抗收缩的能力，以及具有良好的柔性，以防止发生断裂。这种密封剂常用于汽车构件连接处和重叠缝隙处。

3. 固体密封剂

固体密封剂用于密封板件连接和空洞处的巨大缝隙。这种密封剂是条形堵缝形状，用手指即可压入缝隙。

4. 涂刷密封剂

涂刷密封剂一般用于车身的内部外表并不很重要的地方，这些车内的密封部位一般看不到。这种密封剂用于隐藏擦痕，防止盐类物质及像汽油、齿轮油和制动液等汽车油液的腐蚀。所有接缝，如发动机罩下面和车厢下面都有可能被汽车油液腐蚀，因此都应该用涂刷密封剂密封。

（三）车用橡胶

橡胶是一种有机高分子材料，按生产橡胶的原料不同，可分为天然橡胶和合成橡胶两大类。天然橡胶为自然界中含橡胶的植物所产的胶。纯天然橡胶为无色半透明体，天然橡胶有独特的耐寒性、较高的回弹性和耐磨性，仅适用于制作制动皮碗、皮圈等。这种橡胶对有机溶剂的抵抗能力很差，所以不适合车身。合成橡胶（俗称人造橡胶）是从石油、乙醇、乙炔、天然气或其他产物中提炼而获得的合成产物，因此称为合成橡胶。它比天然橡胶更能抵抗润滑油和燃料的侵蚀，所以在车身上使用广泛。

在轿车车身上的主要橡胶件有：玻璃嵌条、车门防水密封条、车门缓冲块、保险杠中的橡胶弹簧垫片等。

（四）汽车用玻璃

现代汽车上应用玻璃的部位比过去要多。采用玻璃能够提高驾驶的可见性，同时使汽车更加美观，而且玻璃在今天的汽车空气动力学流线型方面起到很重要的作用。汽车用玻璃有钢化玻璃、夹层玻璃、防弹玻璃、防割碎玻璃以及有色玻璃。最常用的玻璃是夹层玻璃和钢化玻璃。

1. 玻璃的分类

（1）钢化玻璃。

钢化玻璃是玻璃经骤冷，使其内部晶体结构发生变化而成的。与普通玻璃相比具有更强的抗弯曲能力和抗击打能力，而且破碎后呈颗粒状，能避免伤害人体。钢化玻璃一般用于侧面和后车窗上，很少用于风挡玻璃。当这种玻璃破碎时，玻璃碎片很小，呈颗粒状结构，且碎玻璃呈现一种连接的结构，减少了透明度，所以这种玻璃不能用于风挡玻璃。

（2）夹层玻璃。

夹层玻璃由两片或多片玻璃，经 PVB 膜牢固粘合而成，破碎时碎片被 PVB 膜粘住，不易伤人，只是形成辐射状裂纹，还能保持原来的形状和可见度，在一定时间内可继续使用。夹层玻璃常用作各种汽车风挡玻璃。

（3）防弹玻璃。

防弹玻璃由两片以上无机或有机玻璃，在一定温度和压力下与 PVB 胶片胶合而成，具有阻止子弹穿透的特性，常应用于防弹汽车上。

（4）防割碎玻璃。

防割碎玻璃是由一片或多片附加的塑料层固定于乘员舱内玻璃的侧面。这种玻璃用于制造前部风挡玻璃，同时还有保护措施，可防止在碰撞中被打碎而割伤人。

（5）有色玻璃。

有色玻璃是一种特殊的玻璃，分夹层有色玻璃和钢化有色玻璃。夹层有色玻璃是在有色夹层的玻璃中加入了一种微量的乙烯基材料，这种材料能够吸收大量的阳光。钢化有色玻璃是给玻璃着色，也可以在正常的玻璃成分中加入微量的金属粉末，这样可以使玻璃具有特殊的颜色。加钴可以使玻璃具有蓝颜色、加铁可以使玻璃略带红色。

2. 玻璃上的附件

风挡玻璃上可以安装防霜加热电路、收音机接收天线、雨量传感器等附件。

防霜玻璃一般用在后车窗上，导电金属粉末以加热电线的形式附在玻璃的表面，通电加热时，玻璃表面温度升高，起到防霜的效果。

收音机接收天线可以安置在夹层玻璃（风挡玻璃）之间或放在玻璃的表面（后车窗）。

有的雨量传感器粘接在前风挡上，利用光线发射和接收装置监测玻璃的反射率。当雨水滴到它的监测区域时，玻璃和水滴组合与玻璃和空气组合的反射率不同，雨量传感器将不同的反射率信息输送给控制单元，控制单元再向雨刮器系统发出指令。

3. 玻璃安装方式

风挡玻璃和后车窗通常是由橡胶垫圈挡风雨条或粘合剂牢固地安装在恰当位置的。一般说来，在车身的内外围绕玻璃处都有嵌条。内部嵌条叫做装饰条，外部的叫做汽车窗框嵌条。玻璃安装方式一般有垫圈安装、粘合剂安装和组合玻璃安装三种方式。

（1）垫圈安装。

在旧型的汽车玻璃安装中占主导地位，现在，这种安装方式在汽车玻璃安装上仍然占有一席之地。垫圈留有开槽以固定玻璃、垫圈与金属板，有的还固定外部车框塑模饰件，如图 2—25 所示。

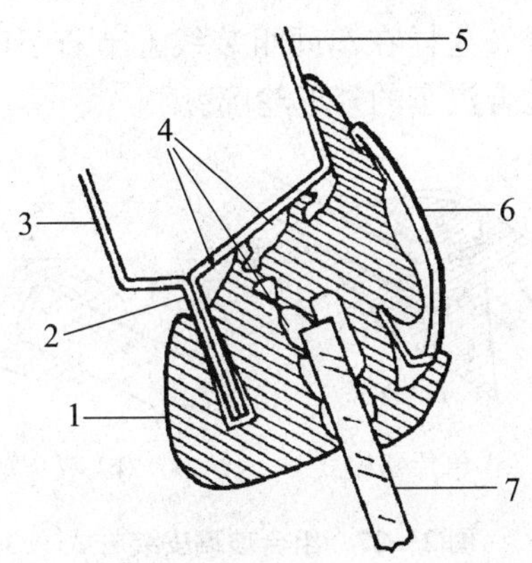

图 2—25　后车窗垫安装的剖面

1—衬条；2—夹紧焊接处；3—后车窗框（上部）；
4—填充粘合剂；5—车顶板件；6—塑模饰件；7—后窗玻璃

（2）粘合剂安装。

在风挡玻璃的安装中，使用粘合剂代替垫圈，可以将风挡玻璃安装得与车顶板平齐，这样降低了风阻和噪声，还能够使汽车的总体刚度增加，减少车身的变形，同时能在发生碰撞时使玻璃仍在其位置。暴露镶条由粘合剂固定在车身上，也可用卡条固定。粘合剂安装方式如图 2—26 所示。现在通常用的粘合剂有聚硫橡胶、聚氨酯橡胶和丁基合成橡胶。

注意：原来用聚氨酯橡胶粘合剂安装的玻璃，重新装配时，必须使用聚氨酯，以保证车辆的结构刚性。

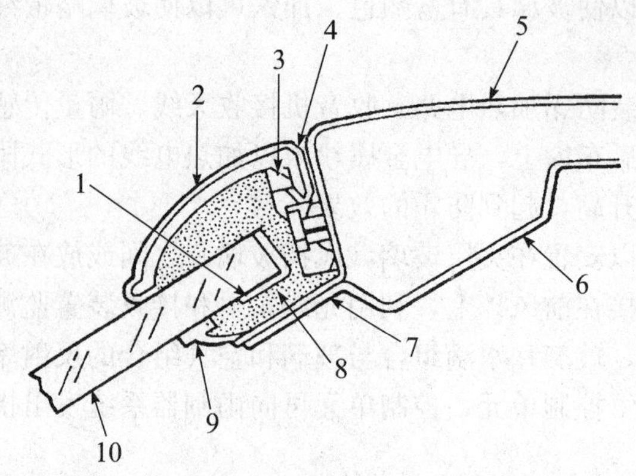

图 2—26　粘合剂安装的风挡玻璃的剖面

1—底剂；2—模压饰条；3—卡条；4—密封剂；5—车顶板；
6—风挡头板；7—夹紧焊接处；8—粘合剂；9—隔圈；10—风挡玻璃

（3）组合玻璃安装。

组合玻璃不同于汽车上的普通玻璃，这种玻璃的边缘有一个塑料装饰塑模。有单片塑料装饰塑模式，也有双片塑料装饰塑模式，如图 2—27 所示。双片塑模嵌条中的一片在制造时就粘合在玻璃上，另一片在玻璃安装以后再装上（也可在组装车间或修理车间里安装，因为塑模是玻璃的一部分，这样在车间组装线上节省了时间和费用）。目前汽车上多采用组合玻璃安装，这样更适合汽车的外形轮廓。

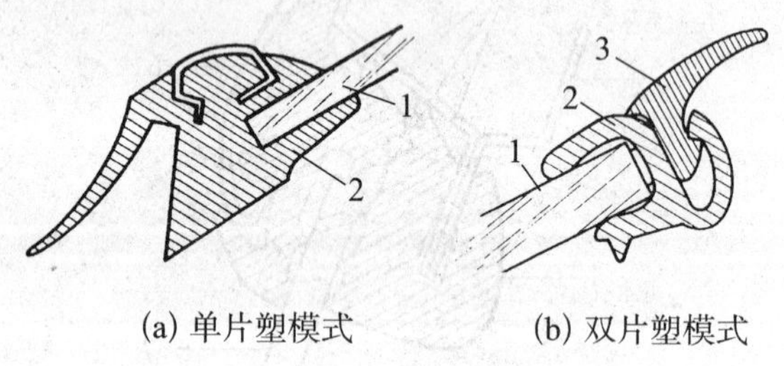

(a) 单片塑模式　　(b) 双片塑模式

图 2—27　组合玻璃安装方式

1—风挡玻璃；2，3—塑模

注意：组合玻璃由于结合得很紧密，所以不容易处理。因此必须用专用工具才能将完整的玻璃拆下，否则，会人为造成玻璃的损坏。

4. 玻璃商标印刷方法

玻璃商标印刷方法有两种，方法一为喷砂法：是用细小的金刚砂在玻璃表面上生成小凹坑，商标呈灰白色。方法二为丝网印刷法：是在玻璃进高温炉定型前使用特殊油墨印刷到玻璃表面，高温定型完成后，油墨渗入玻璃并与之结晶，商标一般呈黑色。

5. 真假玻璃的鉴别方法

真假玻璃的鉴别方法常见有两种，方法一是用手指甲刮商标，若商标全部刮掉，则认定为假冒玻璃；方法二是与原装玻璃商标印刷效果比较，玻璃字迹模糊、字形不符、玻璃的商标发生扭曲、商标残缺等，为假冒玻璃。

学习测试

一、判断题

1. VIN 编码由采用 0～9 阿拉伯数字和英文字母组成的。（ ）

2. VIN 编码标示在车辆或标牌上时，应尽量标示在一行，此时可不使用分隔符。特殊情况下，由于技术原因必须标示在两行时，两行之间不应有空行，每行的开始与终止处应选用一个分隔符。（ ）

3. VIN 编码在文件上标示时应标示在一行，允许有空格，不允许使用分隔符。（ ）

4. VIN 编码还应标示在产品标牌上（两轮摩托车和轻便摩托车可除外）。（ ）

5. 承载式车身，即有车架的车身，主要应用于货车、客车和少数高级轿车。（ ）

6. 承载式车身的车身与车架通过多个弹簧或橡胶垫柔性连接。（ ）

7. 半承载式车身，车身与车架是用螺钉、焊接和铆接的方式刚性连接。这种形式的车身只用于大客车上。（ ）

8. 承载式车身的一个主要优点是能提高乘客安全性。（ ）

9. 低碳钢冷热加工及焊接性能良好，且其强度高，在轿车车身上的应用越来越多。（ ）

10. 镀锌钢板是经过镀锌加工而制成的，具有很好的经济性和很强的耐腐蚀性，常用于耐腐蚀车身腹板（维修厂也称作大底）上。（ ）

11. 应用于汽车上的塑料有热塑性塑料、热固性塑料两类。（ ）

12. 热固性塑料，其化学成分通过加热、催化作用或紫外线辐射而改变，是用催化剂和树脂混合后形成的一种新产品，具有不可熔化的特性，这种塑料不可以进行熔接。（ ）

13. 固体密封剂用于密封板件连接和空洞处的巨大缝隙。这种密封剂是条形堵缝形状，用手指即可压入缝隙。（ ）

二、选择题

1. 车辆识别代号（VIN）编码共有（　　）位。

A. 13　　B. 14　　C. 16　　D. 17

2. 在（　　）年内生产的任何车辆的 VIN 编码不得相同。

A. 10　　B. 20　　C. 30　　D. 40

3. 发动机罩夹层间的耐热点焊胶作用是（　　）。

A. 减震与隔音　　C. 美观　　D. 隔热　　B. 防腐蚀

4. 承载式车身结构的一个主要优点是能提高乘客（　　）。

A. 安全性　　B. 舒适性　　C. 娱乐性　　D. 适应性

5. 前子翼板属前车身的主要覆盖件，多数通过（　　）在前挡泥板上。

A. 螺栓固定　　B. 粘接固定　　C. 焊接固定　　D. 其他固定

6. 发动机由曲柄连杆机构、（　　）、点火系（汽油发动机采用）、启动系等部分组成，作用是使供给其中的燃料燃烧而发出动力。

A. 配气机构　　B. 供给系　　C. 润滑系　　D. 冷却系

7. VIN 码能够准确提供（　　）等重要信息。

A. 车辆产地　B. 出厂日期　C. 出厂顺序　D. 车身形式

8. 散热器支架以点焊的方式或螺栓固定的方式连接到前纵梁上，上面安装有（　　）等。

A. 散热器　B. 冷凝器　C. 前照灯　D. 发动机

9. 下面几项是玻璃上的附件的有（　　）。

A. 防霜加热电路　B. 收音机接收天线　C. 雨量传感器　D. 点火开关

10. 一般车用密封剂有（　　）等多种类型。

A. 稀薄密封剂　B. 稠密封剂　C. 涂刷密封剂　D. 固体密封剂

三、问答题

1. 简述汽车的总体构造。
2. VIN 码能够准确提供车辆的哪些信息？
3. 简述承载式车身的优缺点。
4. 简述轿车车身的组成及各部分主要构件作用。
5. 为什么小型轿车多采用承载式车身结构？
6. 简述车身用钢板的种类及性能特点。
7. 高强度钢在维修中有何需要注意的地方？
8. 车身上都有哪些主要非金属构件？车用塑料件主要有哪些种类？
9. 汽车安全玻璃有几种？各有何特点？
10. 看图标出零件的名称。

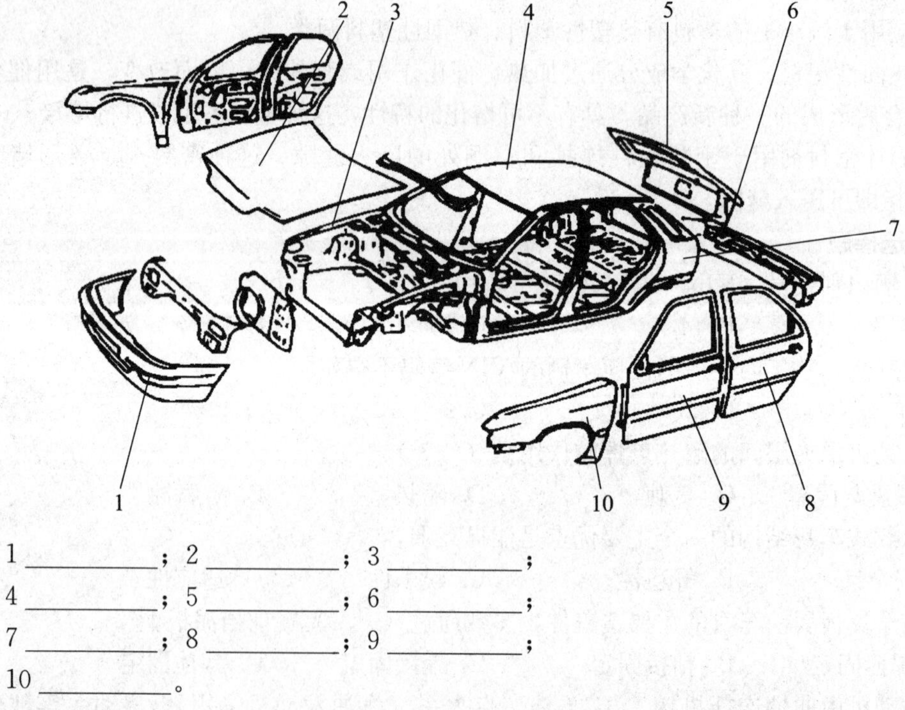

1 ＿＿＿＿＿；2 ＿＿＿＿＿；3 ＿＿＿＿＿；

4 ＿＿＿＿＿；5 ＿＿＿＿＿；6 ＿＿＿＿＿；

7 ＿＿＿＿＿；8 ＿＿＿＿＿；9 ＿＿＿＿＿；

10 ＿＿＿＿＿。

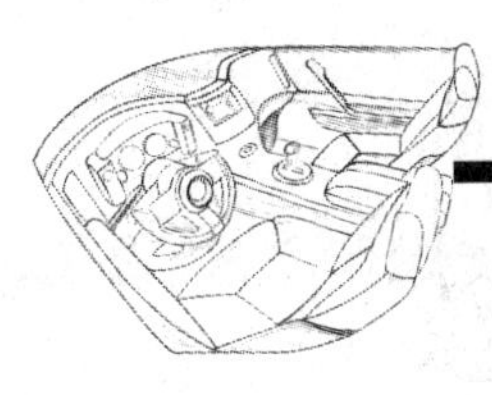

第三章

车身碰撞损伤评估

引言

对汽车修理费用进行准确评估的关键是了解汽车损伤的类型，正确分析与车身或车架构件弯曲、压溃或者扭曲修理有关的碰撞损伤机理。否则可能会导致不正确的修理，使汽车的结构强度降低，降低汽车的使用安全性，增加不必要的工时，增加维修成本。

学习任务一 损伤评估基础理论

学习目标：了解车身和车架碰撞损伤的基础理论。

学习方法：本任务为理论学习，教师通过 PPT 等多媒体手段来完成本学习任务。

汽车碰撞后的损伤非常复杂，损伤程度与受力大小、方向、障碍物的类型、接触面积等有关。只有对车辆在发生碰撞时的受力情况进行科学、正确的分析，才能准确地把握车辆的损伤形式、部位，确定出具体损伤的发生原因。这一点不但对车辆损伤的判定具有重要的意义，对今后的修复工作同样具有指导性的意义。

一、车身碰撞角度

在汽车碰撞过程中，同一部位在不同碰撞冲击中造成的损伤不同。例如，在一次汽车碰撞的过程中，冲击力以垂直和侧向角度撞击汽车的右前翼子板，冲击合力可以分解成为两个分力：水平分力和侧向分力（如图 3—1 所示）。这两个分力都被汽车零部件所吸收。水平分力使汽车右前翼子板变形方向指向发动机罩中心。侧向分力使汽车的右前翼子板向后变形。这些分力的大小及对汽车造成的损伤与碰撞角度有关。水平分力通过水箱框架传递给左侧纵梁，间接造成左侧纵梁变形。所以正确的受力分析对搞好车损评估、减少遗漏至关重要。

冲击力造成的损伤程度也同样取决于冲击力与汽车质心相对应的方向。如果冲击力的方向并不是沿着汽车的质心方向，如图 3—2a 所示，一部分冲击力将形成使汽车绕着质心旋转的力矩，该力矩使汽车旋转，地面与轮胎的摩擦消耗了大量能量，从而减少冲击力对汽车零部件的损伤，损伤程度因而较轻。

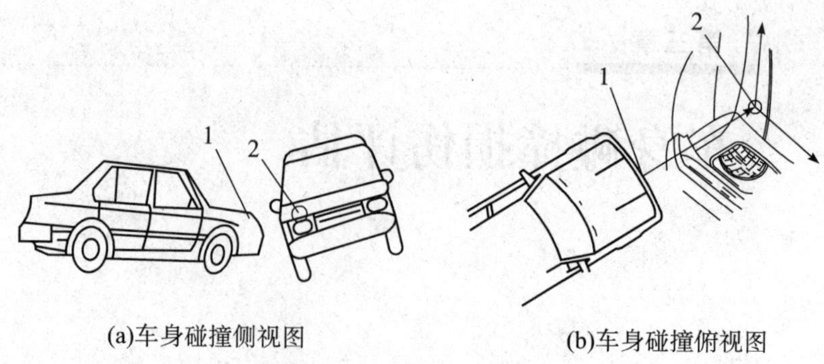

(a)车身碰撞侧视图　　(b)车身碰撞俯视图

图 3—1　车身碰撞受力分析

1—A 车碰撞点；2—B 车碰撞点

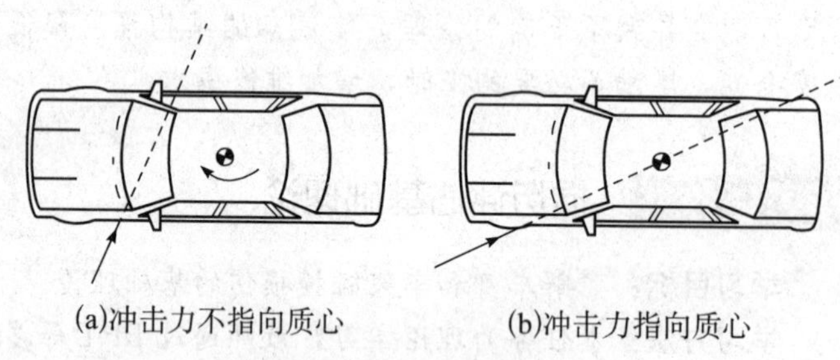

(a)冲击力不指向质心　　(b)冲击力指向质心

图 3—2　损伤程度与冲击力方向

如果冲击力指向汽车的质心，如图 3—2b 所示，汽车不会旋转，大部分能量将被汽车零件所吸收，造成的损伤非常严重。

二、车身碰撞接触面积

汽车以相同的速度碰撞不同类型的障碍物，损伤的程度也就不同。如果撞击到一面墙，如图 3—3a 所示，撞击的面积较大，损伤程度就较小；如果撞击到电线杆等，如图 3—3b 所示，接触面积小，像保险杠、发动机罩、散热器等都会发生严重变形，会使发动机向后移动，甚至扩展到后悬架等，这样碰撞损伤的程度很严重。

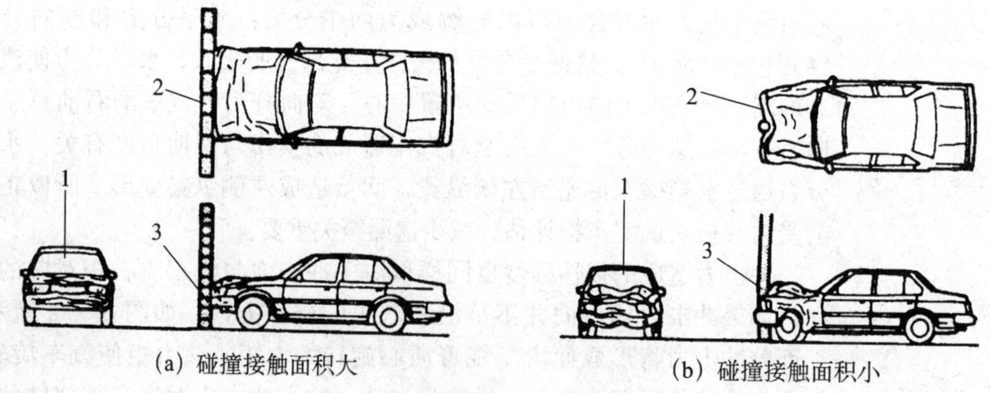

(a) 碰撞接触面积大　　(b) 碰撞接触面积小

图 3—3　损伤程度与碰撞接触面积

1—事故车；2—俯视图；3—侧视图

三、冲击力的传递

现代汽车车身上有许多焊接缝。这些焊接缝可以作为汽车结构的刚性连接点。这些刚性连接点将冲击力传递给整个汽车上与之连接的钣金件和汽车零部件，这样就降低了汽车的结构变形。

冲击力的传递及结构变形情况分析如图 3—4 所示，当汽车前角受到一个力 F_0 作用给 B 区域时，B 区域将会变形而吸收能量，冲击力减到 F_1 并传递到 C 点，金属将发生变形，能量继续减小到 F_2，传递到 D 点，并分解成两个方向，其中 F_3 继续减弱传递给 E，F_4 继续减小，汽车车顶盖金属轻微变形，在 F 点几乎不再有冲击力，也不再发生变形。碰撞能量大部分都被变形汽车零部件所吸收。所以，刚性连接点、结构件、钣金件都可以吸收能量。

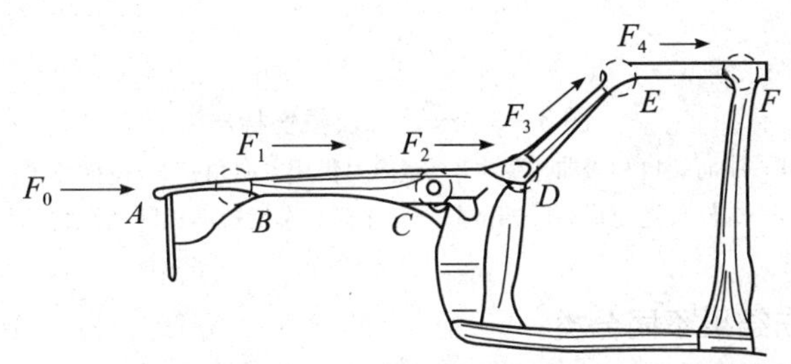

图 3—4　碰撞力在承载式车身结构上的分布和传递

四、汽车碰撞损伤类型

（一）按碰撞损伤行为不同分类

汽车碰撞损伤按碰撞损伤行为不同可分为直接损伤和间接损伤两种，直接损伤也称一次损伤，间接损伤也称二次损伤。

1. 直接损伤

直接损伤是指汽车碰撞直接接触点的车身的一次损伤。由于车辆结构、碰撞力和角度以及其他因素的差异，损伤区域是多种多样的。像造成翼子板变形和开裂以及零件破碎等可见的，不需要测量损伤，如图 3—5 所示中的车灯损伤。直接损伤修理，一般是在完成所有间接损伤的修理后，采用对车身填料的方法对直接损伤进行修理，由于钣金件非常薄，对其修理是非常有限的。

2. 间接损伤

间接损伤是指发生在直接损伤区域之外，并离碰撞点有一段距离的损伤。间接损伤是在碰撞力向后传递过程中形成的，即碰撞力从冲击区域延伸到车身连接区，并且碰撞能量在向毗邻板件移动的过程中被吸收，如图 3—5 中的车门变形等。

间接损伤程度取决于碰撞力的大小和作用方向以及吸收碰撞能的各个结构件的强度。很多承载式汽车车身被设计成能压溃并能吸收碰撞能量的结构，以便于保护车内乘员，如图 3—4 中的 C 点。间接损伤也可由动力传动系和后桥的惯性力造成。由于车辆因碰撞突然停止，机械零部件的惯性力全部作用到固定点和支撑构件上，使相邻金属件可能发生皱曲、撕裂或开焊等现象，因此，定损员必须注意检查悬架、车桥、发动机和变速器固定点是否损伤。

间接损伤有时不容易发觉，如钣金件皱曲、漆面开裂和伸展、钣金件缝隙错位、接口撕裂、开焊等，这些损伤要求定损员需仔细查找相关线索。

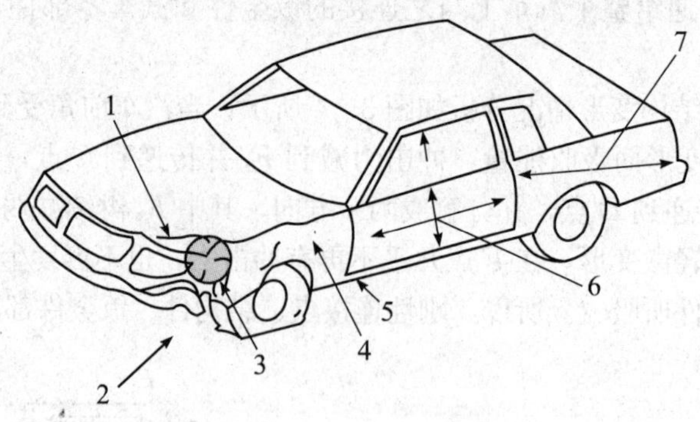

图 3—5　一、二次损伤标志

1—漆面裂痕和皱曲迹象；2—碰撞力作用方向角；3—碰撞位置；
4—构件吸能变形；5—开焊；6—车门、车窗矫准；7—后部变形

（二）按车身损伤结果不同分类

按车身损伤结果不同可分为侧弯、凹陷、折皱或压溃、菱形损伤和扭曲等几种。

1. 侧弯

侧弯是指汽车前部、汽车中部或汽车后部在冲击力的作用下，偏离原来的行驶方向发生的碰撞损伤。如图 3—6 中 1 所示为汽车的前部侧弯，冲击力造成汽车的一边伸长、一边缩短的损伤情况。

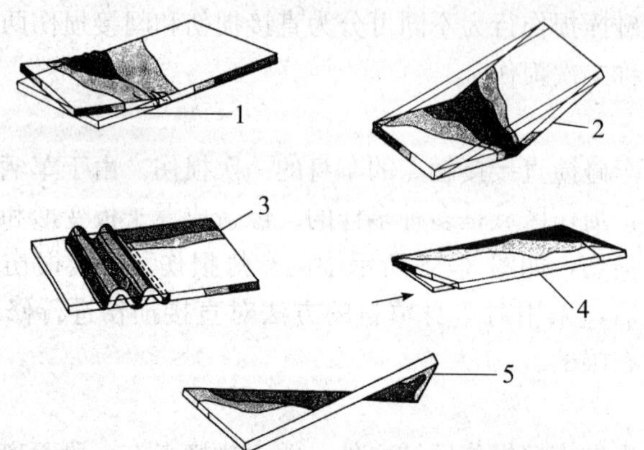

图 3—6　汽车车架和车身的碰撞损伤类型

1—侧弯；2—凹陷；3—折皱或压溃；4—菱形损伤；5—扭曲

2. 凹陷

凹陷是指由于正面碰撞或追尾碰撞引起的零件表面呈现的凹陷形状，可能发生在汽车的一侧或两侧，如图 3—6 中 2 所示，是交通事故中常见的碰撞损伤类型。

3. 折皱或压溃

折皱就是微小的弯曲，是指汽车发生正面碰撞或追尾碰撞，非承载式汽车车架或承载

式车身纵梁上所产生的损伤，如图3—6中3所示。在决定折皱件修理方法时，定损员必须合理地考虑零件是修理还是换新件，当损伤件弯曲超过90°时应换新件，当损伤件弯曲小于90°时可以修理，但必须满足设计强度。

4. 菱形损伤

菱形损伤是指一辆汽车的一侧向前或向后发生位移，使车架或车身不再是方形的损伤情况。如图3—6中4所示，由于汽车碰撞发生在前部或尾部的一角或偏离质心方向所造成发动机罩和车尾行李舱盖发生了位移的损伤。

5. 扭曲

扭曲是指汽车的一角比正常要高，而另一角比正常低的损伤情况，如图3—6中5所示。非承载式车身发生扭曲时，是指车架的一端垂直向上变形，而另一端垂直向下的变形。承载式车身发生扭曲时，是指前部和后部车身发生相反的凹陷。扭曲一般有车架扭曲和车身扭曲，它们的修理方法和修理工时不同，定损员必须合理地考虑这些问题。

五、冲击力对车身的损伤

（一）冲击力对非承载式车身的损伤

非承载式车身用橡胶垫支撑固定到车架上，当受到严重的碰撞时可以导致车身与车架的连接螺栓和橡胶支架弯曲或断裂，在车身与车架之间形成一条缝隙。所以，对于非承载式车身的碰撞勘查要注意橡胶连接处的勘查。非承载式车架碰撞损伤类型有侧弯、下凹、折皱或压溃、菱形、扭曲等。

1. 侧弯损伤

由侧面碰撞所引起，造成车架或承载车身发生侧向弯曲变形，如图3—7所示。侧弯通常出现在车辆某一侧的前部或后部，从表面上看，一侧车门拉长而出现裂纹，一侧车门缩短而出现折痕，其结构上导致纵梁的内侧和对面那根纵梁的外侧出现折皱凸痕。

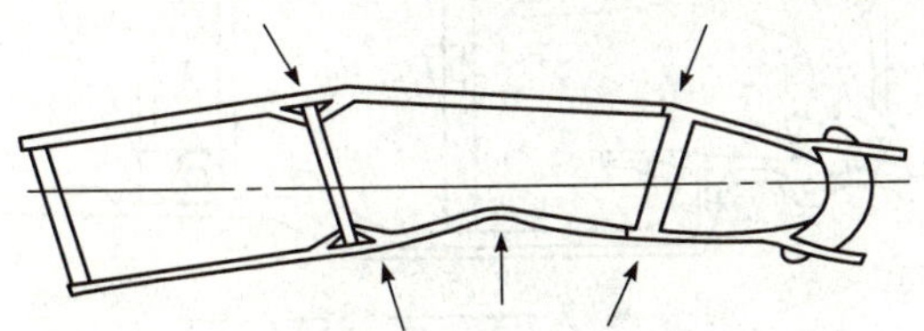

图3—7　侧弯损伤（箭头表示冲击力方向）

2. 下凹损伤

下凹损伤是指车架前部或后部由于正面碰撞引起的损伤，即车架或承载车身上某一段比正常位置低。下凹损伤可能发生在某一侧，也可能在两侧同时发生，如图3—8所示。

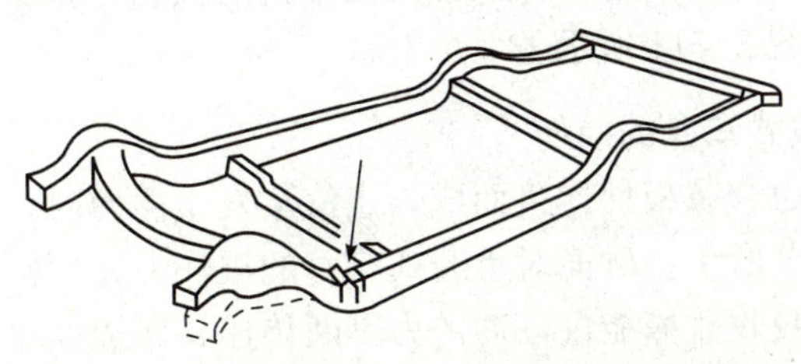

图3—8　下凹损伤

3. 折皱或压溃损伤

折皱或压溃损伤是指保险杠受到正面碰撞而造成车架的折皱或压溃现象，如图 3—9 所示。非承载式车身的车架设计有多处可压溃的弯角，用于吸收汽车碰撞过程中大部分能量。所以，定损员在车身碰撞损伤确定工作中，要重点检查车架上这些可压溃部分是否损伤。

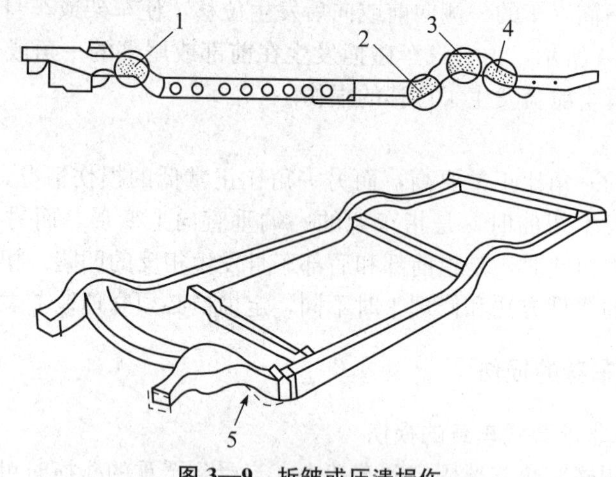

图 3—9　折皱或压溃损伤

1～4—压溃点；5—前后侧纵梁冲击力挤压方向

4. 菱形损伤

菱形损伤是指车架对角方向受到前部或后部碰撞，造成整个车架变成平行四边形的损伤，如图 3—10 所示。当造成菱形损伤时，不但会影响车架纵梁，而且发动机罩、行李箱、乘坐舱或货车地板也可能出现折皱变形，有时还会出现挤压和下凹损伤现象。

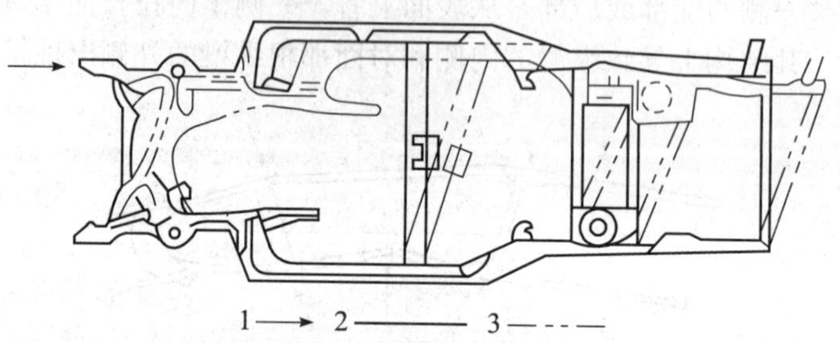

1 ⟶ 2 ——— 3 - - -

图 3—10　车架严重菱形损伤

1—表示冲击力方向；2—表示车架碰撞前形状；3—表示车架碰撞后形状

5. 扭曲损伤

扭曲损伤是指车架的一角上翘，而其对角则下折的损伤，重车单侧车轮下沟翻车常会引起车架扭曲损伤，如图 3—11 所示。

（二）冲击力对承载式车身的损伤

由于承载式车身是由金属板件连接而成，当汽车发生碰撞时，冲击力会以碰撞点为中心向外扩散，如图 3—12 所示。碰撞对承载式车身的损伤最好用圆锥模型来描述，当受到撞击时，车身的折皱将吸收碰撞能量，冲击力不断传递，碰撞能量逐渐被吸收，直到碰撞能量全部被吸收，冲击力才停止传播。

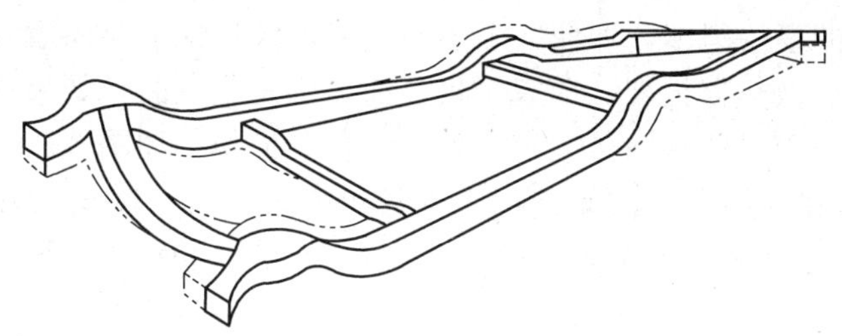

图 3—11　扭曲损伤

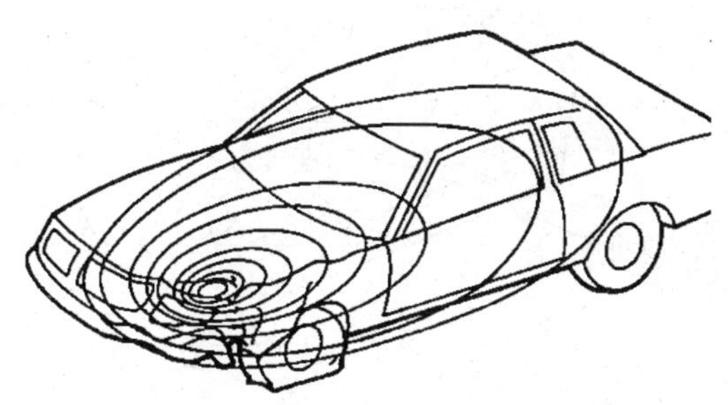

图 3—12　冲击力在承载式车身中的辐射

锥形的中心线指向了碰撞的方向，锥形的深度和广度表示汽车碰撞方向和冲击力通过车身传递的面积，锥形的顶端是最主要损伤区域。

由于碰撞冲击波在车身结构件上的传播会产生二次损伤，为了控制汽车碰撞时发生间接损伤变形，提供给乘客一个安全乘坐空间，承载式车身汽车在汽车前部和后部都有碰撞防护区域。这些防护区域在规定的碰撞限度下能够起到吸收能量的作用，如图 3—13 所示。当汽车车身受到碰撞时，前部碰撞能量由车身前部和防护区域吸收；尾部碰撞能量由车身尾部和防护区域吸收；侧面冲击由车门槛板、顶部纵梁、B 柱和车门吸收。

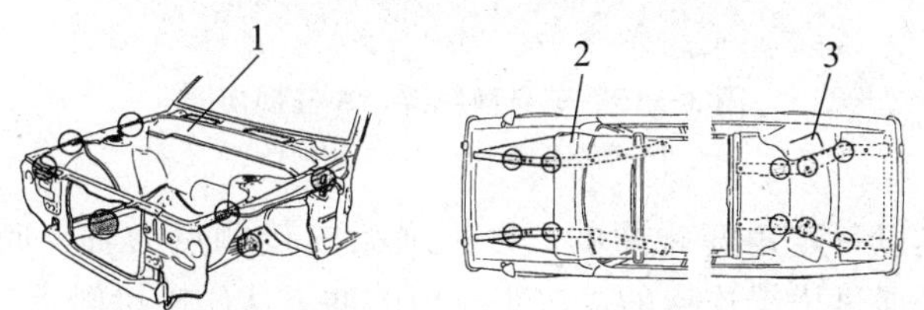

图 3—13　典型承载式车身汽车前后部的碰撞防护区域

1—图中圆圈表示车身前纵梁及挡泥板吸能区域；2—图中圆圈表示车身前部纵梁吸能区域；3—图中圆圈表示车身尾部纵梁吸能区域

学习任务二　汽车正面碰撞损伤评估

学习目标：了解汽车正面碰撞损伤评估。

学习方法：本任务为实践技能学习，学生分组在实验室由实训指导教师指导完成本学习任务。

汽车正面碰撞的事故很多，即使一个小的追尾，保险杠也会向后移动，中度正面碰撞会使保险杠支架、散热器框架、前翼子板、前纵梁发生弯曲，如果冲击力再大，前翼子板将接触前车门，前纵梁在前悬架横梁处产生折皱损伤，如图 3—14 所示。如果冲击力非常大，车身 A 柱（特别是汽车前门上部铰链安装部分）将会弯曲，这将引起前车门脱落、前纵梁折皱、前悬架横梁弯曲、仪表盘板和车身底板弯曲并吸收能量，如图 3—15所示。

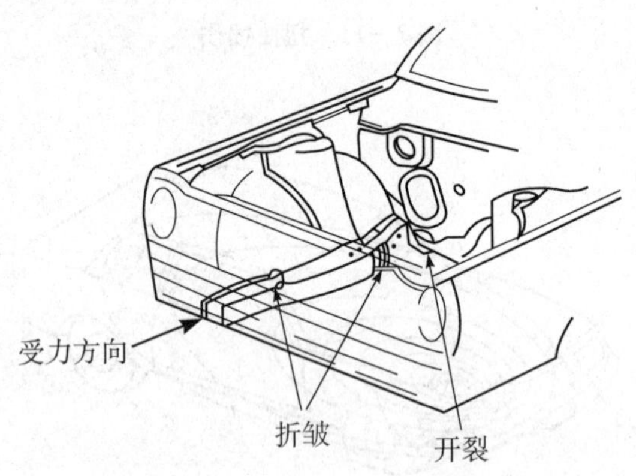

图 3—14　承载式车身汽车折皱和断裂作用

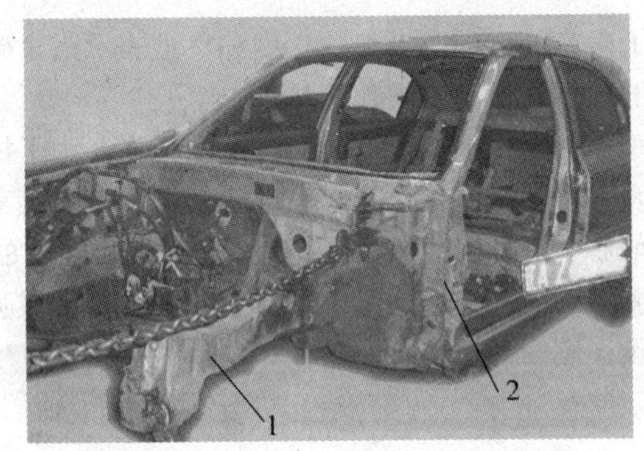

图 3—15　车身前纵梁、A 柱损伤图

1—前纵梁损伤；2—A 柱损伤

如果正面碰撞是以一定角度碰撞的，以前横梁的接触点为轴，向侧面和垂直方向弯曲。因为左右纵梁是通过横梁连接的，汽车碰撞的冲击从碰撞接触点通过前横梁传递到汽车另一侧纵梁上引起变形。检查时要注意类似间接损伤的影响。下面就正面碰撞常见的零件损伤评估进行介绍。

一、前保险杠

保险杠不仅能有效地保护车身，而且还起到了减轻被撞人或物的伤害程度及美化轿车外形的作用，按结构可分为普通型和吸能型两类。

普通型保险杠常以钢板冲压成型，表面镀铬或涂漆，通过支撑柱安装在车身框架上。所谓刚性仅相对于吸能型保险杠而言，其本身也并非十分坚固。考虑到安全性，将保险杠钢制支架与车身侧梁连接，有的普通型保险杠在钢支架外侧装上塑料制成的保险杠面罩，其结构简单、质量轻，广泛用于普通汽车上，如上海大众99新秀系列等车型广泛采用了这种保险杠。

吸能型保险杠自身具有吸收冲击能量的功能，可以有效地降低汽车发生碰撞造成的损失，其安全性能好，且与车身造型相协调，多用于高级轿车上。吸能型保险杠安装位置如图3—16所示，吸能装置类型一般分为橡胶吸能器、充气或充液型吸能器、弹簧吸能器、压溃式吸能器和泡沫垫层吸能器等。

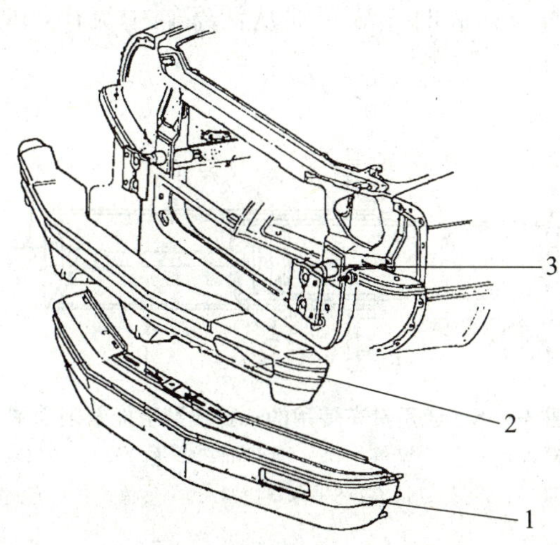

图3—16 汽车前保险杠和吸能器

1—保险杠罩总成；2—保险杠；3—吸能器和支架总成

（一）吸能装置

1. 橡胶吸能器

橡胶垫装在吸能器和车架纵梁之间，如图3—17所示。当受到碰撞时，吸能器受力后移，橡胶受力压缩，吸收冲击能量；当碰撞冲击力减小时，橡胶垫恢复到原始位置，保险杠恢复到原始位置。

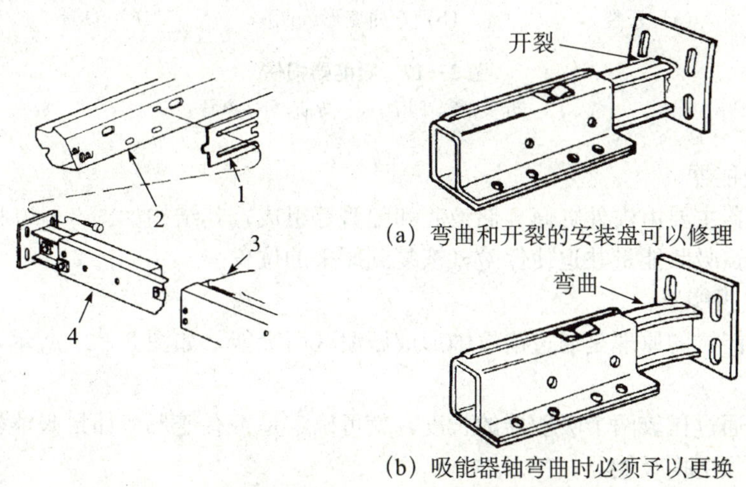

(a) 弯曲和开裂的安装盘可以修理

(b) 吸能器轴弯曲时必须予以更换

图3—17 福特汽车的橡胶吸能器

1—垫片；2—加强梁；3—车架；4—吸能器

查勘现场时应该检查吸能器的固定轴和固定板是否弯曲，橡胶垫是否撕裂。当固定轴出现弯曲或者橡胶垫脱离安装位置时，吸能器就必须予以更换。

2. 充气或充液型吸能器

充气或充液型吸能器主要由浮动活塞、活塞缸、液压油、计量杆等组成，如图3—18所示。浮动活塞右腔充满惰性气体，浮动活塞左腔是液压油。当碰撞受到冲击时，浮动活塞推动缸筒向右运动，液压油通过一个小孔流进活塞缸中，这样通过液体的流动吸收冲击的能量。当冲击力释放时，液压油从活塞缸中流出，使保险杠恢复到原来的位置。

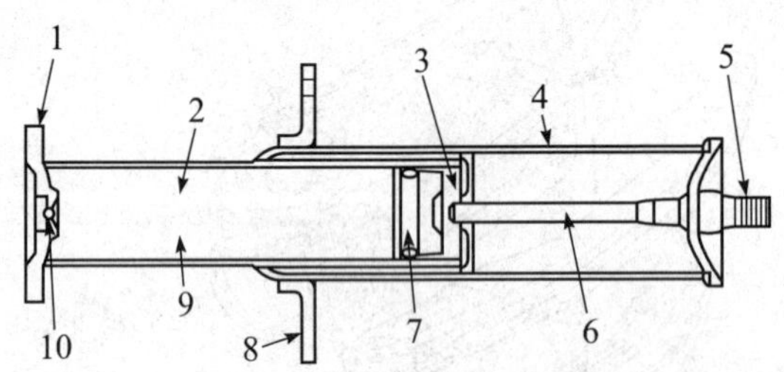

图 3—18　通用汽车使用的一种典型吸能器剖面图

1—保险杠托架；2—活塞缸；3—液压油；4—缸筒；5—安装螺杆；
6—计量杆；7—浮动活塞；8—车架托架；9—气体；10—密封钢珠

当对吸能器进行损伤检查时，要注意检查是否有开裂、凹陷、弯曲、渗漏等情况，如图 3—19 所示。充气吸能器损伤后不能矫正或焊接，必须予以更换。

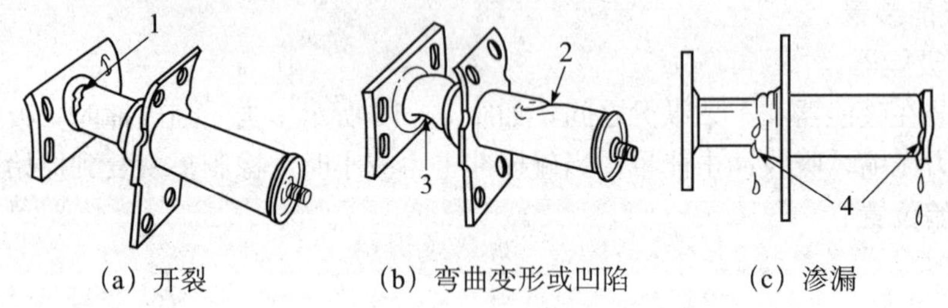

图 3—19　吸能器损伤

1—开裂；2—凹陷；3—弯曲；4—渗漏

3. 弹簧吸能器

弹簧吸能器主要由内外缸筒、储液腔和弹簧等组成，其结构如图 3—20 所示。工作原理是用一个弹簧吸收能量并迫使保险杠恢复到原来的位置。

4. 压溃式吸能器

压溃式吸能器的原理是通过褶纹轴形成压溃区而吸能，如图 3—21 所示，在现代汽车中广泛采用。

检查时，通过比较两个吸能器的长度，就可确定是否有变形。如果吸能器弯曲、开裂或压碎，都必须更换吸能器。

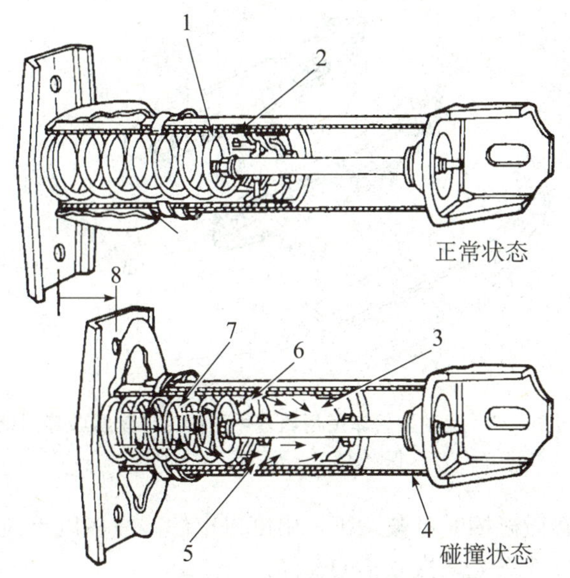

图 3—20 弹簧吸能器

1—回位弹簧；2—碰撞后油液返回储液腔；3—碰撞过程油液聚集区；
4—外缸筒；5—阀门；6—液孔；7—储液腔；8—内缸筒

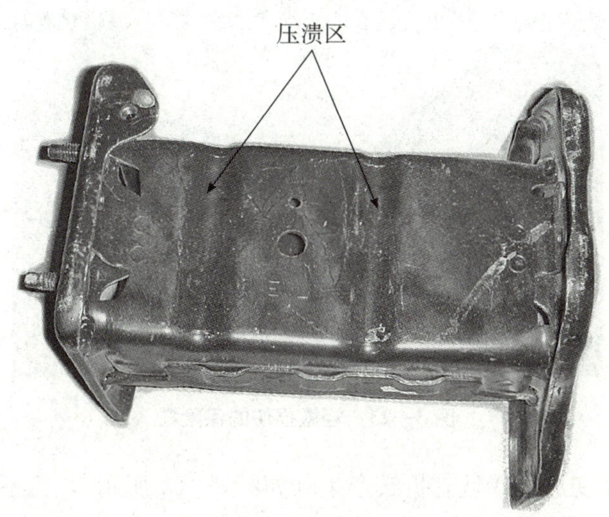

图 3—21 压溃式吸能器

5. 泡沫垫层吸能器

泡沫垫层吸能器是用厚甲酸酯泡沫垫以夹层的形式装在保险杠和塑料护罩之间，其结构如图 3—22 所示，在一些进口轻型汽车和运动型汽车中常见。

（二）保险杠损伤评估

（1）钢制保险杠可用碰撞修复设备矫正和修复，镀铬保险杠损伤时应予以更换。

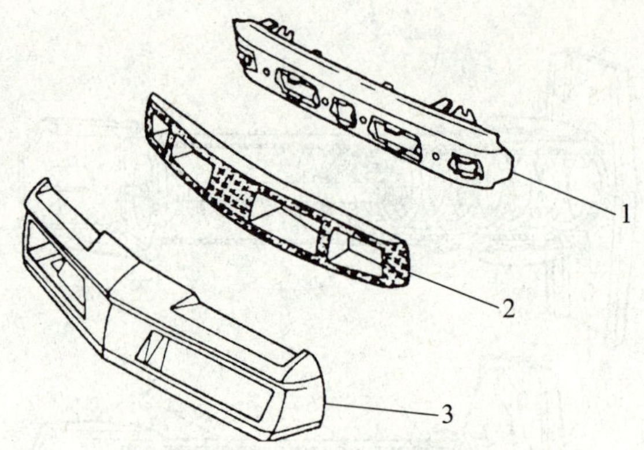

图 3—22　运动型轿车使用氨基甲酸酯泡沫垫吸收碰撞能

1—保险杠；2—吸能器；3—护罩

（2）铝制保险杠轻微碰撞时可被矫正，中度以上的碰撞多以更换修复为主。轻微刮伤的铝制保险杠常常可以经抛光来恢复铝的光泽。

（3）保险杠饰条破损以更换为主。

（4）保险杠固定脚、表面轻微开裂可用塑料焊机修复；保险杠表面轻微变形，但无折皱（如图 3—23 所示）时，可用加热方法恢复变形部位。

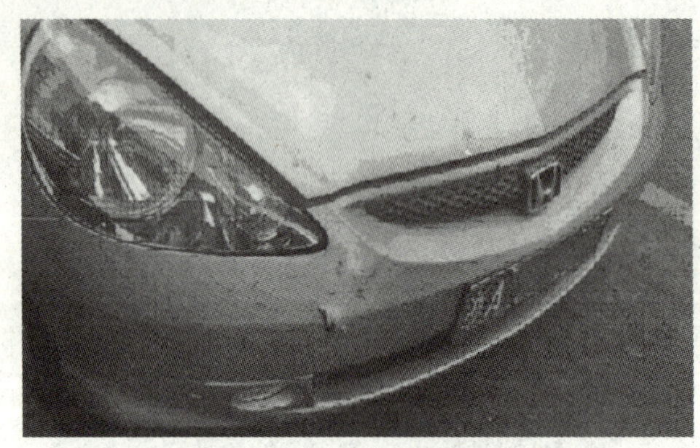

图 3—23　轻微损伤的保险杠

（5）保险杠严重变形，并且有折皱产生（如图 3—24 所示），已不能通过加热的方式恢复变形部位时，应更换。

（6）保险杠常见的可维修损伤类型有凹陷、轻微刮伤、轻微裂纹（长度小于 100mm）、穿孔（直径小于 30mm）等，如图 3—25 所示。维修凹陷损伤的一般工艺流程为：

1）首先清洗、干燥待修部位，用热风吹风机加热凹坑部位，直至可用合适的工具压平凹坑。

2）用 P120 砂纸/金刚砂纸打磨凹坑区域，然后用清洗剂清洗维修部位，晾干 5 分钟。

3）涂一层薄薄的粘合剂晾干 10 分钟，用粘合剂填充不平表面，用抹刀抹平，用红外线的灯加速固化（将温度调至 60℃～70℃，时间调为 15 分钟）。

4）用 P120 砂纸打磨凹坑部位，去除灰尘磨屑，涂一层薄薄的粘合剂，晾干 10 分钟，

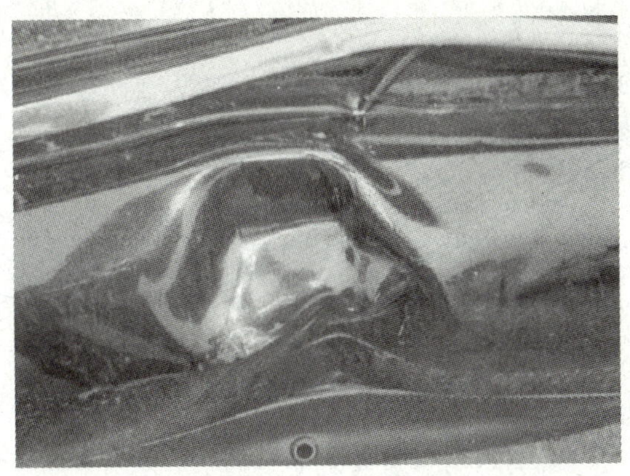

图 3—24　严重变形并且有折皱产生的保险杠

最后按油漆维修手册恢复漆面。

5）轻微擦伤、裂纹、孔洞可参考以上维修方法。

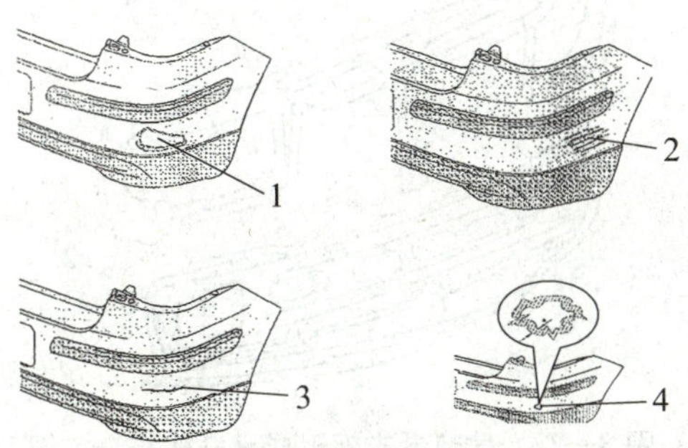

图 3—25　轻微保险杠损伤

1—凹陷；2—轻微刮伤；3—轻微裂纹（长度小于 100mm）；
4—穿孔（直径小于 30mm）

二、格栅（中网）损伤评估

格栅位于车辆前部中央，可能固定在保险杠装饰板上，也可能固定在散热器支架或发动机罩上。它用于隐藏散热器和导入空气，可由铝、灰铸铁、ABS 塑料、氨基甲酸酯等多种材料制造，具有美观、实用性，结构如图 3—26 所示。格栅有多种结构形式。一些格栅由多块组成，这些格栅块可单独进行更换。塑料或甲酸酯格栅受轻微碰撞时，可用塑料焊接技术或粘接修补方法修复，严重时应更换。格栅上的车标、前照灯下饰条可单独更换，不用更换整个格栅。

三、散热器支架损伤评估

散热器支架一般是焊接在前翼子板和前横梁上形成车辆前板，如图 3—27 所示。在一些非承载式车身结构的车辆中，散热器支架用螺栓固定在翼子板、车轮罩和车架总成上。除了提供前部钣金件的支撑外，也支撑散热器以及相关冷却系统零部件。

散热器支架损伤可由普通矫正设备和技术进行矫正，如果支架部分损伤，只需更换相

图 3—26　普通型桑塔纳前格栅分解图

1—前格栅；2—前铭牌；3—前照灯下饰条

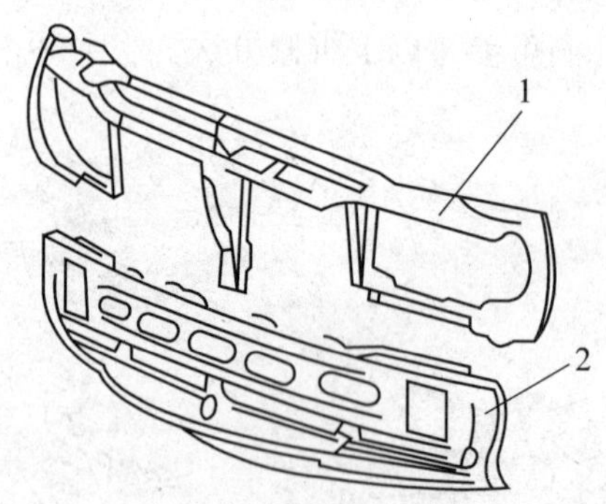

图 3—27　散热器支架形成承载式车身前部

1—散热器框架上部；2—散热器框架下部

应损伤部件。当散热器支架严重变形（如图 3—28 所示）时，应整体更换。

图 3—28　严重损伤的散热器支架

四、发动机罩损伤评估

发动机罩位于发动机舱两侧翼子板之间，用于保护发动机免受灰尘和湿气侵袭，也能吸收发动机噪声。发动机罩通常由冷轧板材制成，现代汽车也用铝制、玻璃纤维和塑料罩。典型的发动机罩由一块外板和内板构成，内、外板外部边缘通过点焊连接，内外板的结合面用粘合剂粘接到一起。一个锁止机构固定在发动机罩前缘的下面，发动机罩关闭时起到锁止作用。锁止机构是指锁扣和闩眼，锁扣安装在散热器支架上，当从驾驶室内拉动操纵缆索时，锁扣脱开。发动机罩外板及附件如图 3—29 所示。

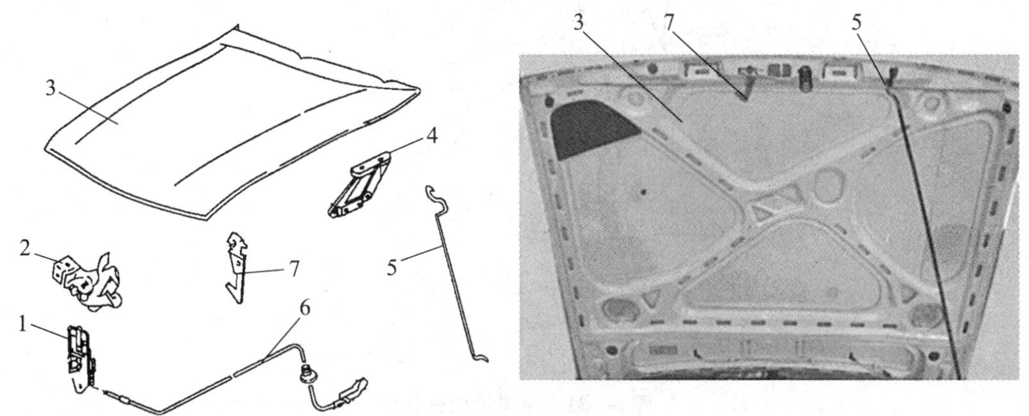

图 3—29　发动机罩附件分解图

1—锁下半部；2—锁上半部；3—发动机盖；4—铰链；5—撑杆；6—缆索；7—安全钩

铁质发动机罩根据损伤变形程度不同可选择钣金修理法修复或整体更换；铝质发动机罩通常产生较大的塑性变形就需更换。铰链轻微损伤时可以修理，缆索损伤以更换为主。撑杆有铁质撑杆和液压撑杆两种，铁质撑杆可通过矫正修复，液压撑杆撞击变形后需更换。

五、前翼子板损伤评估

前翼子板与发动机罩、保险杠总成一起形成车身前端的外表面轮廓，结构如图 3—30 所示。对于承载式车身，翼子板用螺栓固定在散热器支架以及挡泥板上。

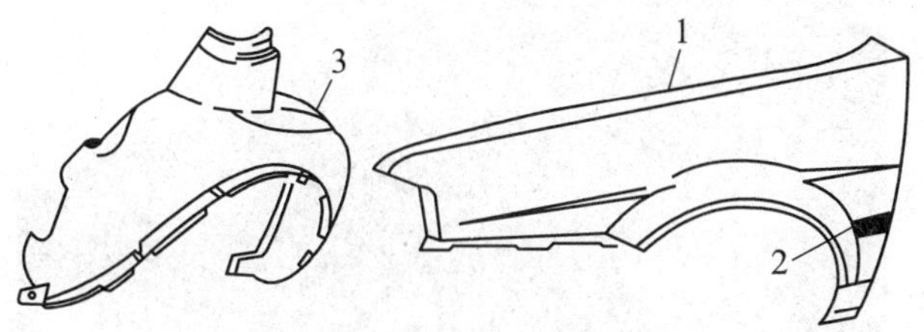

图 3—30　前翼子板及其附件

1—前翼子板；2—饰条；3—砾石板

前翼子板的附件有饰条、砾石板等，饰条损伤后应更换；砾石板撞击破损后应更换。钢制翼子板变形后可经过钣金矫正修复；玻璃纤维和塑料翼子板上的凿孔和破碎可用玻璃纤维修补剂修复。

六、前纵梁损伤评估

前纵梁是前部最重要的结构件，影响乘客的安全及关键部件的安装尺寸。发生碰撞出现弯曲，以拉伸矫正为主，经拉伸后如严重开裂应进行更换。可根据不同损伤程度截取更换，如图 3—31 所示。

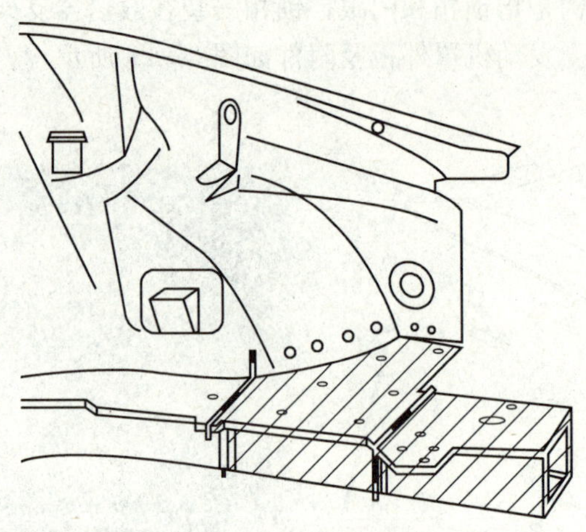

图 3—31　纵梁的部分更换

学习任务三　汽车侧面碰撞损伤评估

学习目标：了解汽车侧面碰撞损伤评估。

学习方法：本任务为实践技能学习，学生分组在实验室由实训指导教师指导完成。

汽车侧面受到碰撞时，常常会导致前翼子板、后翼子板、车门、车身中柱，甚至车身底板发生弯曲变形（如图 3—32 所示）。若碰撞严重时，前翼子板和后翼子板受到的碰撞冲击波会一直延伸到汽车的另一端。在这种情况下，悬架零部件会损伤，前轮的定位会发生改变，转向操纵机构或齿条会损伤等。下面就常见的侧面相关零件损伤评估介绍如下。

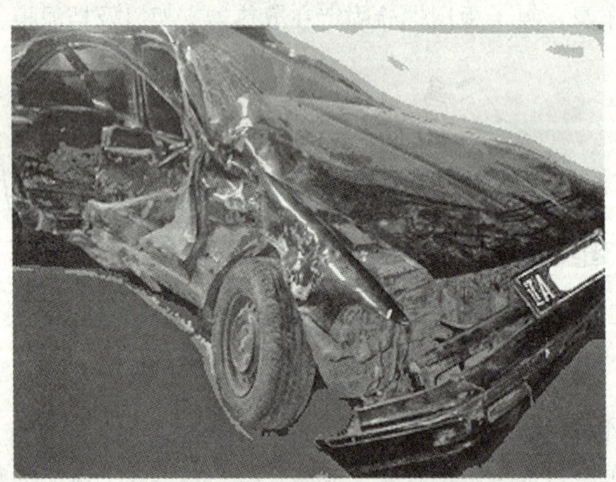

图 3—32　汽车侧面碰撞损伤实物图

一、车门

（一）车门结构及类型

车门一般由车门本体、附件和内外装饰件三部分组成。型式有推拉式车门、旋转式车门、折叠式车门和上掀式车门等。车门是车身的一个独立总成，一般是用铰链将车门安装在车身上。推拉式车门主要由车门内外板、限位器、滑轨及门锁等零件组成，如图 3—33 所示，常用于客车和部分厢式货车上。

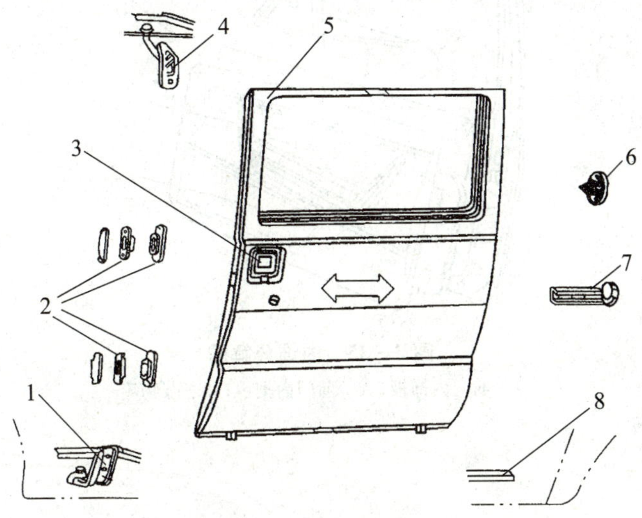

图 3—33　推拉式车门构造

1—下滚柱体；2—限位器；3—门把手；4—上滚柱体；
5—门体；6—门锁撞块；7—中间滚柱体；8—下滑轨

旋转式车门包括车门把手、锁芯、门闩、倒车镜、嵌条、防擦饰条等，外部结构如图 3—34 所示。

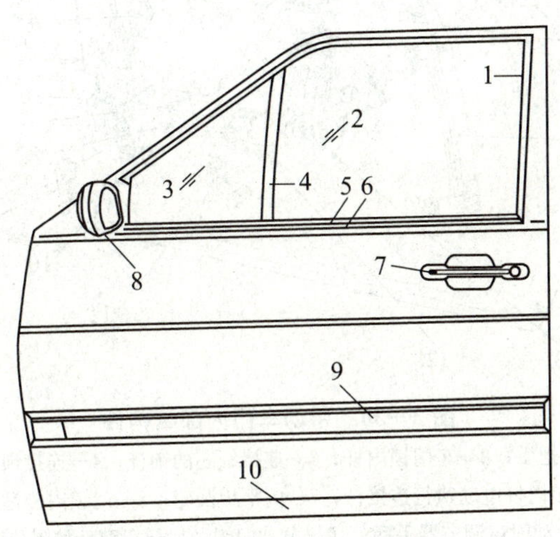

图 3—34　旋转式前门外部结构

1—玻璃槽；2—前门玻璃；3—前门三角玻璃；4—玻璃中隔条；5—外玻璃挡雨条；
6—下拖条；7—外门把手；8—倒车镜；9—防擦饰条；10—下防碰饰条

车门内饰包括前门内饰板及前门内把手、杂物箱、肘靠、电动车窗控制板、车窗手动调解器、外后视镜的控制件等附件，如图 3—35 所示。

车门除了内饰、外面板件及铰链外，还有许多附件和内部构件，如图 3—36 所示。车门框架内部有车窗玻璃、玻璃导槽、玻璃升降器（手动或电动）、线束、门锁机构等。

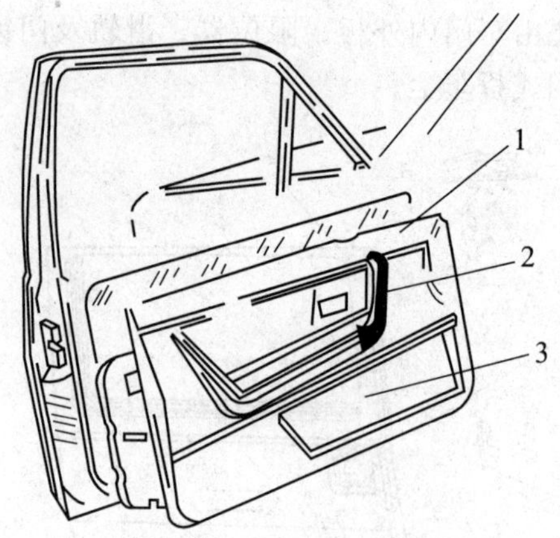

图 3—35　内饰分解图

1—前门内饰板；2—前门内把手；3—杂物箱

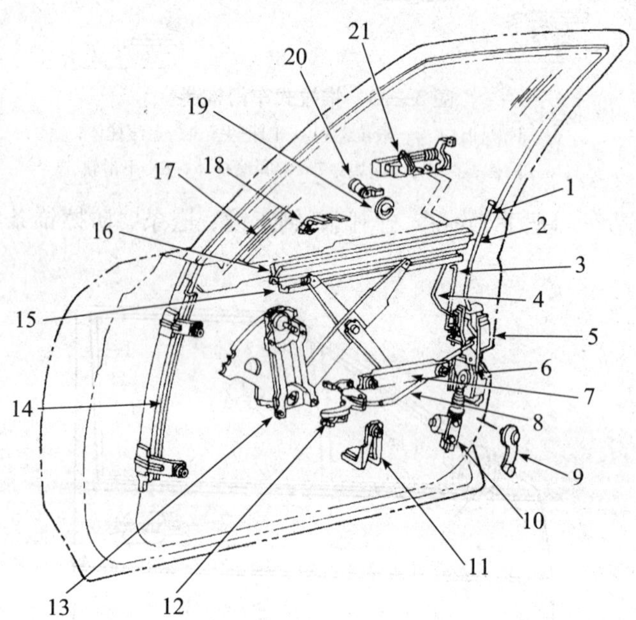

图 3—36　手动车门内部结构件

1—车门锁杆内把手；2—车门锁内杆；3—连接锁芯的锁杆；4—连接锁杆的外操作杆；5—门锁；6—锁内杆电动执行连接杆；7—内平板凸轮；8—门锁内侧远程控制连接杆；9—手动门窗调节器手柄；10—电动门锁；11—车窗玻璃限位装置；12—门锁远程控制内把手；13—手动门窗调节器；14—门窗玻璃滑槽；15—底端窗框通道凸轮；16—底端窗框通道；17—车窗玻璃；18—锁芯支架；19—锁芯垫圈；20—锁芯总成；21—操纵外手柄总成

（二）车门损伤评估

（1）车门外板件变形可采用吸盘、撬杆、整形机等钣金工具进行修理。如果损伤严重，车门外面板须单独更换。

（2）车门上的防擦饰条拆解后必须更换。

（3）车门框产生塑性变形，应更换。

（4）车门维修后能保证乘员上下车的方便性、行车的安全性、密封性及降噪等方面的性能，即：

1）车门开关灵活，运动自如；

2）具有足够乘员上下车的开度，车门开关应有轻度的节制，能在最大开度和中间开度的位置上停稳，轿车车门开度一般在60°～70°范围内，并能保证在倾斜路面上车门也能够顺利开启；

3）车门在锁止时，不得因振动、碰撞而自动开启，在希望开启时，又很容易打开；

4）应有足够的强度和刚度，不允许因变形、下沉而影响到车门开关的可靠性；

5）在关门时不得有敲击声，行驶时不允许产生振动和噪声；

6）应有良好的密封性，雨、雪不能从车门缝隙中进入车内，并能把灰尘和泥水挡在车外。

二、前围板及仪表板损伤评估

（一）前围板

现代汽车的前围板和仪表盘板通常焊接在前底板，左、右车门槛板和前门铰链立柱上。在承载式车身车辆上，轮罩（挡泥板）和前纵梁也焊接在前围板上，安装位置如图3—37所示。当车辆A柱侧面受到严重撞击时会造成前围板损伤。

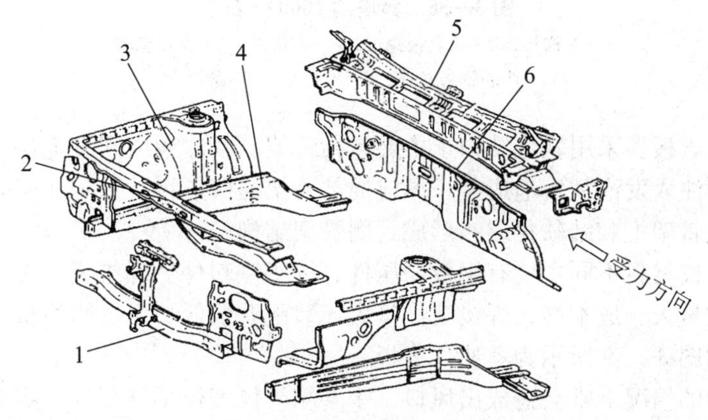

图3—37　前围板受力图

1，2—水箱框架；3—挡泥板；4—前纵梁；5—仪表盘板；6—前围板

前围板和仪表盘板重度损伤可在原厂接缝处进行拆卸和更换，但更换及维修比较复杂，评估前围板及仪表盘板总成更换工时应考虑如下作业时间：仪表板的拆卸和安装、风挡玻璃的拆卸和安装、翼子板的拆卸和安装、车门的拆卸和安装、松开汽车衬里的前边缘、空调和暖风装置零件的拆卸和安装、车顶纵梁嵌条的拆卸和安装等的时间。

（二）仪表板

仪表板总成安装在前围板上的仪表盘板上，是车身附属设备中最重要的组成部分之一。仪表板多采用塑料件为框架，将各部件组装到框架上之后，再用螺栓固定到车身上。

仪表板总成集中了全车的监察仪表，使驾驶员可以随时掌握和控制车辆的运行状况。

桑塔纳 2000 型轿车的仪表板总成如图 3—38 所示，在仪表板总成的中部，通常装有一些其他设备的控制仪表和开关，以及烟灰盒和杂物盒等，两端则设有通风格栅。在一些轿车上，还要安装安全气囊和其他一些电子设备，仪表板总成的下部延伸至驾驶员侧有通道的一段，称为副仪表板，主要装有烟灰盒、音响、电话和冰箱等辅助设备。通常不同车辆的选装设备和安装位置略有不同。

一般中低档轿车仪表板本体采用一体注塑成型仪表板，多用 PP 复合材料。这种结构质量小，易于造型，加工工艺简单。当受到冲击时可吸收一部分能量，其造价较低。

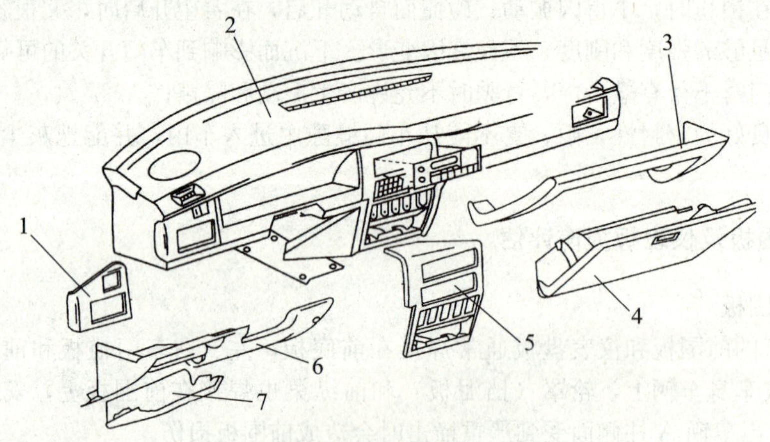

图 3—38　桑塔纳 2000 仪表板

1—左饰板；2—仪表板总成；3—右饰框；4—杂物盒盖；
5—中心饰板总成；6—左饰框；7—杂物盒

高级轿车仪表板多采用软化结构，主要包括骨架、蒙皮和中间发泡层三部分。将蒙皮埋入镶嵌物，再注入发泡剂发泡成型，形成局部骨架结构，将其固定在仪表板横梁及支架上，也可直接在骨架上胶结软化层，形成封闭骨架结构。

仪表板骨架按材料不同主要有钢板冲压件、树脂注塑件、纤维板、硬纸板等类型。钢板冲压件骨架质量大、成本高、焊接工作量大、装配质量低。而树脂注塑成型的仪表板骨架应用最多，如图 3—39 所示为奥迪仪表板。

在紧急制动的情况下常会造成出风口、手套箱等仪表板零件损坏，零部件损坏应以更换为主。仪表板轻微损伤应以维修为主。

三、A 柱损伤评估

A 柱是前门铰链立柱和风挡玻璃立柱的统称，包括内、外板件。内、外板件焊接在一起形成牢固紧凑的结构。车辆 A 柱损伤无法通过矫正维修时可通过切割、分离，再将配件焊接在此位置上的方法进行维修。通常在维修手册中提供能切割的部位，切割时，必须按要求进行，而且不能对车辆的整体结构性造成损伤。奥迪 A8 的 A 柱切割部位如图 3—40 所示。

四、B 柱损伤及评估

B 柱又叫中柱，通常 B 柱由内板件和外板件组成，焊接在车门槛板、底板和顶盖纵梁上，形成一个紧凑的结构。B 柱不仅为车顶盖提供支撑，而且为前门提供门锁接触面，又

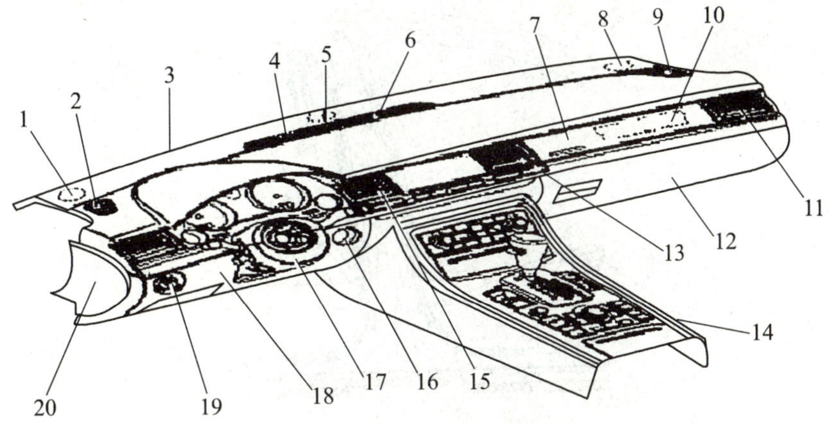

图 3—39 奥迪仪表板

1，5，8—喇叭；2—左侧除霜喷嘴；3—仪表板；4—中部除霜喷嘴；6—日照传感器；
7，10—副驾驶员安全气囊；9—右侧除霜喷嘴；11—出风口；12—手套箱；
13—中部仪表板出风口；14—中控台；15—仪表板出风口；16—进入及启动许可开关；
17—转向柱开关模块饰板；18—驾驶员侧杂物箱；19—车灯开关；20—左侧仪表板护板

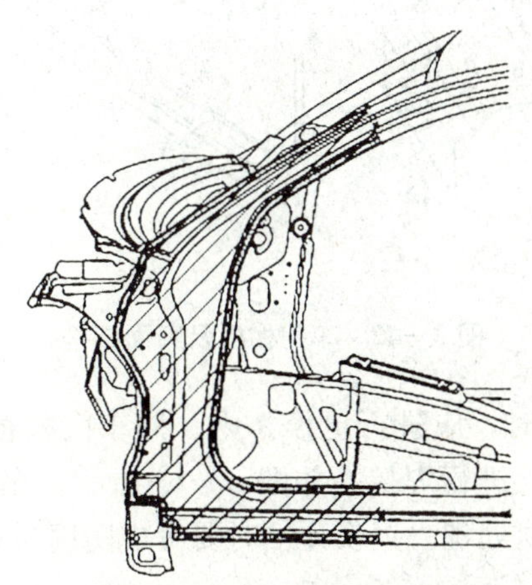

图 3—40 A 柱切割部位图

作为后门门柱。

B 柱被碰撞而严重变形时，应进行更换。更换 B 柱前，通常在车顶盖下沿处切割 B 柱。切割部位在维修手册中可找到，如图 3—41 所示为奥迪 A8 的 B 柱切割示意图。

当 B 柱和车门槛板同时毁坏时，一般把 B 柱和车门槛板作为总成进行更换。损伤评估时，要考虑 B 柱的切割和焊接作业工时，同时要考虑拆除后车门、前座，松开汽车衬里，卷起垫子和地毯、拆卸和安装 B 柱饰件以及车门密封条等工时，以及抗腐蚀材料费用及防腐处理工时等。

五、车门槛板损伤评估

车门槛板通常由内、外板件组成，是承载式车身的重要的结构组成部分，其外形结构及断面如图 3—42 所示。在一些车辆上，外板件被直接焊接在底板上。它为驾驶室底板提

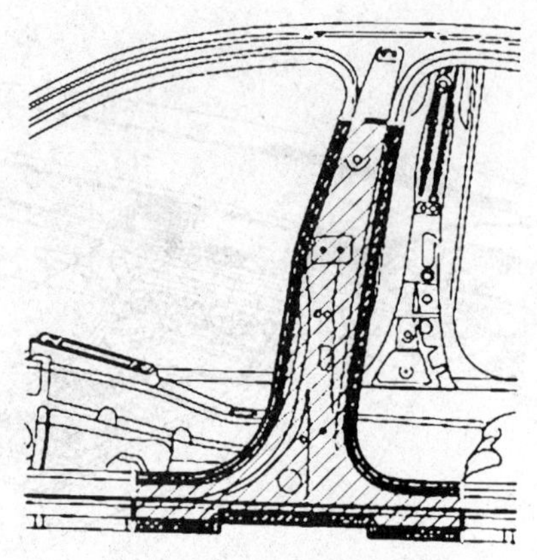

图 3—41　B 柱切割位置

供支撑。承载式车身车辆的车门槛板由高强度钢板制成，其两侧经电镀处理，以提高其抗腐蚀能力。

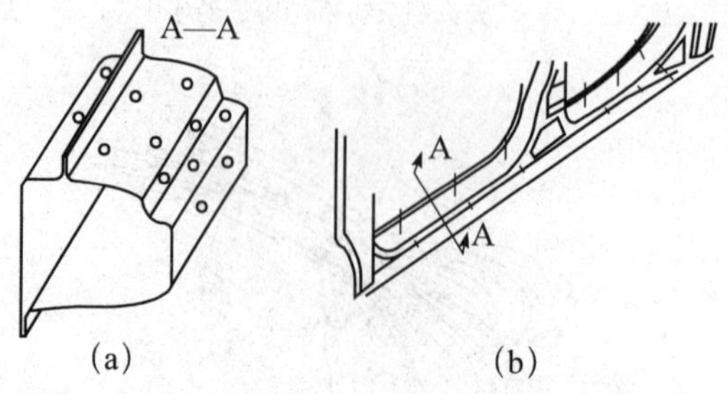

图 3—42　车门槛板及断面结构

车门槛板碰撞严重变形时，应进行更换。内、外车门槛板可以单独更换也可整体更换，更换时，先进行切割，再进行焊接，如图 3—43 所示。车门槛板在立柱之间被切割，完成所有焊接后，要进行防腐处理。损伤评估时要考虑防腐材料的费用。

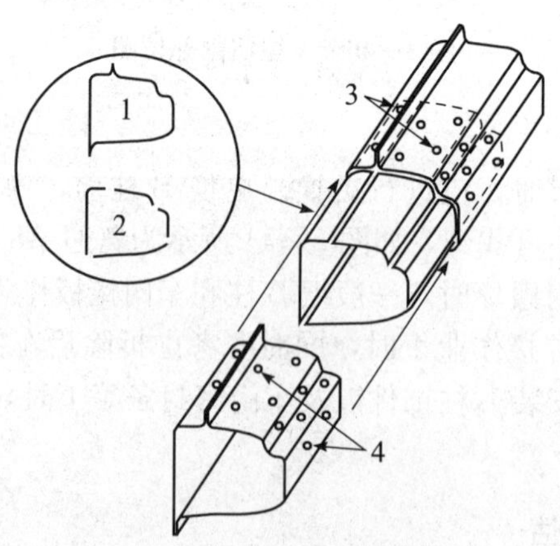

图 3—43　车门槛板焊接

1—纵向切割车门槛板插入件的截面；2—切割后插入件的截面；
3—插入内车门槛板用铆焊或螺钉固定；4—电铆焊孔

六、车顶损伤评估

车顶包括前后横梁、侧边纵梁和一大块金属板，用于将车身顶部围住，其组成如图3—44所示。

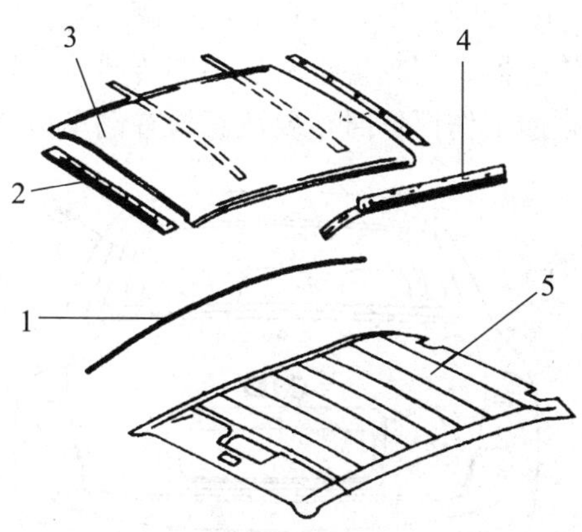

图3—44　车顶分解图

1—落水槽；2—车顶横梁；3—车顶；4—车顶边梁；5—内衬板

车顶碰撞严重损坏时，应进行更换。在损伤评估时，要考虑拆卸和安装风挡玻璃、天窗、车顶内饰板、遮阳板、车顶灯、前后坐椅等零件的工时。

天窗结构比较复杂，如图3—45所示，对于可能损伤天窗结构的损伤，要特别注意天窗零部件的检查及维修费用的估算。

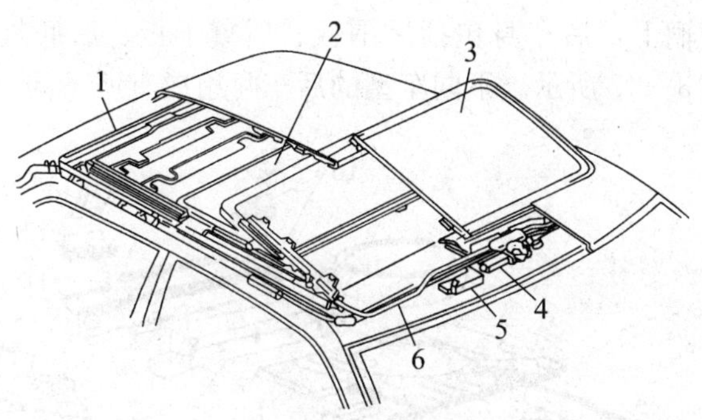

图3—45　天窗结构

1—支架；2—遮阳板；3—玻璃；4—驱动电机及齿轮；
5—控制继电器；6—驱动钢索

学习任务四　汽车后面碰撞损伤评估

学习目标： 了解汽车后面碰撞损伤评估。

学习方法： 本任务为实践技能学习，学生分组在实验室由实训指导教师指导完成。

汽车后面受到碰撞时，如果碰撞冲击力较小时，后保险杠、后围板、车尾行李舱盖和车身底板会变形；如果碰撞冲击力较大时，后翼子板、后纵梁等将会压溃。下面就常见的车身后面损伤评估介绍如下。

一、后保险杠及附件损伤评估

后保险杠与前保险杠结构相似，碰撞损伤评估和维修方法也相似。只是有些车配备倒车雷达系统，结构如图 3—46 所示，倒车雷达系统由倒车警报控制单元、倒车警报左后传感器、倒车警报左后中部传感器、倒车警报右后中部传感器、倒车警报右后传感器、倒车警报蜂鸣器等组成。后部碰撞损伤评估时，要注意检查倒车雷达系统是否损伤。

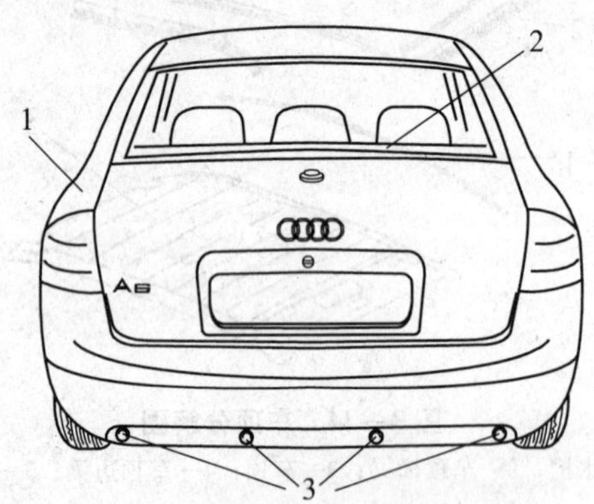

图 3—46　带有倒车雷达系统的后保险杠

1—倒车警报控制单元安装位置；2—倒车警报蜂鸣器安装位置；3—倒车警报传感器

二、后车身板件损伤评估

在承载式车身车辆上，后车身包括后围板、后翼子板、后底板、后纵梁以及各种横梁、加强件等，如图 3—47 所示。不同车型的后车身组成有所不同。

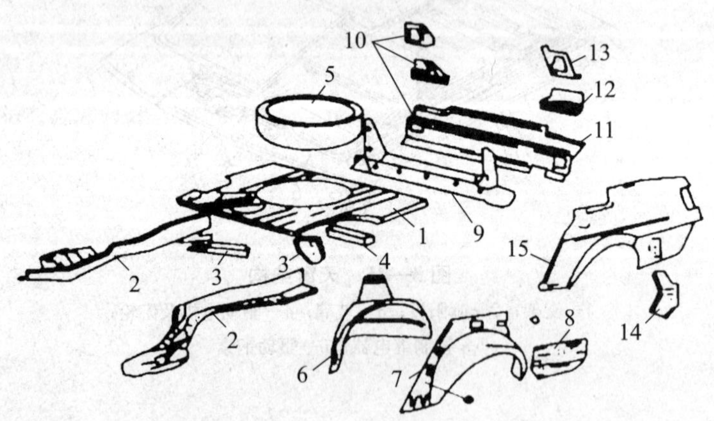

图 3—47　轿车后车身的板件

1—后底板；2—后纵梁；3—支撑板；4—排气管支架；5—备胎座；
6—后轮罩内板；7—后轮罩外板；8—连接板；9—后围板横梁；
10—后围板；11—后围板下板；12—后围板边板；13—尾灯底板；
14—后门锁加强板；15—后翼子板

当发生碰撞损伤时，若后部钣金件严重变形或无法修复需要更换时，要考虑燃油箱总成的拆除和安装、后减振器的拆卸和安装、相关线束的拆除安装、饰条的拆除粘接、后轮定位的检查等工时。

三、行李舱盖损伤评估

行李舱盖总成由外板件、内板件、锁芯、门闩总成、锁销以及双铰链等零件组成，如图3—48所示。外板件要点焊在内板件的边缘处，而内板件表面用胶粘接在顶盖下沿。行李舱盖与发动机罩在结构及维修方法上相似，损伤评估可参考发动机罩的损伤评估内容进行。

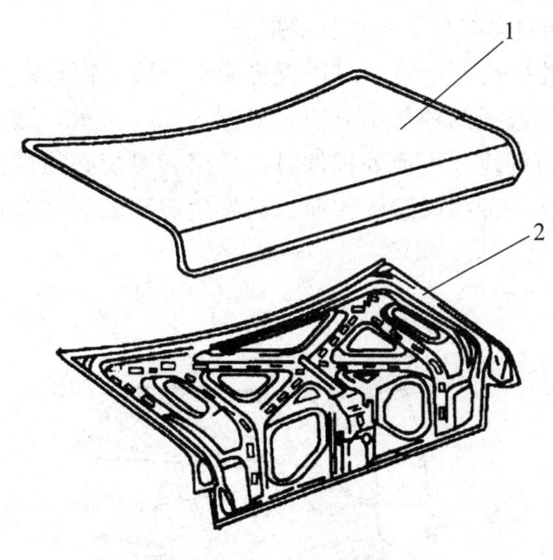

图3—48　行李舱盖

1—外板件；2—内板件

四、后举升门损伤评估

后举升门常用于两厢轿车上，其结构如图3—49所示。出现碰撞损伤后，要仔细检查和定损。如果损伤部位接近玻璃（如图3—49中7所指的位置）时，要考虑玻璃的拆卸和安装时间以及更换或移装举升门附属件（如玻璃导槽及调节器、外把手、高位刹车灯总成等）的工时。

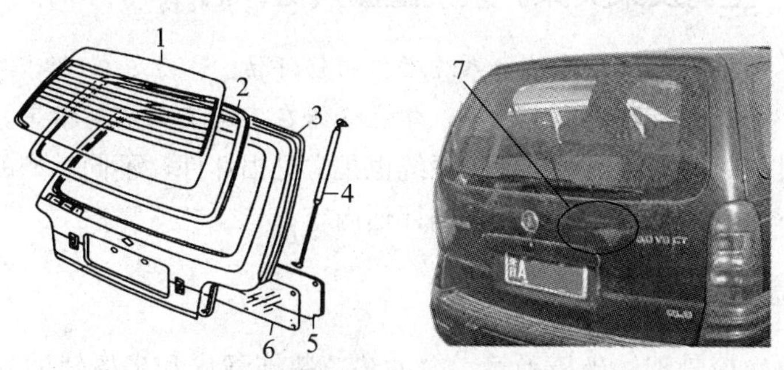

图3—49　后举升门

1—玻璃；2—密封条；3—后举升门；4—支撑杆；5—内饰板；

6—密封薄面；7—靠近玻璃处凹陷

车尾门外板件损伤后，能单独更换，更换外板件的步骤与前述的更换车门外板相似，但评估时必须考虑增加拆装玻璃的工时，如果举升门的玻璃用粘合剂安装时，还要考虑所用粘合剂的费用。

五、后翼子板损伤评估

后翼子板是从车门槛板和顶盖延伸到后车身板的部分，后翼子板是被焊接在车门槛板、顶盖纵梁及外轮罩上，形成后车身的一侧。

当出现碰撞造成中度以下损伤时，尽可能采用惯性锤、外形整形机等设备进行维修，这样维修工时较少，同时也减少了对车身的损伤。

当后翼子板外板件损伤严重时，应进行更换。一般在窗户和车身腰线之下切割后翼子板。根据损伤部位可选择两种切割方法，如图 3—50 所示，选择切割线 1 时，不必拆卸后风挡玻璃。选择切割线 2 更换外板件时，后窗和侧窗必须被拆除，修复完成后重新安装。所以切割线 2 是一种高风险的作业，易发生玻璃破裂或损伤，导致更换作业的损失增加。

图 3—50　后翼子板参考切割线

学习任务五　坐椅及乘员保护系统碰撞损伤评估

学习目标：了解坐椅及乘员保护系统碰撞损伤评估。

学习方法：本任务为实践技能学习，学生分组在实验室由实训指导教师指导完成。

汽车碰撞过程中，坐椅及乘员保护系统也是常见损坏件，不同车型的坐椅及乘员保护系统也不同。下面具体介绍其结构及损伤评估内容。

一、坐椅损伤评估

坐椅主要由坐椅骨架、坐椅弹簧、缓冲垫、装饰蒙皮和坐椅辅助装置等组成，如图 3—51 所示。骨架是坐椅的基础结构，承受着各种复杂多变的载荷，决定坐椅静弹性特性的弹簧也固定在骨架上。

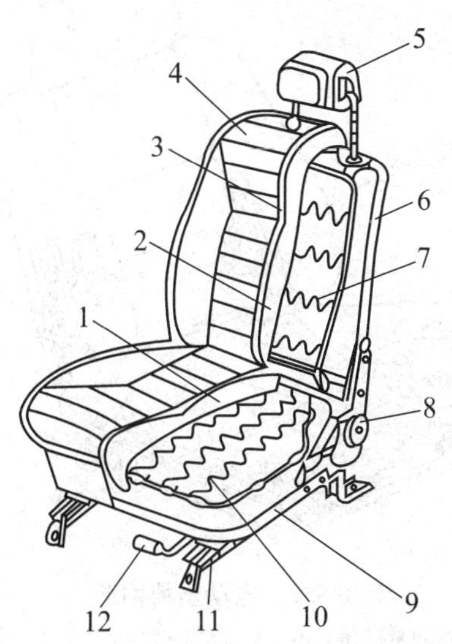

图 3—51 汽车坐椅的一般构造

1—坐椅缓冲垫；2—靠背缓冲垫；3—衬层；4—蒙皮衬垫；5—靠枕；
6—靠背骨架；7—靠背弹簧；8—靠背倾斜调整器；9—坐椅骨架；
10—坐椅弹簧；11—前后位置调节器；12—调节器手柄

缓冲垫一般采用一层或几层的棉毡、毛发乳胶、黄麻胶、泡沫乳胶等材料组成。其作用是隔开人体与弹簧的直接接触，分散人体对弹簧的压力并使坐椅具有柔软的感觉和丰满的外形，同时还起着阻尼振动的作用。此外，还具有包裹坐垫及靠背弹簧总成，满足乘坐舒适性的需要。

坐椅的辅助装置是指坐椅靠背上部的头枕与坐椅腰椎支撑等。头枕可消减颈部疲劳；当发生碰撞事故时，能减轻乘客颈部损伤。腰椎支撑装置固定在坐椅靠背的骨架上，它能支撑乘客的第二、三腰椎，起到缓和上身疲劳的作用。在一些高级轿车可根据人体需要对靠背垫的曲线进行微调。

坐椅调整机构是指使驾驶位置产生变化的机构。一般有前后、上下和靠背倾角等调整机构。其中前后、上下调整机构安装在坐椅骨架与车身地板之间，通过手动或其他动力操纵，把坐椅调至不同位置。靠背倾斜角度调整机构，装在坐椅骨架与靠背骨架之间，不仅起调整靠背角度的作用，而且同时又是坐垫与靠背的连接件。汽车坐椅的动力调整机构常用电动机驱动，如图 3—52 所示。

坐椅及附件因撞击造成的损伤常见有骨架、导轨变形，棘轮、齿轮根切等。骨架、导轨轻微变形常可以矫正；棘轮、齿轮根切通常必须更换棘轮、齿轮机构；若配件缺少，必须更换坐椅总成。

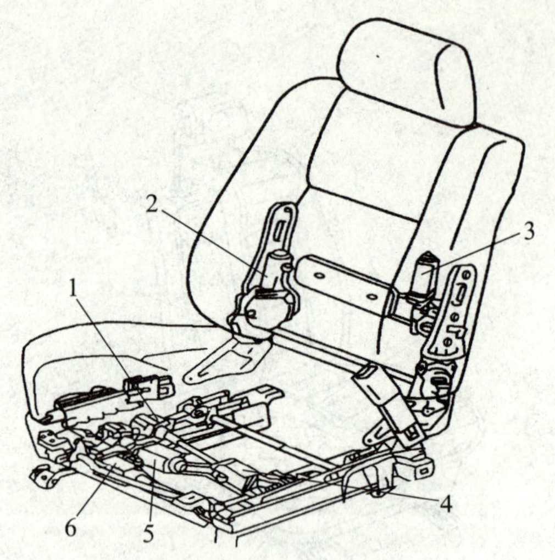

图 3—52　电动坐椅构造

1—导轨；2—靠背倾斜调整电机；3—腰部支撑调整电机；4—后方上下调整电机；
5—前方上下调整电机；6—前后滑动调整电机

二、安全带损伤评估

坐椅安全带是保障乘客安全的一个必不可少的构件，是防止乘员在车内冲撞或被抛出车外的有效保护装置。目前，在世界各国的交通法规中，都规定机动车必须装备坐椅安全带。常见安全带形式有两点式和三点式，如图 3—53 所示。

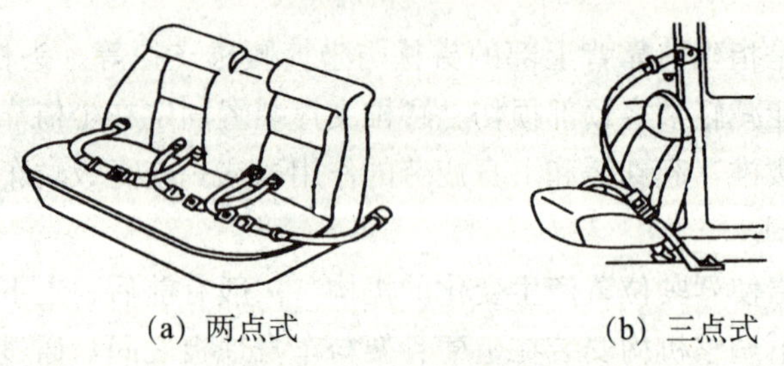

(a) 两点式　　(b) 三点式

图 3—53　安全带形式

安全带自动收紧装置常安装在中高档轿车上，由拉力传感器和引爆收紧装置组成。拉力传感器感受到严重的正面撞击后，将信号传给 ECU，ECU 控制收紧装置点火，引爆收紧装置，从而达到快速收紧安全带的作用。安全带自动收紧装置工作后必须更换。

多数安全带在中度以下碰撞后还能使用，但若出现如图 3—54 所示损伤情况之一时，必须及时更换。

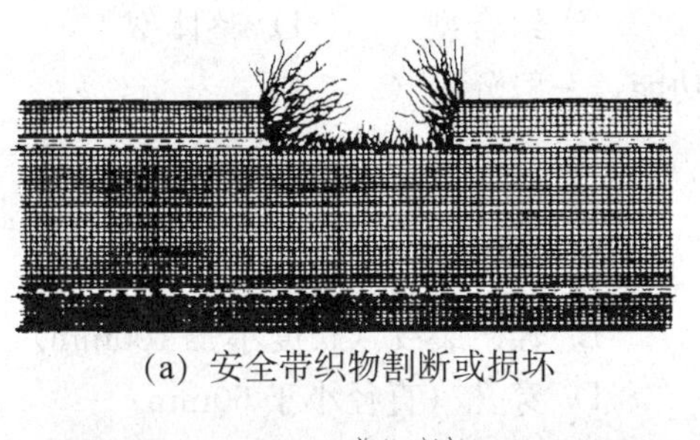
（a）安全带织物割断或损坏

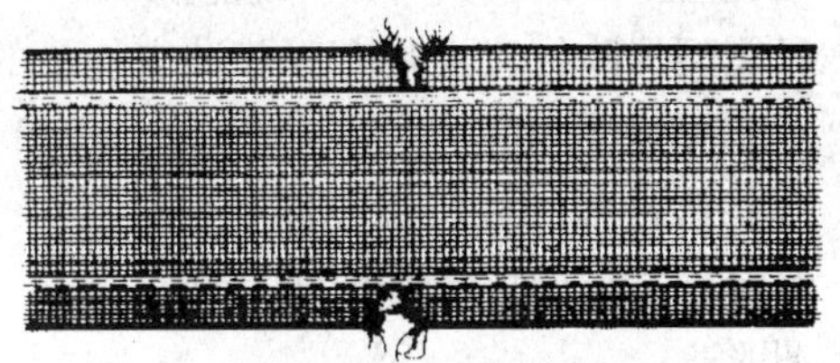
（b）安全带边缘割断松散
（由车门引起的损坏）

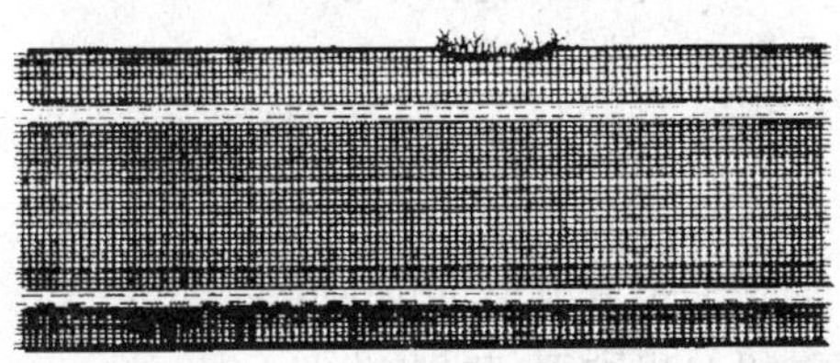
（b）安全带边缘割坏松散

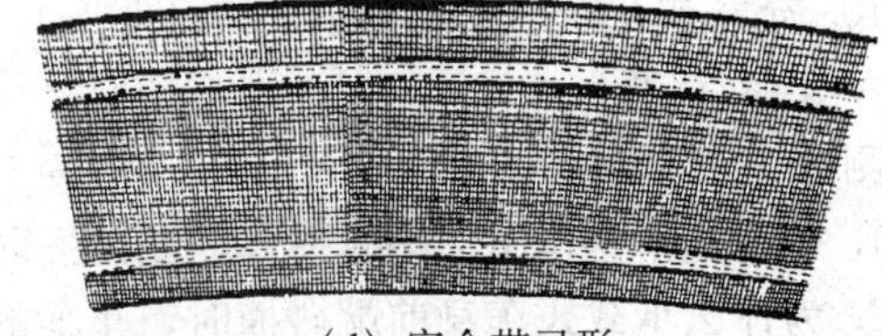
（d）安全带弓形

图 3—54　安全带损伤类型

学习测试

测试 1：判断题

1. 引起车身损伤的惯性主要来自车上承载的货物和乘客。（ ）

2. 车身刚度等级中刚度大的部分集中在车辆的前部和后部。（ ）

3. 碰撞缓冲区的作用是在碰撞时，可以按照设计的方向产生变形，从而吸收碰撞能量，保护其他部位。（ ）

4. 安全带自动收紧装置工作后必须更换。（ ）

5. 液压撑杆撞击变形后需更换。（ ）

测试 2：选择题

1. 吸能型保险杠自身具有（　　）的功能。

A. 吸收冲击能量　B. 美化　C. 节油　D. 降低车重

2. 长度小于（　　）mm 的保险杠裂纹可进行维修。

A. 100　B. 90　C. 80　D. 70

3. 穿孔直径小于（　　）mm 的保险杠裂纹可进行维修。

A. 10　B. 20　C. 30　D. 40

4. 铝质发动机盖通常产生较大的塑性变形就需（　　）。

A. 更换　B. 钣金　C. 焊接　D. 粘接

5. 前纵梁是前部最重要的结构件，发生碰撞出现弯曲，以拉伸校正为主。经拉伸后如严重开裂应进行（　　）维修。

A. 更换　B. 焊接　C. 粘接　D. 搭接

6. 若 A、B 两车正面碰撞时，受损部位通常发生在 A、B 两车的（　　）。

A. 保险杠面罩及保险杠、格栅、两侧前照灯　B. 空调冷凝器

C. 发动机水箱　D. 空调压缩机

7. 前保险杠能有效地保护车身，按结构可分为（　　）。

A. 普通型　　B. 吸能型　　C. 组合型　　D. 整体型

8. 吸能型保险杠自身具有吸收冲击能量的功能，一般分为（　　）。

A. 橡胶吸能器和泡沫垫层吸能器　　B. 充气或充液型吸能器

C. 弹簧吸能器和橡胶吸能器　　D. 压溃式吸能柱和泡沫垫层吸能器

9. 保险杠常见的可维修损伤类型有（　　）。

A. 凹陷　　B. 轻微裂纹（长度小于 100mm）

C. 轻微刮伤　　D. 穿孔（直径小于 60mm）

10. 充气或充液型吸能器主要由（　　）等组成。

A. 浮动活塞　　B. 活塞缸　　C. 液压油　　D. 计量杆

测试 3：简答题

1. 承载式车身轿车前端碰撞和后端碰撞时，通常会引起哪些部位损伤？

2. 为什么承载式车身前端碰撞时，车辆的后部也有可能发生变形？

3. 承载式车身和非承载式车身的碰撞损伤特点有何区别？

4. 什么是直接损伤，什么是间接损伤？

5. 汽车前部碰撞易损伤的零件有哪些？

6. 汽车后部碰撞易损伤的零件有哪些？

7. 车门碰撞易损伤的零件有哪些？

8. 间接损伤有哪些可见迹象？

9. 散热器支架与哪些构件连接在一起？

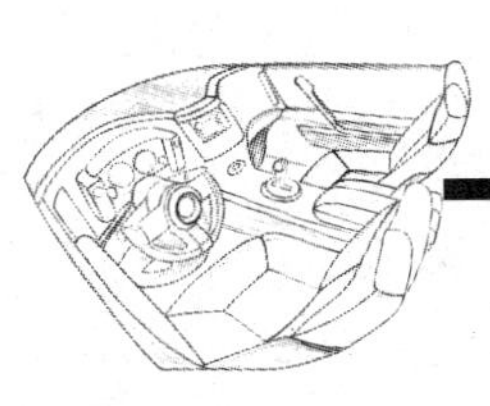

第四章

机械零件损伤评估

引言

在许多交通事故中，损坏不仅仅限于金属与塑料板件、装饰件、车灯、漆面、风挡玻璃等与碰撞修理作业有关的部位，汽车机械系统、电器系统也可能遭受损坏。

为精确地估算完成修理所需的零件费、作业量及最终费用，定损员应当充分了解汽车分类、汽车结构原理和维修方法，准确地认识损坏的零件，并且对可能损坏的零件进行正确检测，提出修理、更换的方案。本章重点介绍汽车的构造、原理、零部件的碰撞损坏规律及维修检测方法。

学习任务一　发动机机械零件损伤评估

学习目标： 了解发动机组成、工作原理及零件损伤评估方法。

学习方法： 采取理论与实践相结合的教学方法，完成本学习任务。

一、发动机总体构造

汽车发动机是一部由许多机构和系统组成的复杂机器，其结构形式多种多样，即使是同一类型的发动机，其具体构造也各不相同，但由于基本工作原理相同，所以基本构造也是相似的。通常由两大机构（曲柄连杆机构、配气机构）和四大系统（燃料供给系统、冷却系统、润滑系统和启动系统）组成。如果是汽油机还应有点火系统。汽油机的结构如图 4—1 所示。

（一）曲柄连杆机构

曲柄连杆机构主要由汽缸体、汽缸盖、活塞、连杆、曲轴和飞轮等机件组成。其功用是将燃料燃烧所放出的热能，通过活塞直线往复运动经由连杆转变为曲轴旋转运动的机械能对外输出动力，驱动汽车行驶。

（二）配气机构

配气机构主要由气门、气门弹簧、凸轮轴、挺杆等零部件组成。其功用是按照发动机各缸工作顺序和工作循环的要求，适时地打开或关闭进、排气门，以便发动机进行换气。

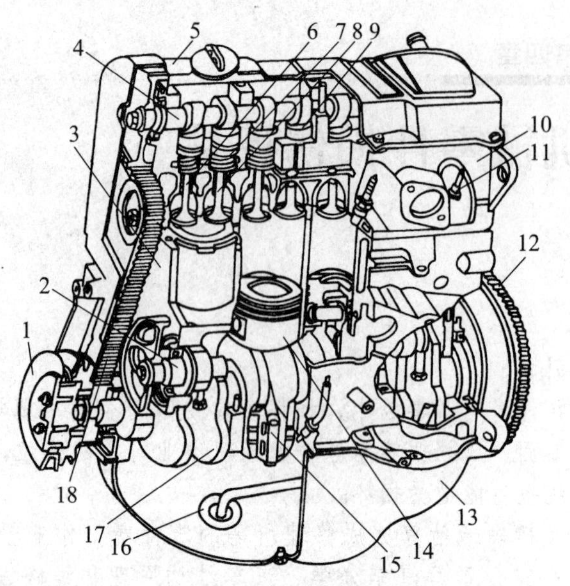

图 4—1　汽油机结构组成

1—皮带轮；2—中间轴；3—汽缸体；4—凸轮轴；5—凸轮轴罩盖；
6—排气门；7—气门弹簧；8—进气门；9—气门挺杆；10—汽缸盖；
11—火花塞；12—飞轮；13—油底壳；14—活塞；15—连杆总成；
16—集滤器；17—曲轴；18—正时皮带

（三）燃料供给系统

汽油机燃料供给系统和柴油机燃料供给系统因供油和燃烧过程不同，在结构上有很大区别。

汽油机燃料供给系统主要由汽油箱、汽油滤清器、电喷装置、空气滤清器、进气管、排气管、排气消声器等组成。其功用是根据发动机不同工况的要求，配制出一定数量和浓度的可燃混合气，供入汽缸，并在燃烧做功后将燃烧后的废气排至大气中。

柴油机燃料供给系统主要由燃油箱、柴油滤清器、输油泵、喷油泵、进气管、排气管、排气消声器等组成。其作用是向汽缸内供给纯空气并在规定时刻向缸内喷入定量柴油，以调节发动机输出功率和转速，最后将燃烧后的废气排出汽缸。

（四）点火系统

汽油机的点火系统主要由蓄电池、发电机、点火线圈、点火控制器、分电器、火花塞和点火开关等组成。其功用是根据发动机工作需要，及时点燃汽缸内的可燃混合气。

（五）冷却系统

冷却系统有水冷式和风冷式两种，现代汽车一般都采用水冷式。水冷式冷却系统主要由水泵、散热器、风扇、水套、节温器等组成。其功用是利用冷却水冷却发动机高温零件，并通过散热器将热量散发到大气中去，以保证发动机在最适宜的温度下工作。

（六）润滑系统

润滑系统主要由机油泵、集滤器、限压阀、机油滤清器、油底壳和油道等组成。其功用是向作相对运动的零件表面输送清洁的润滑油，以减小摩擦力，减缓机件磨损，并对摩擦表面进行清洗和冷却，从而延长发动机的使用寿命。

（七）启动系统

启动系统主要由蓄电池、启动机等组成。其功用是带动飞轮旋转以获得必要的动能和启动转速，使静止的发动机启动并转入自行运转状态。

二、发动机机械零件损伤评估

（一）曲柄连杆机构

1. 曲柄连杆机构组成

曲柄连杆机构包括汽缸体曲轴箱组、活塞连杆组、曲轴飞轮组。

（1）汽缸体曲轴箱组。

发动机汽缸体一般分成上下两部分，上部称为汽缸体，是发动机各机构、各系统的装配基体，下部称为曲轴箱。汽缸盖和汽缸体的内壁共同组成燃烧室的一部分，是承受高温、高压的机件。汽缸盖、汽缸体及附属件如图4—2、图4—3所示。

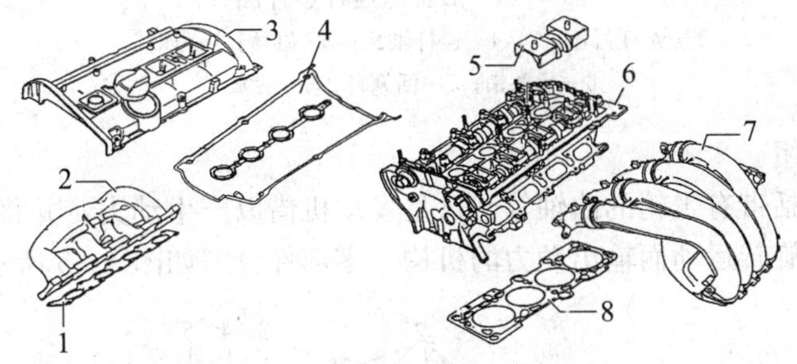

图4—2　汽缸盖零件分解图

1—排气歧管密封垫；2—排气歧管；3—汽缸盖罩；4—汽缸盖罩衬垫；5—挡油罩；6—汽缸盖；7—进气歧管；8—汽缸盖衬垫

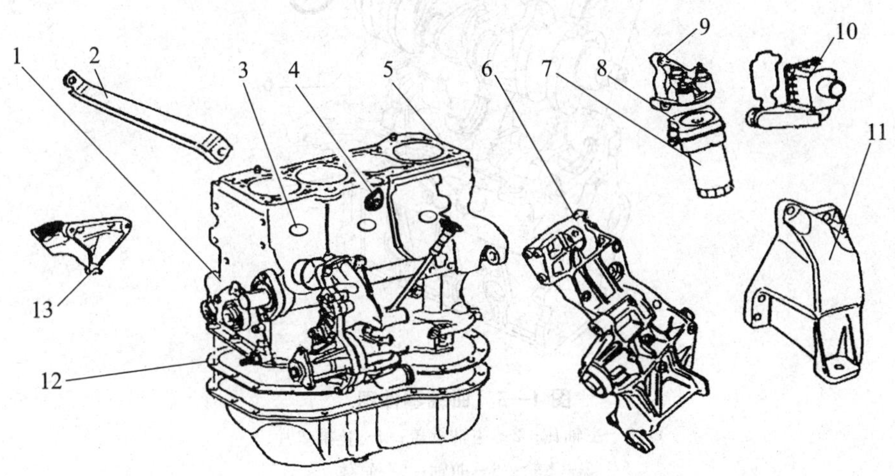

图4—3　发动机体分解图

1—缸体；2—支撑；3—水堵；4—爆震传感器；5—缸垫；6—组合支架；7—机油滤清器；8—机油冷却器；9—机油滤清器支架；10—曲轴箱通风管座；11—发动机左支架；12—油底壳垫；13—发动机右支架

（2）活塞连杆组。

活塞连杆组由活塞、活塞环、活塞销、连杆及连杆轴承等主要零件组成，活塞在做功行程中承受汽缸中气体的压力，并将此压力通过活塞销传给连杆，以推动曲轴旋转。活塞的顶部还与汽缸盖和汽缸壁共同组成燃烧室。零件分解如图 4—4 所示。

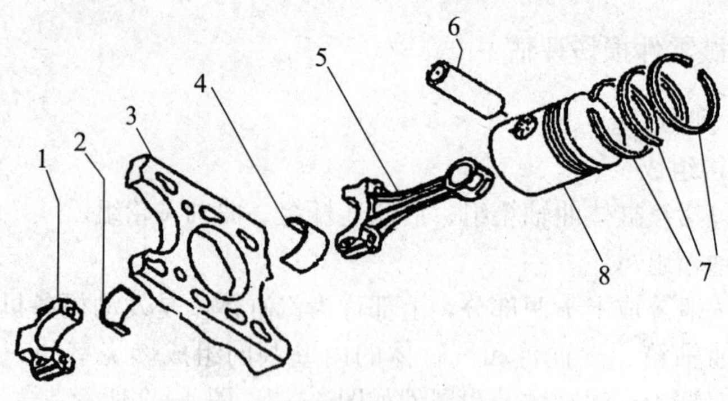

图 4—4　活塞与连杆零件图

1—连杆瓦盖；2，4—连杆轴瓦；3—缸体；5—连杆；

6—活塞销；7—活塞环；8—活塞

（3）曲轴飞轮组。

曲轴飞轮组包括带有飞轮的曲轴等，这是发动机借以产生动力，并将活塞的直线往复运动转变为曲轴的旋转运动而输出动力的机构。零部件分解如图 4—5 所示。

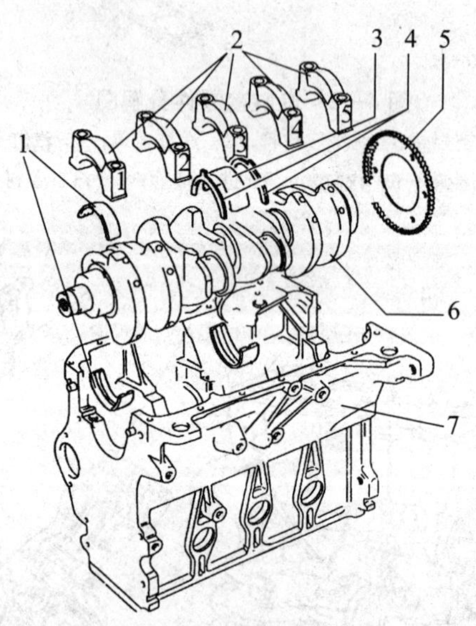

图 4—5　曲轴零件图

1，3—主轴瓦；2—主轴承盖；4—止推垫片；

5—飞轮；6—曲轴；7—缸体

2. 曲柄连杆机构零件检测与评估

（1）汽缸盖。

汽缸盖在汽车碰撞中常见的损伤有裂纹、变形等。现代汽车缸盖大多采用铸铁或铝合金，上述两种金属可焊性较差，且裂纹大多发生在进排气门座之间焊接难度大、机加工要求高的位置，大多以更换为主。但受力较小的发电机吊耳断裂等情况则可采取焊接后机加工的方法维修。在承载较大的轴承孔处或复杂的油道处的裂纹不建议焊接维修。

汽缸盖在汽车碰撞中会因外力变形，变形量的测量方法如图 4—6 所示。汽缸盖平面发生变形可用刀口尺放在平面上，然后用厚薄规测量刀口尺与平面间的间隙，即平面度误差，维修标准可查阅相关车型维修手册。

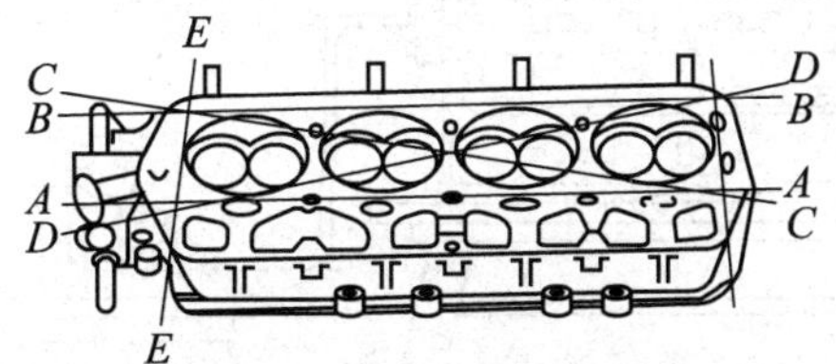

图 4—6　汽缸盖检查方法

铝合金缸盖的轻微变形多用压力矫正法修理，即：将缸盖放置在平台上，用压力机在其凸起部分逐渐加压，同时用喷灯加热变形处，使其温度达到 300℃～400℃，待缸盖平面与平台贴合后保持压力直到冷却。

对铸铁汽缸盖的变形一般采用磨削或铣削方法进行修理，但切削量不能过大，一般不允许超过 0.5mm，否则将改变发动机压缩比。

（2）汽缸体。

汽缸体在汽车碰撞中会因外力产生变形或裂纹，变形量的测量方法如图 4—7 所示。

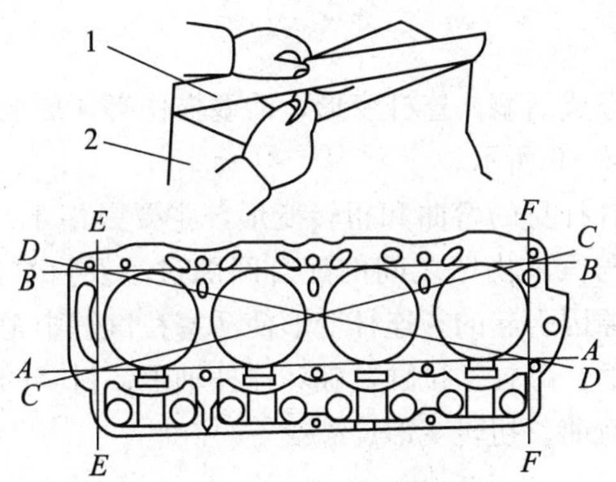

图 4—7　汽缸体平面检测方法

1—刀口尺；2—缸体

汽缸体平面发生变形可用刀口尺放在平面上，然后用厚薄规测量刀口尺与平面间的间隙，即平面度误差，汽缸体上平面的平面度误差，在任意位置，每 50mm×50mm 的范围内均不得大于 0.05mm。全长＜600mm 的汽缸体，平面度误差不大于 0.15mm；全长＞600mm 的铸铁汽缸体，平面度误差不大于 0.25mm；全长＞600mm 的铝合金汽缸体，其平面度误差不大于 0.35mm（相关标准以维修手册为准）。

汽缸体平面局部不平，可用铲削的方法修平。平面变形较大时，可采用平面磨床进行磨削加工修理。

汽缸体产生裂损的检查方法：水压法、气压法。

水压试验时，首先将汽缸体、汽缸垫和汽缸盖装配好，密封水套的出水口，然后从水套的进水口将水压入，要求在 0.3～0.4MPa 的压力下，保持约 5min，应没有任何渗漏现象，如图 4—8 所示。

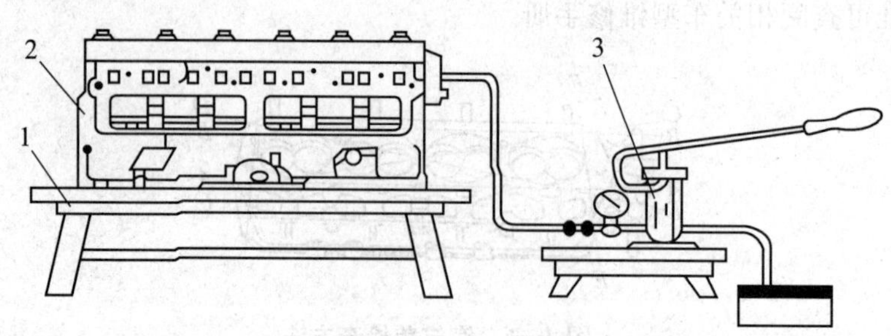

图 4—8　缸体水压检查

1—平台；2—缸体；3—水压机

气压试验与水压试验方法类似，将压缩空气压入汽缸体水套后，将气缸体放入水池或在气缸体表面涂遍肥皂水，查看冒气泡的部位，即为汽缸体裂损部位。

对刚刚镶好汽缸套或焊接修理后的汽缸体，均应进行水压试验。

气缸体产生裂损的修复方法：有粘接法、补焊法、螺钉填补法。在修理中应根据裂损的大小、裂纹的部件、损伤的程度，以及技术能力、设备条件等情况，灵活而适当地选择。

（3）活塞连杆。

发动机顶缸损伤会造成活塞、连杆变形，活塞损伤必须更换，连杆轻微变形可采取矫正，连杆变形检查如图 4—9 所示。

连杆的变形是指连杆杆身的弯曲和扭转变形，主要是由于发动机超负荷运转、爆燃、修理或装配不当，活塞与汽缸内壁之间的配合间隙过小及汽缸内进入杂物（如发动机进水）发生顶缸、拉缸等原因引起的。连杆变形使活塞在汽缸中歪斜，引起活塞与汽缸、连杆轴承与连杆轴颈的偏磨、敲缸、拉缸，破坏连杆轴承、衬套的正常配合。与定损相关的连杆的常见损伤有杆身弯曲、扭转变形、裂纹等。

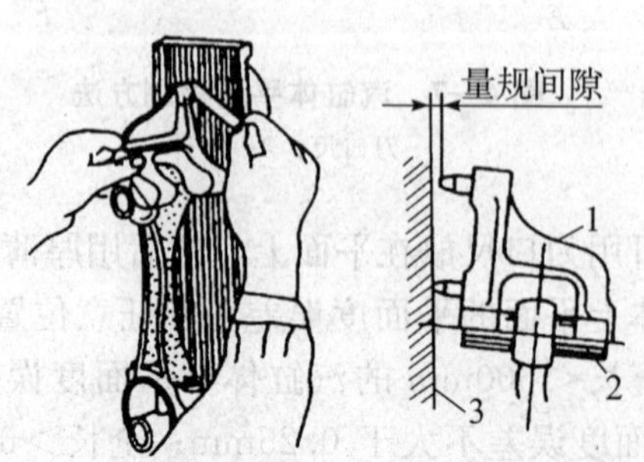

图 4—9　连杆变形的检验

1—量规；2—活塞销；3—检测器平面

检验工具是一个带有V形槽的三点规。三点规上的3个测点的端面构成平面并与V形槽的对称平面垂直。检验时，将三点式量规的V形槽贴紧心轴（或活塞销）并推向检验平板，用塞尺测量检验平板与量规三个测点之间的间隙。三个测点均与检验仪平板接触，说明连杆无变形；若量规上仅上测点与检验仪平板有间隙或上测点与平板接触，两下测点不与平板接触且间隙一致，说明连杆有弯曲变形，如图4—9所示的量规间隙。若间隙大于0.03mm，应进行连杆弯曲矫正或更换。

若量规上两个下测点中一个与平板接触，另一个不与平板接触，且上测点与平板的间隙等于另一个下测点间隙的一半。下测点与平板的间隙即为连杆在100mm长度上的扭曲度，若间隙大于0.06mm，应进行连杆扭曲矫正或更换。

若一个下测点与平板接触，但上测点与平板的间隙不等于另一个下测点与平板间隙的一半，此时下测点与平板的间隙为连杆的扭曲度，上测点与平板的间隙为连杆的弯曲度。此时应先矫扭、后矫弯。

连杆变形的矫正方法：轻微扭曲和弯曲的连杆可利用连杆矫正仪矫正。矫正变形量较小的连杆，只在矫正载荷下保持一定时间即可。但变形量较大的连杆在矫正后，应进行时效处理（将连杆加热到300℃，保温一定时间）。

（4）曲轴。

曲轴及飞轮在汽车碰撞中常见的损伤有：裂纹、折断、变形，变形量的测量如图4—10所示。

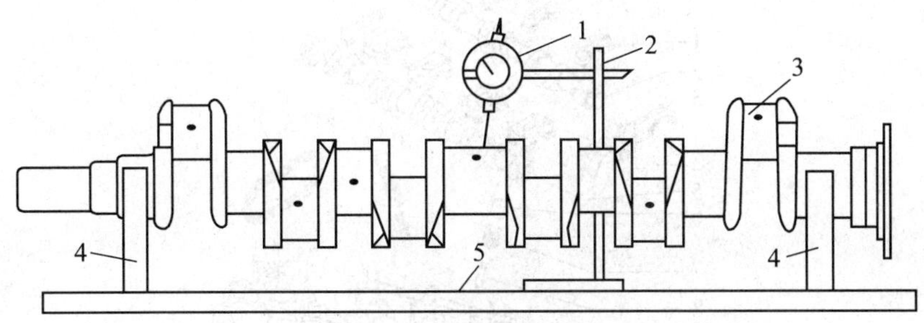

图4—10　曲轴弯曲变形的检修

1—百分表；2—表架；3—曲轴；4—V形块；5—平台

检验弯曲变形应以两端主轴颈的公共轴线为基准，检查中间主轴颈的径向圆跳动误差。检验时，将曲轴两端主轴颈分别放置在检验平板的V形块上，将百分表触头垂直地抵在中间主轴颈上，慢慢转动曲轴一圈，百分表指针所示的最大摆差，即中间主轴颈的径向圆跳动误差值，若大于0.15mm，则应进行压力矫正。低于此限，可结合磨削主轴颈予以修正。

曲轴裂纹一般发生在轴颈两端过渡圆角处或油孔处。裂纹较严重时，将造成曲轴的断裂。可通过观察或从用锤子轻轻敲击平衡重发出的声音来判断（当曲轴将断时，发动机振动极大，有沉重而粗闷的异常响声），检查裂纹的最好方法是在专用的磁力探伤仪上进行磁力探伤。曲轴裂纹可进行焊修，现如今配件供应流畅，一般是更换新件。

曲轴带轮通过传动带将能量传递给其他辅助设备，例如，空调压缩机、动力转向泵以及水泵。带轮变形检查，可根据启动发动机时带轮的摆动量检查。损坏的带轮必须予以更换。带轮损坏常伴有传动带撕裂现象。

（5）油底壳。

薄板冲压的油底壳如存在轻微损伤，一般可进行矫正维修。铸铁或铸铝油底壳破损以更换为主。

（6）发动机维修不可重复使用的零件。

发动机拆解维修涉及的油封及垫类，拆解后不能二次使用，必须予以更换（如曲轴油封、汽缸垫等）。

（7）发动机支座。

固定缸体的发动机支座将发动机固定在一个特定的位置上并且有效进行隔振。损坏的发动机支座会造成发动机怠速发抖等现象。发动机支座可能在正面或侧面碰撞中遭受损坏，支座在严重碰撞中会产生破碎现象。如果支座变形，也应该予以更换，应该在举升起车后，利用橇压工具对支座进行检查。

（二）配气机构

1. 配气机构组成及功用

配气机构包括进气门、排气门、液压挺杆、凸轮轴以及凸轮轴正时皮带轮（由曲轴正时皮带轮驱动）。其作用是使可燃混合气及时充入汽缸并及时从汽缸排出废气，零件分解如图 4—11 所示。

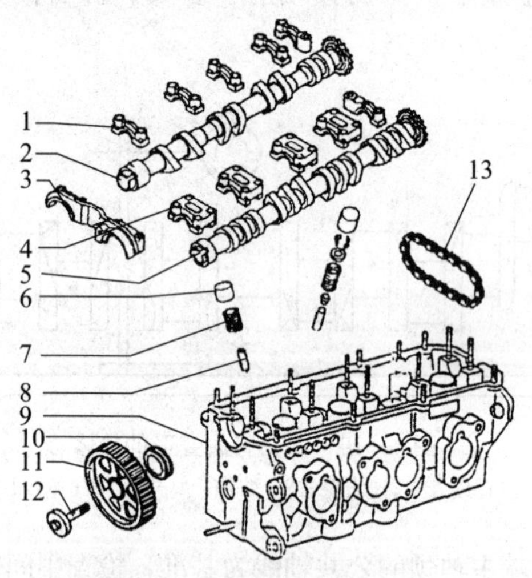

图 4—11 配气机构组成零件

1—排气凸轮轴轴承盖；2—排气凸轮轴；3—双列轴承盖；4—进气凸轮轴轴承盖；5—进气凸轮轴；6—液压挺杆；7—气门弹簧；8—气门导管；9—汽缸盖；10—油封；11—凸轮轴正时皮带轮；12—螺栓；13—传动链

2. 配气机构零件检测与评估

（1）驱动机构。

凸轮轴驱动方式有链条驱动和正时皮带驱动，如图 4—12、图 4—13 所示，由于凸轮轴驱动机构的特殊位置，纵置发动机发生正面碰撞时常会导致皮带、链条、张紧器等部件损坏。对于皮带、链条、张紧器等部件即使有轻微的损坏也建议更换，因为皮带的突然断裂会造成发动机严重损坏。

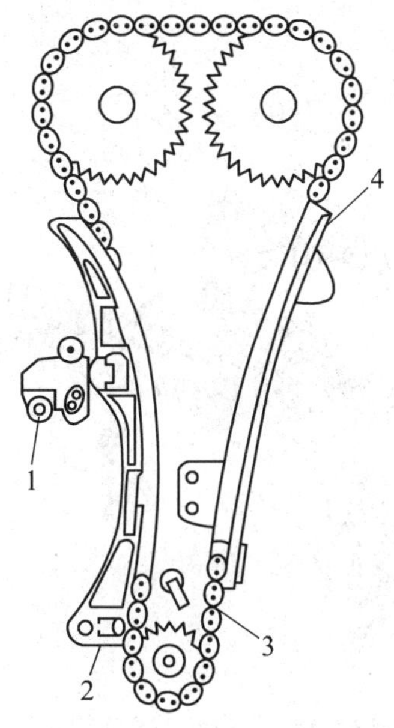

图 4—12　链条驱动

1—正时链条自动张紧器；2—链条张紧器滑块；
3—正时链条；4—链条减振器

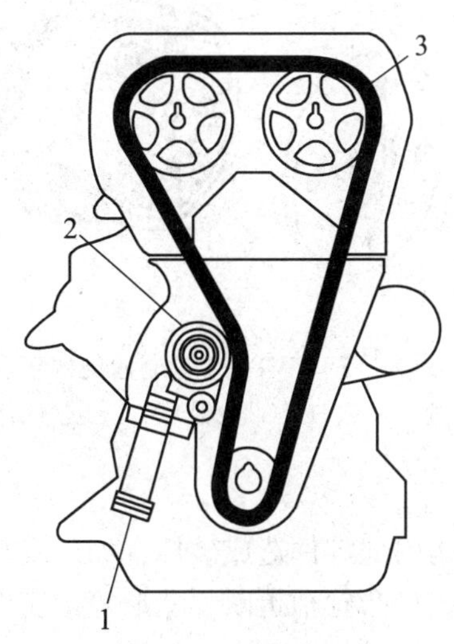

图 4—13　正时皮带驱动

1—正时皮带自动张紧器；2—张紧轮；3—正时皮带

VVT—Ⅰ系统用于控制进气门凸轮轴在一定范围内调整凸轮轴转角，使配气正时满足优化控制发动机工作状态的要求，从而提高发动机在所有转速范围内的动力性和经济性，并能降低尾气的排放。VVT—Ⅰ系统由 VVT—Ⅰ控制器、凸轮轴正时机油控制阀和传感器三部分组成，如图 4—14 所示。由于 VVT—Ⅰ系统的特殊位置，纵置发动机发生正面碰撞时常会导致 VVT—Ⅰ控制器等部件损坏。因该部件由精密的液压部件组成，所以建议以更换维修为主，控制器结构如图 4—15 所示。

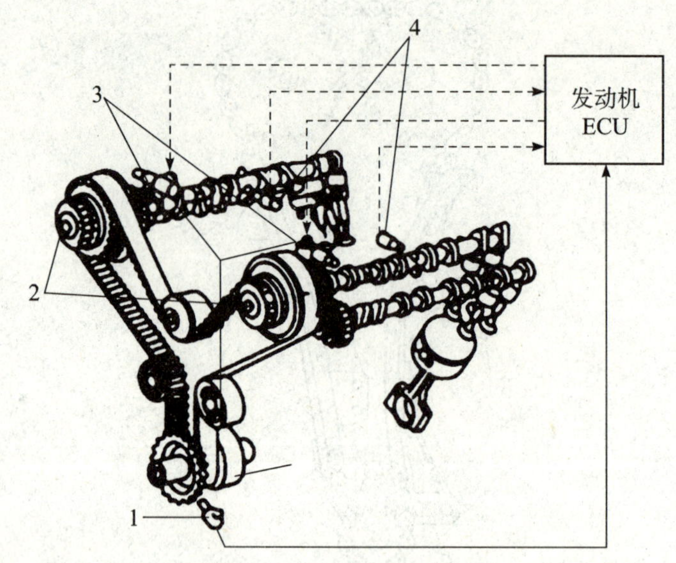

图 4—14 VVT—Ⅰ系统的组成

1—曲轴位置传感器；2—VVT—Ⅰ控制器；3—凸轮轴正时机油控制阀；4—传感器

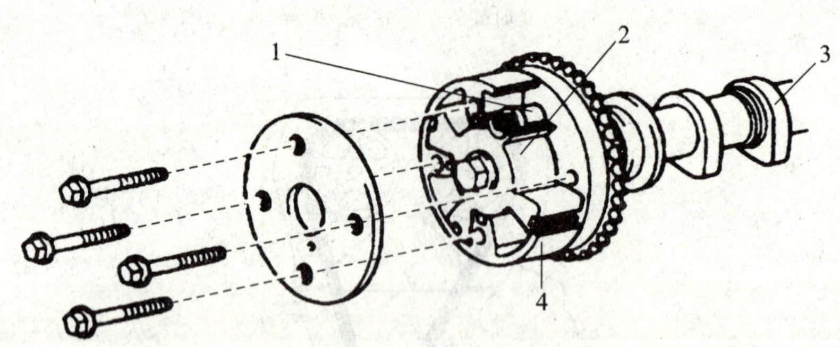

图 4—15 VVT—Ⅰ控制器结构图

1—锁销；2—叶片（固定在进气凸轮轴上）；3—进气凸轮轴；4—壳体

（2）凸轮轴。

碰撞可能对发动机配气机构内部零件造成破坏。如果发动机遭受坠落物碰撞，则可能造成汽缸盖和顶置凸轮轴损坏，如凸轮轴折断、变形等。变形量的测量与维修方法与曲轴相同。

（3）气门杆弯曲和气门顶歪斜的检修。

发动机顶缸会造成气门杆弯曲变形，变形量可按图 4—16 所示用百分表检查，若转动气门杆一圈，表针摆差若>0.05mm 时，说明气门弯曲变形超过允许极限，应矫正或更换气门。气门杆弯曲矫正应在压床上进行冷压矫正，方法是使弯曲拱面向上，用压床使其产生反变形，矫压量一般为实际弯曲变形量的 10 倍，保持 2min。

气门头部歪斜可按图 4—16 所示用头部百分表检查，若转动气门杆一圈，表针摆差>0.02mm，说明气门头部有歪斜，应进行更换。

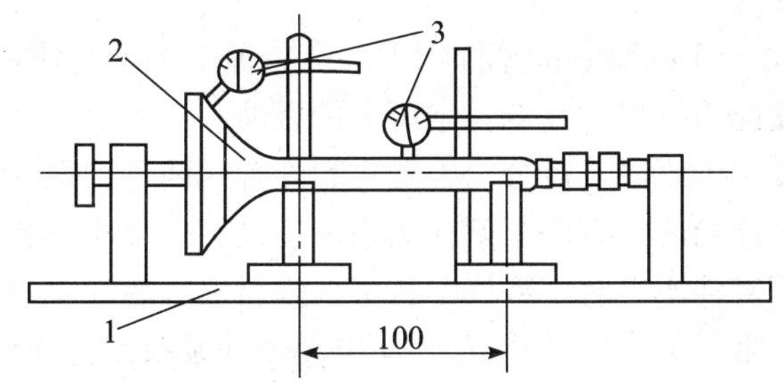

图 4—16　气门杆弯曲和气门顶歪斜的检查

1—测量仪；2—气门；3—百分表

（4）正时罩盖。

价值较低的塑料正时罩盖以更换为主，价值较高的铝质正时罩盖如果如有焊接的可能，则应该予以维修。

（三）汽油机供给系统

汽油机供给系统由供油系统、进排气系统组成。其作用是把汽油和空气混合成成分合适的可燃混合气供入汽缸，以供燃烧，并将燃烧生成的废气排出发动机。

1. 供油系统组成及功用

供油系统包括汽油箱、汽油泵、汽油滤清器、喷油器、油压调节器、油管等。发动机工作时，电动汽油泵把汽油从油箱中泵出，经汽油滤清器除杂质和水分，流入燃油分配管，然后分送到各个喷油器。燃油分配器上装有油压调解器，以保证油压与进气压力差保持恒定。有些发动机在燃油输送通道中还装有燃油压力脉动阻尼器，以削减燃油的脉动现象。供油系统组成如图 4—17 所示。

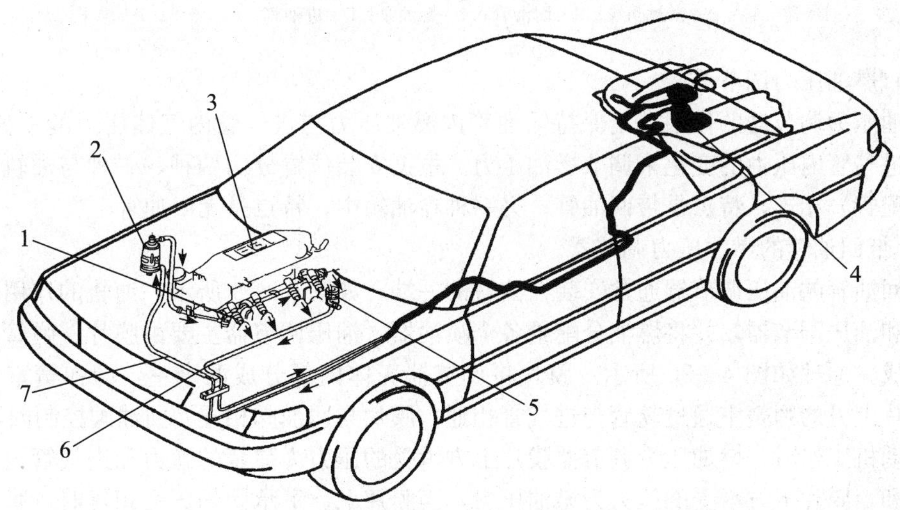

图 4—17　供油系统

1—喷油器；2—汽油滤清器；3—进气总管；4—电动燃油泵；
5—压力调节器；6—回油管；7—进油管

（1）电动燃油泵。

电动燃油泵（Electric Fuel Pump 简称 FP）是一种由小型直流电动机驱动的燃油泵，其作用是给电控燃油喷射系统提供具有一定压力的燃油。

电动燃油泵按安装位置不同，可分为内置式和外置式两种。目前大多数汽车的燃油泵都为内置式，安装在燃油箱内。有些车型在油箱内还设有一个小油箱，燃油泵置于小油箱内，这样可防止在油箱燃油不足时，因汽车转弯或倾斜引起燃油泵周围燃油的移动，使燃油泵吸入空气而产生气阻。桑塔纳 2000 型轿车电动燃油泵及附件连接如图 4—18 所示。

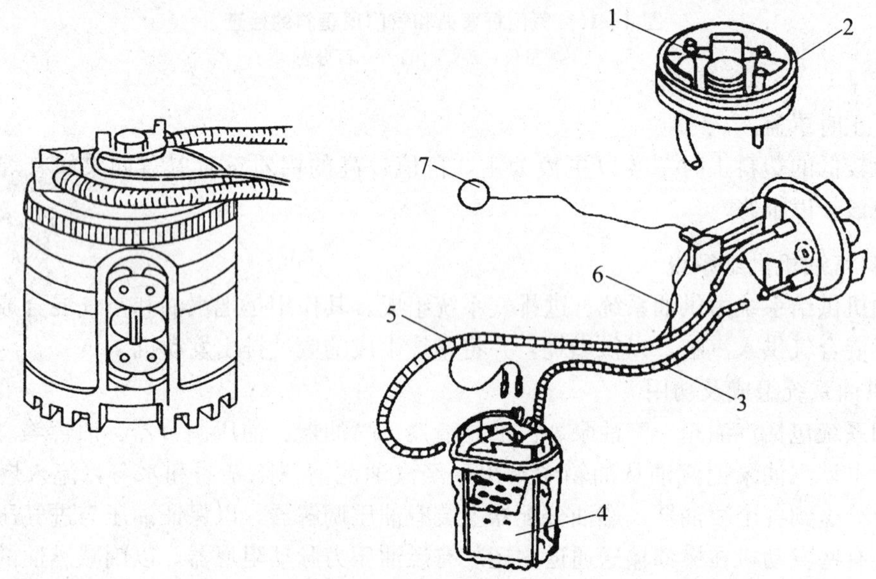

图 4—18　电动燃油泵及附件连接

1—透气管；2—密封凸缘；3—回油管；4—燃油泵；5—进油管；6—导线；7—浮子

（2）燃油压力调节器。

燃油压力调节器的作用就是保持输油管内燃油压力与进气管内气体压力的差值恒定，即根据进气管内压力的变化来调节燃油压力。根据安装位置分为两种，一种与油轨（也称燃油分配管）相连，特点是带回油管；另一种在油箱中，特点是无回油管。

1）带回油管的燃油压力调节器。

带回油管的油压调节器通常安装在油轨的一端，如图 4—19 所示，油轨的作用是固定喷油器和油压调节器，并将燃油分配给各个喷油器。油压调节器主要由膜片、弹簧和回油阀等组成，原理如图 4—20 所示。膜片将调节器壳体内部分成两个室，即弹簧室和燃油室，膜片上方的弹簧室通过软管与进气管相通，膜片与回油阀相连，回油阀控制回油量。

发动机工作时，燃油压力调节器膜片上方承受的压力为弹簧的弹力和进气管内气体的压力之和，膜片下方承受的压力为燃油压力，当膜片上、下承受的压力相等时，膜片处于平衡位置不动。当进气管内气体压力下降（真空度增大）时，膜片向上移动，回油阀开度增大，回油量增多，使输油管内燃油压力也下降；反之，当进气管内的气体压力升高时，则膜片带动回油阀向下移动，回油阀开度减小，回油量减少，使输油管内燃油压力也升高。由此可见，在发动机工作时，燃油压力调节器通过控制回油量来调节输油管内燃油压

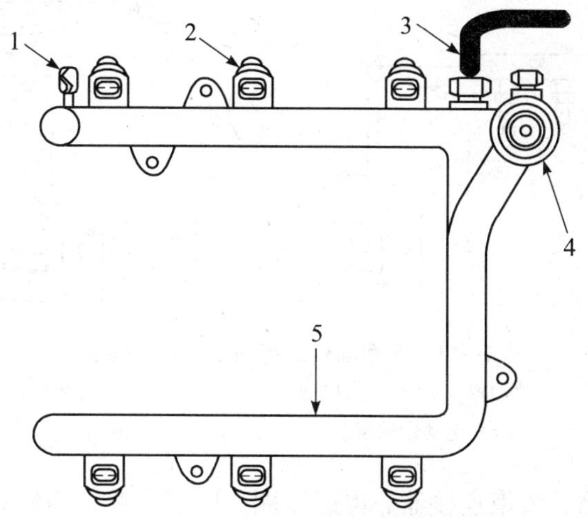

图 4—19　带回油管的油压调节器通常安装位置

1—脉动阻尼器；2—喷油器；3—回油管；4—燃油压力调节器；5—油轨

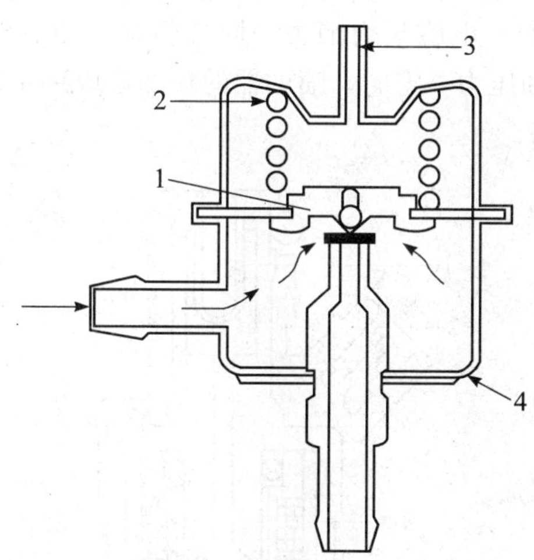

图 4—20　燃油压力调节器工作原理

1—膜片；2—回位弹簧；3—真空管接头；4—壳体

力，从而保持喷油压差恒定不变。

2）无回油管的燃油压力调节器。

无回油管的燃油压力调节器一般和燃油滤清器、燃油泵以及燃油表传感器等组成一体，安装在油箱内，燃油压力调节器和燃油滤清器位于总成的上部，由一条油管将油轨和这个总成连接起来，如图 4—21 所示。

（3）喷油器。

喷油器（Injector 简称 INJ，全称电磁喷油器）是电控燃油喷射系统的执行元件，作用是根据 ECU 发出的脉冲喷油信号，控制燃油喷射量。单点喷射系统的喷油器安装在节气门体空气入口处，多点喷射系统的喷油器安装在各缸进气歧管或汽缸盖上的各缸进气道处。

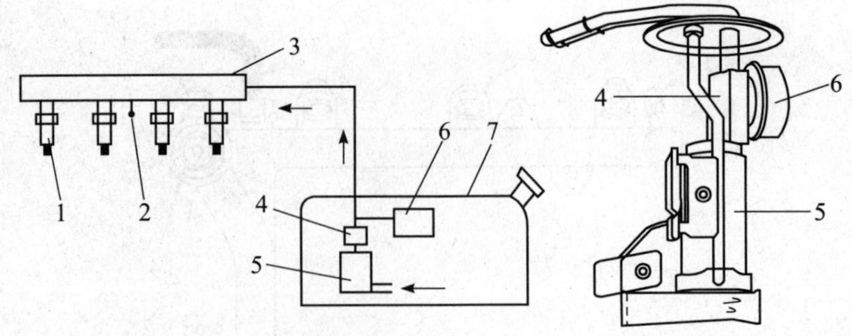

图 4—21　无回油管的燃油压力调节器总成

1—喷油器；2—脉动阻尼器；3—油轨；4—汽油滤清器；
5—电动燃油泵；6—压力调节器；7—油箱

喷油器主要由滤网、线束连接器、电磁线圈、回位弹簧、衔铁和针阀等组成，针阀与衔铁制成一体，针阀下部有轴针，结构如图 4—22 所示。

喷油器电磁线圈通电时，产生电磁吸力，将衔铁吸起并带动针阀离开阀座，同时回位弹簧被压缩，燃油经过针阀并由轴针与喷口的环隙或喷孔中喷出。

喷油器电磁线圈断电时，电磁吸力消失，回位弹簧迅速使针阀关闭，喷油器停止喷油。在喷油器的结构和喷油压力一定时，喷油器的喷油量取决于针阀的开启时间，即电磁线圈的通电时间。

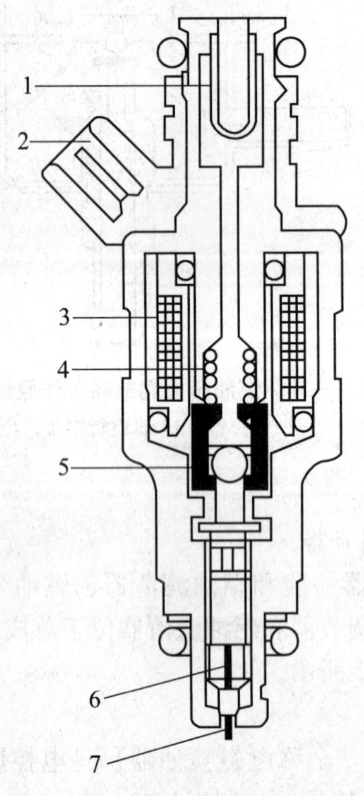

图 4—22　喷油器

1—进油滤网；2—线束连接器；3—电磁线圈；
4—弹簧；5—衔铁；6—针阀；7—轴针

2. 供油系统零件检测与评估

（1）喷油器。

1）就车诊断喷油器工作情况。

接通点火开关，使发动机怠速运转，用螺丝刀或听诊器测试各缸喷油器工作声音，若各缸喷油器工作声音清脆均匀，说明各缸喷油器工作正常；若听不到某缸喷油器工作声音，则应测量该喷油器的电磁线圈电阻及检查喷油器控制线路。

2）检测喷油器的电阻值。

拔下喷油器线束插头，用万用表测量喷油器两端子之间的电阻，低阻值喷油器应为2～3Ω，高阻值喷油器应为13～16Ω，否则应更换喷油器。检测方法如图4—23所示。

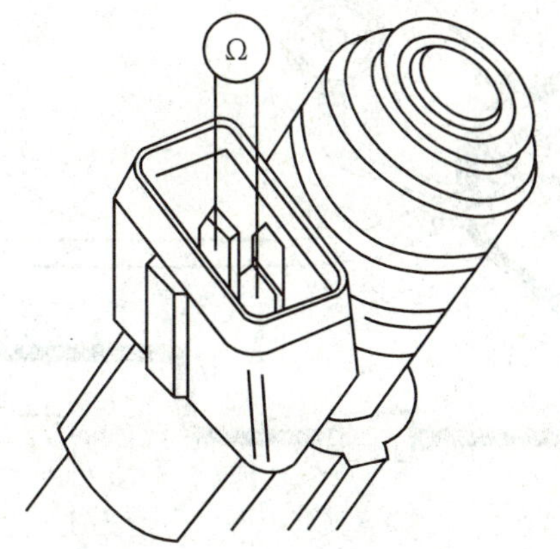

图4—23　测量喷油器电阻

（2）电动燃油泵。

在通电检测电动燃油泵时，注意不要将油泵置于无汽油的环境中，否则，会出现烧坏电动机，甚至发生火灾等危险。各种燃油喷射系统电动燃油泵的检测方法基本相同，现以桑塔纳2000型轿车为例说明。当电控系统的电动燃油泵发生故障时，发动机ECU检测不到故障信息，利用VAG1551/2故障诊断仪也读不到故障信息，则可以按以下步骤进行检测。

1）电动燃油泵接头端子如图4—24所示，用万用表电阻挡测量接线柱1与3之间的电阻，应为2～3Ω，否则，更换电动燃油泵。

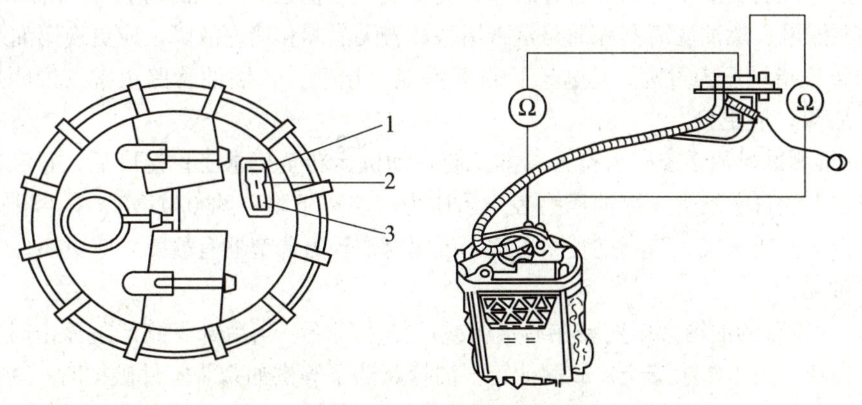

图4—24　燃油泵插头端子

2）检测电动燃油泵的供电电压，启动发动机，用万用表测量插头上端子 1 和端子 3 之间的电压，应为蓄电池的电压 12V 左右，如果供电正常则检查汽油泵故障。

水损后的电动燃油泵（油箱进水），要对油箱及油泵滤网进行清洗。

(3）油压调节器。

发动机在各种工况下，供油系统实际供给的燃油压力并不是固定值。以桑塔纳 2000 型轿车燃油系统油压测试为例说明。

1）测试前准备工作：电源电压正常；按要求释放系统油压；连接油压表如图 4—25 所示。

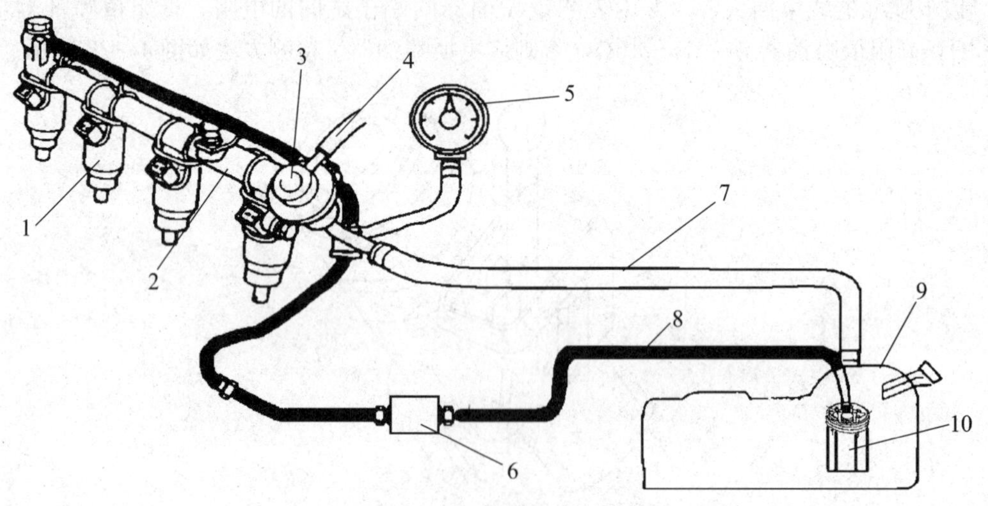

图 4—25　油压表的连接

1—喷油器；2—油轨（燃油管）；3—压力调节器；4—真空管；5—压力表；6—汽油滤清器；7—回油管；8—输油管；9—油箱；10—燃油泵

2）接通点火开关，发动机怠速运转时，油压表压力显示值应符合 250±20kPa。

3）突然加大节气门开度时，油压表压力应迅速增大到 290kPa 左右。

4）在怠速时，拔下油压调节器上的真空管，并用手指堵住进气管一侧的管口，油压表压力必须升高到 300kPa。

若燃油系统压力过低，可夹住回油软管以切断回油管路，再检查油压表指示压力，若压力恢复正常，说明燃油压力调节器有故障，应更换；若仍压力过低，应检查燃油系统有无泄漏，燃油泵滤网、燃油滤清器和油路是否堵塞，若无泄漏和堵塞故障，应更换燃油泵。

若油压表指示压力过高，应检查回油管路是否堵塞；若回油管路正常，说明燃油压力调节器有故障，应更换。

5）如果测试燃油系统压力符合标准，使发动机运转至正常工作温度后，重新接上燃油压力调节器上的真空软管，燃油压力表指示压力应略有下降（约 0.05MPa），否则应检查真空管路是否堵塞或漏气；若真空管路正常，说明燃油压力调节器有故障，应更换。

(4）油箱。

1）现代轿车的油箱大多安装在后备箱或后排坐椅下，当后部受到严重撞击时会导致油箱及油泵损坏。由于影响安全，故而油箱、油管及油泵等供油系统零件破损时，建议采取更换维修。

2）如果油箱中进入污水，会影响电动燃油泵的正常工作，应对油箱及油泵进行彻底清洗。

2. 进气系统

（1）结构原理。

进气系统包括空气滤清器、空气流量计、进气软管、进气歧管、节气门体等。其作用是按工况要求给发动机提供清洁空气。进气系统零件分解如图 4—26 所示。

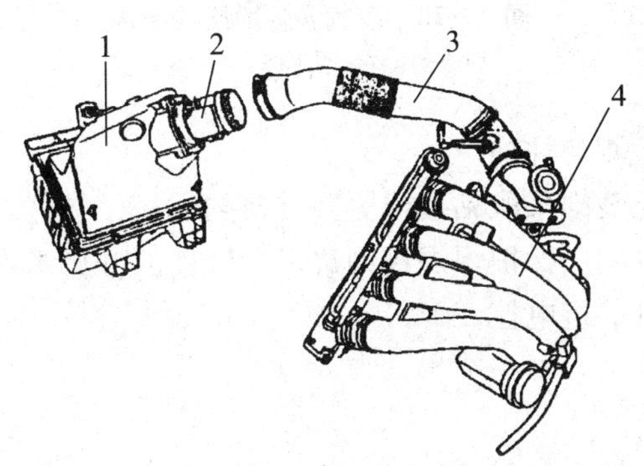

图 4—26　进气系统零件

1—空气滤清器；2—空气流量计；3—进气软管；4—进气歧管

现代汽车为提高进气效率增设了废气涡轮增压器，增压器的主要作用是将空气压入汽缸，这个过程称为增压。发动机机采用废气涡轮增压不仅可提高功率 30%甚至更多，还可以减小单位功率质量，降低燃油消耗。废气涡轮增压器由涡轮、壳体和压气机等组成，它的工作原理及结构如图 4—27、图 4—28 所示。

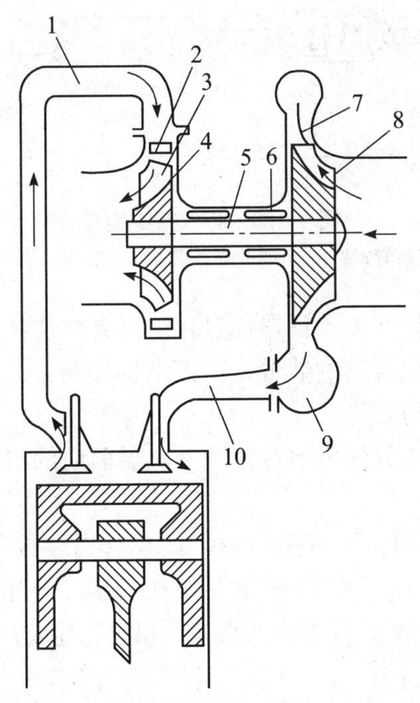

图 4—27　废气涡轮增压器工作原理示意图

1—排气管；2—喷嘴环；3—涡轮；4—涡轮壳；5—转子轴；6—轴承；

7—扩压器；8—压气机叶轮；9—压气机壳；10—进气管

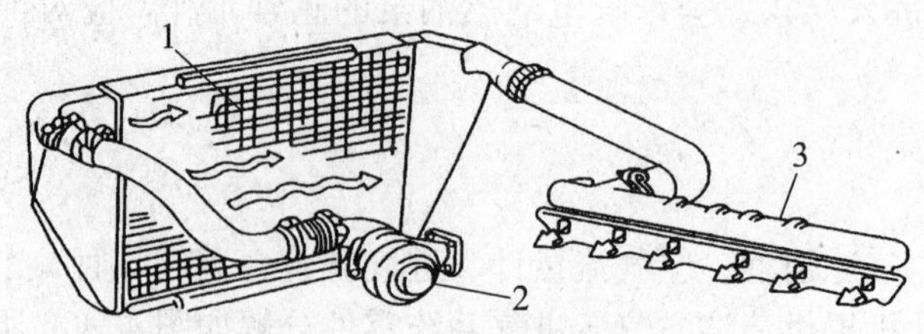

图 4—28　废气涡轮增压器结构

1—中冷器；2—增压器；3—进气管

（2）进气系统零件检测与评估。

塑料空气滤清器外壳破损采取粘接或更换维修的方法；纸滤芯被水淹则必须更换；铝合金进气歧管轻微损伤可利用保护焊焊接维修；中冷器的维修参考水箱的维修；空气流量计、气门体的检修详见汽油机电控。

3. 排气系统

（1）结构原理。

排气系统能把汽缸内的空气与燃料混合物燃烧所产生的废气排除，也可以减少发动机产生的噪声。排气系统主要有排气歧管、三元催化转换器、消声器、排气管等组成，如图 4—29 所示。

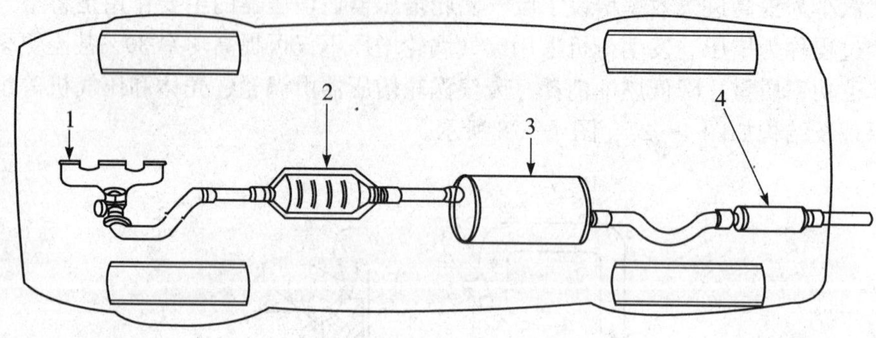

图 4—29　排气系统组成

1—排气歧管；2—三元催化转换器；3—消声器；4—谐振器

三元催化转换器是一个将在发动机燃烧过程中没有燃烧掉的一氧化碳有害气体转化成二氧化碳气体并且燃烧碳氢化合物的装置，内部结构如图 4—30 所示。

（2）排气系统零件检测与评估。

检查三元催化转换器是否失效可通过检测催化器前后的工作温差，或晃动是否有异响等简单方法来诊断。

消声器受外力损坏后可用目测方法检查，如果有裂纹或弯曲，且排气噪声显著增加则断定消声器内部损坏。因排气系统长期工作在高温下氧化严重，消声器不易焊接维修，建议更换为主。但轻微的变形不会对发动机排气造成严重影响，可通过简单整形维修。

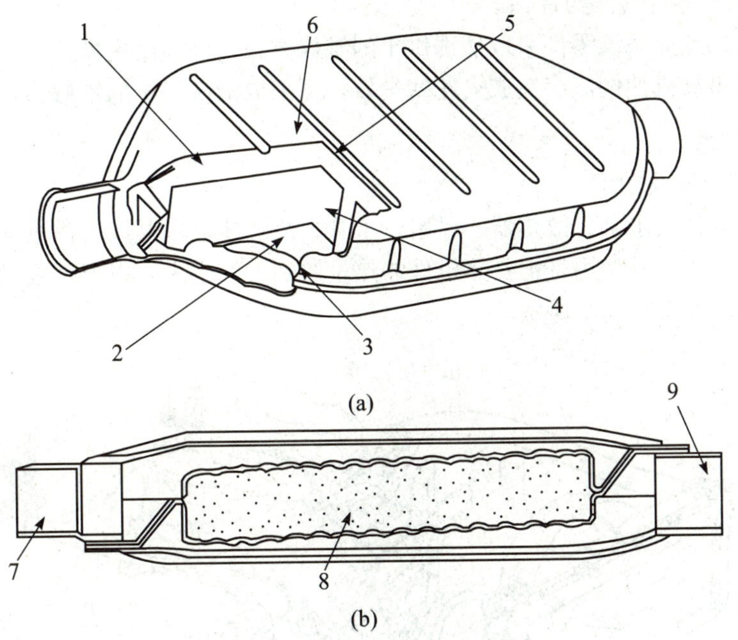

图 4—30 三元催化转换器内部结构

1—绝热层；2—支撑基体；3—绝缘层；4—催化剂；5—催化转换器壳；
6—外壳；7—进气口；8—小球状催化物；9—出气口

(四) 点火系统

1. 点火系统组成及功用

点火系统包括供给低压电流的蓄电池和发电机、将低压电变成高压电的断电器（与分电装置等组合成为分电器）和点火线圈、把高压电按规定时刻通过分电装置通到各汽缸的高压线以及火花塞等。点火系统的功用是保证按规定时刻及时点燃汽缸中被压缩的混合气。点火系统部件分解如图 4—31 所示。

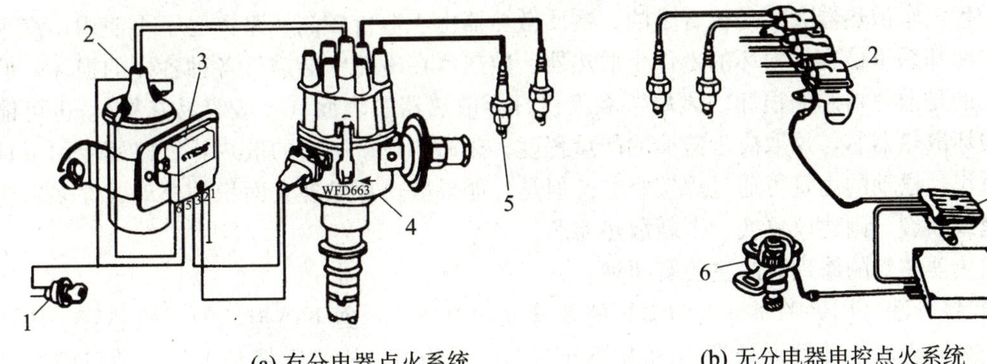

(a) 有分电器点火系统　　(b) 无分电器电控点火系统

图 4—31 点火系统组成

1—点火开关；2—点火线圈；3—点火控制器；4—分电器；
5—火花塞；6—传感器；7—发动机电脑

2. 点火系统零件检测与评估

（1）水淹的点火系统零件采取清洗烘干的维修方式，破损则更换。

（2）翻车事故机油倒流会造成火花塞失效，可采取清洗烘干的维修方式。

（五）冷却系

1. 冷却系组成及功用

冷却系主要包括水泵、散热器、风扇、水管、汽缸体放水阀以及汽缸体和汽缸盖里铸出的空腔即水套等。其功用是把受热机件的热量散到大气中去，以保证发动机的正常工作温度。冷却系统如图 4—32 所示。

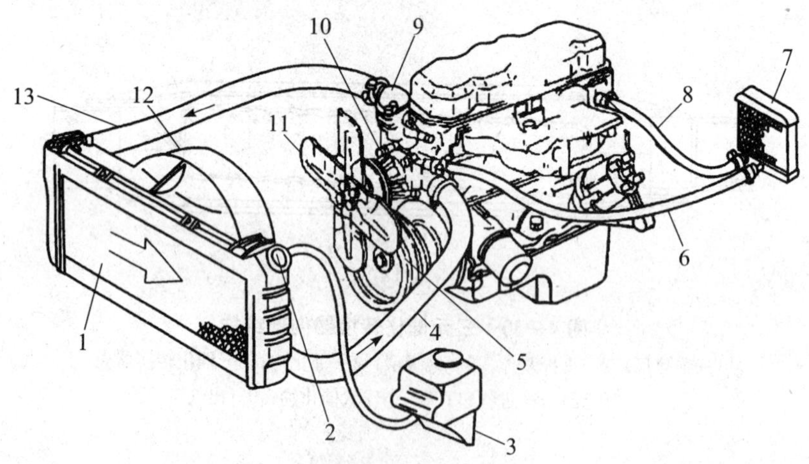

图 4—32　冷却系统示意图

1—散热器；2—散热器盖；3—膨胀冰箱；4—回水管；5—风扇传动带；6—暖风机出水软管；7—暖风机芯；8—暖风机进水软管；9—节温器；11—水泵；11—冷却风扇；12—护风圈；13—散热器进水软管

2. 冷却系主要零件检测与评估

（1）散热器。

现代汽车散热器大多是铝合金的，铜质散热器由于造价较高，基本已不再使用，汽车碰撞中冷却系里最容易损坏的零件是散热器，散热器在碰撞中会遭受各种各样的损坏，但最常见的是散热器芯的损坏。风扇可能仅仅打坏散热器芯表面（一般容易修复），也可能彻底损坏散热器芯，这取决于碰撞的严重程度。碰撞中被挤压扁的散热片可以用专用工具进行矫正，松动的扁管可通过焊接修复。但是，如果散热片出现大面积的松动或许多扁管被压瘪或破裂，则建议更换一个新散热器芯。

散热器芯管的修理方法主要有两种：

1）接管法。用尖嘴钳拆去已损坏的芯管上的散热片，剪下已损坏的一段芯管，从芯管的一端插入通条并使通条穿过剪去部分的上、下剪口，用尖嘴钳将上、下剪口整理平直；从废旧散热器上选取一根可以使用的芯管拆下，剪取一段比剪除的损坏部分长约 10mm 的芯管作为接管，将接管两端稍微扩口并套接到需修理的芯管上，再插入通条将接口处整理平直；用气焊加热，并用锡焊焊合接口；焊接修理后，应尽可能将散热片予以恢复和整理平直。

2）换管法。将散热器夹装在专用修理架上，用通条插入需更换的芯管中并来回拉动以清除芯管内的水垢；将电阻加热器插入需更换的芯管，给电阻加热器通 24V 直流电加热，通电约 1min 等加热器烧红后，芯管上的焊锡开始熔化，这时再用气焊将芯管上下底板连接处的焊锡加热使之熔化，当芯管分离松动后迅速切断电阻加热器电源，并趁热用手钳将芯管和电阻加热器一起抽出；清理各连接部位的污垢，将表面挂有焊锡的新散热器芯管（或从废旧散热器上拆下的可以使用的芯管）插入芯管孔内，用焊锡将芯管焊牢，最后修整损坏的散热片。

散热器常有两个塑料水室，而水室在遭受撞击后最易破损，如无法焊接或粘接，一般需要更换总成。金属水室若有凹陷变形时，可在凹陷处焊一钩环，拉平后再解焊磨平，散热器泄漏一般发生在芯管与储水室的接合部，散热器泄漏部位可用锡焊或粘接方法修复。

（2）风扇护罩。

钢制风扇护罩轻度变形一般以整形校正为主，严重的变形常常采取更换的方法修复。

（3）水泵及水管。

水泵传动带轮是水泵中最易损坏的零件，通常变形后以更换为主，较严重的会造成水泵前段（俗称水泵头）损坏，一般更换水泵前段即可，而不必更换水泵总成。水泵零件分解如图 4—33 所示。

水管的破损以更换为主。

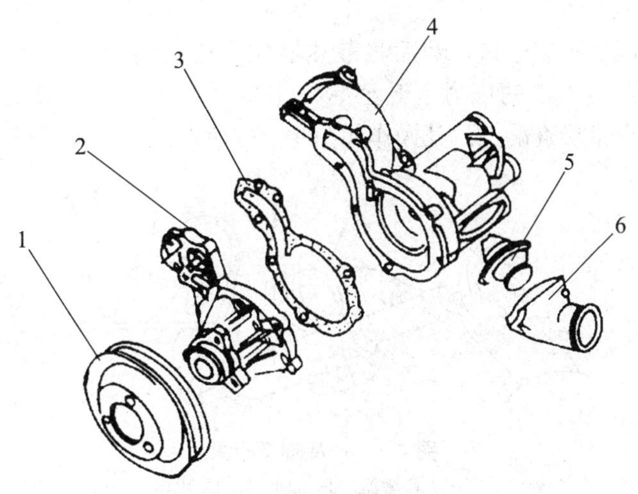

图 4—33　水泵零件分解图

1—带轮；2—水泵前节；3—密封垫；4—水泵后节；5—节温器；6—节温器盖

（4）风扇电机。

碰撞中主动风扇与从动风扇常发生风扇叶破碎，部分车型由于生产时将风扇叶做成了不可拆卸式，也无风扇叶购买，所以风扇叶破碎后常常要更换包括电机总成在内的电动风扇。风扇及框架分解如图 4—34 所示。

风扇传动带在碰撞后一般不会损坏，由于其正常使用的磨损也会造成损坏。拆下后如果需更换，应确定是否是碰撞原因。

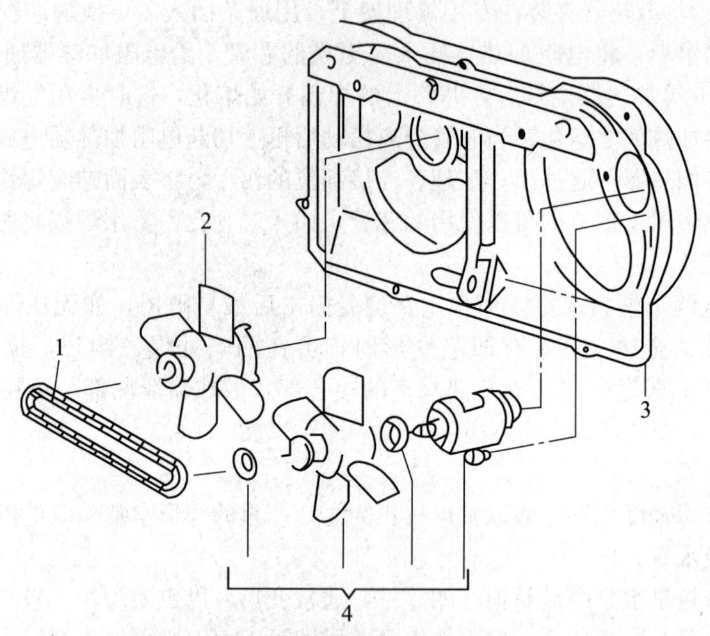

图 4—34 风扇及框架分解图

1—风扇护罩；2—主动风扇；3—风扇传动带；4—从动风扇

（5）冷却系检漏方法。

使用冷却液浸湿散热器盖口，然后将散热器压力检测器安装在上面。推动检测器推杆，使检测器上的压力表上的压力上升至 93～123kPa，观察压力表上的压力是否下降，如果下降，则用肥皂水检查漏点。其操作如图 4—35 所示。

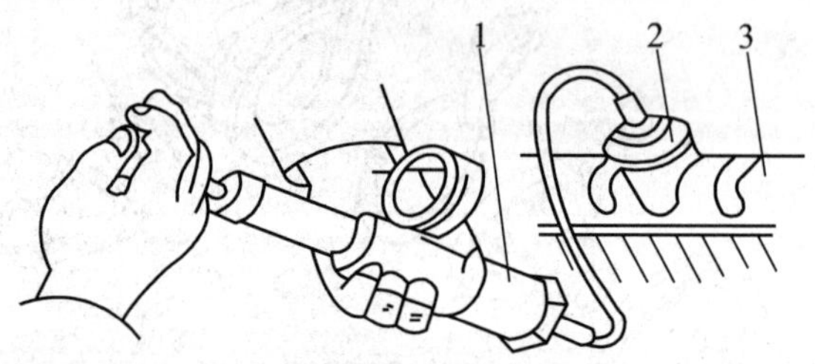

图 4—35 冷却系检漏

1—压力检测器；2—加水口；3—水箱

（六）润滑系

1. 润滑系组成及功用

润滑系包括机油泵、集滤器、限压阀、润滑油道、机油冷却器、机油滤清器等。其功用是将润滑油供给做相对运动的零件表面以减少它们之间的摩擦阻力，减轻机件的磨损，并部分地冷却摩擦零件，清洗摩擦表面。供油原理如图 4—36 所示。

典型润滑系零件分解如图 4—37 所示。

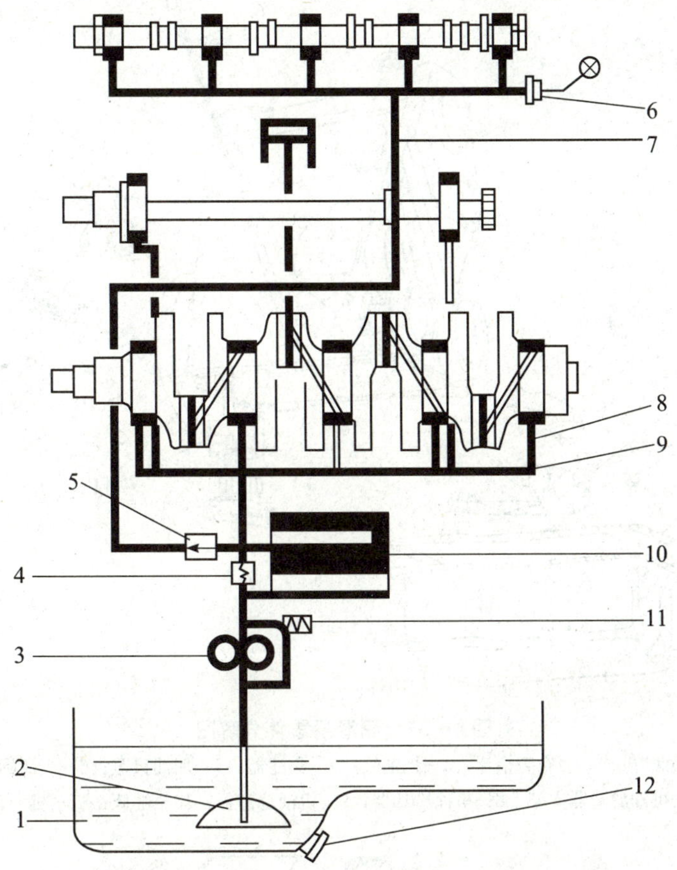

图 4—36 AFE 型发动机润滑系示意图

1—油底壳；2—机油集滤器；3—齿轮式机油泵；4—旁通阀；5—机油滤清器上的止回阀；6—汽缸盖主油道端压力开关；7—凸轮轴油道；8—曲轴分油道；9—汽缸体主油道；10—机油滤清器；11—安全阀；12—放油螺塞

2. 润滑系零件检测与评估

润滑系统在汽车托底事故中，常造成油底壳破裂或变形，但看似轻微的碰撞有时会导致油底壳与集滤器接触，导致供油压力下降，油底壳变形、破裂后继续行驶将会导致拉缸报瓦的严重事故。这是典型的非保险责任事故，查勘当中要注意。

水损造成的发动机进水，则采取清洗油道更换机油及滤清器的方法维修。

(七) 启动系

1. 启动系的组成及功用

启动系包括启动机及其附属装置，用以使静止的发动机启动并转入自行运转。启动机零件分解如图 4—38 所示。

2. 启动系零件检测与评估

碰撞当中易损的电磁开关可单独更换，水损后的电枢绕组、电磁开关等可通过清洗、烘干、打磨后恢复原有功能。

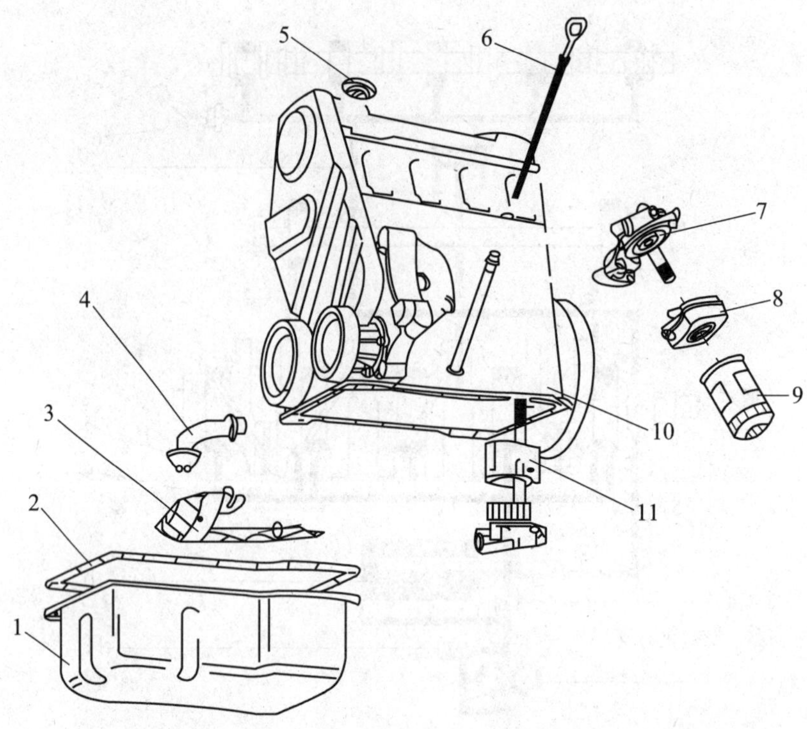

图 4—37　润滑系零件分解图

1—油底壳；2—油底壳垫片；3—挡油板；4—集滤器；5—加油口盖；6—机油标尺；7—机油滤清器支架；8—机油冷却器；9—机油滤清器；10—缸体；11—机油泵

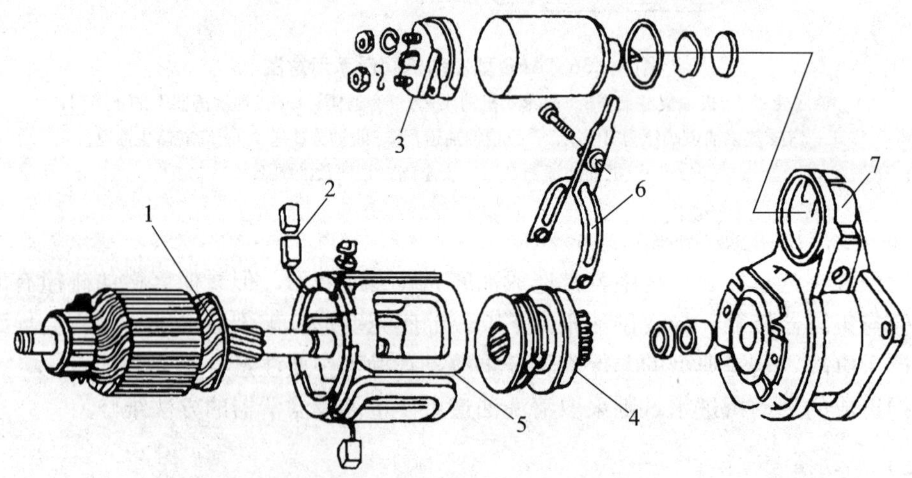

图 4—38　启动机的结构

1—电枢绕组；2—电刷；3—电磁开关；4—单向离合器；5—磁场绕组；6—拨叉；7—驱动端盖

学习任务二　汽油机燃油喷射电控元件损伤评估

学习目标：掌握电控燃油喷射系统的作用、组成及分类。

学习方法：本任务为理论知识学习，教师可以通过 PPT 等多媒体手段来完成。

汽车发动机电控燃油喷射系统由供气、供油和电子控制三部分组成。供气为发动机提供清洁的空气并控制发动机正常工作时的进气量；供油是供给喷油器一定压力的燃油，喷油器则根据电脑指令喷油；电子控制 ECU 根据空气流量信号和发动机转速信号确定基本的喷油时间（喷油量），再根据其他传感器（如冷却液温度传感器、节气门位置传感器等）对喷油时间进行修正，并按最后确定的总喷油时间向喷油器发出指令，使喷油器喷油（通电）或断油（断电）。汽油机电控燃油喷射原理如图 4—39 所示。

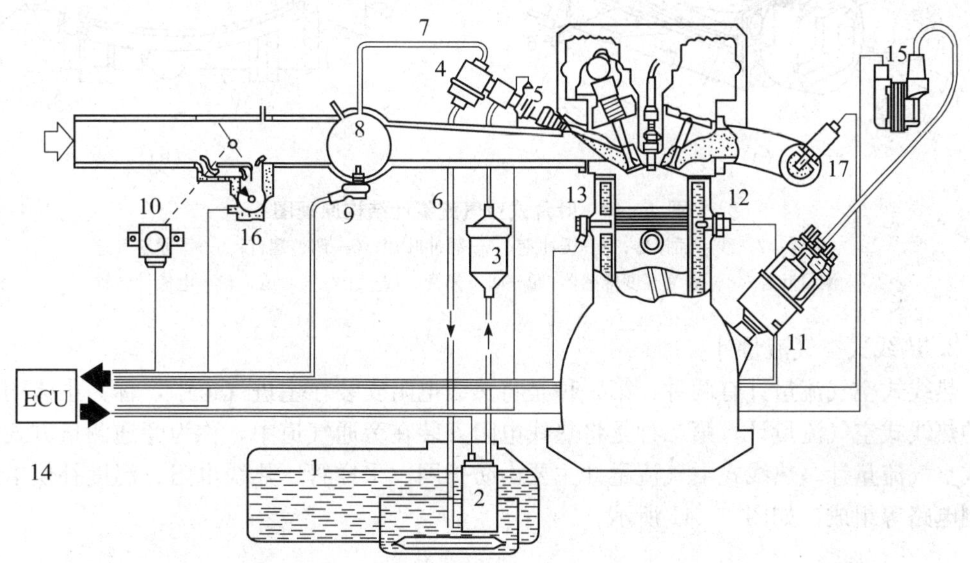

图 4—39　汽油机电控燃油喷射原理示意图

1—油箱；2—电动油泵；3—汽油滤清器；4—油压调节器；5—喷油器；6—回油管；7—真空管；8—集气管；9—进气压力传感器；10—节气门位置传感器；11—霍尔传感器；12—水温传感器；13—爆震传感器；14—电子控制 ECU；15—点火线圈；16—怠速控制阀；17—氧传感器

一、汽油机电控系统传感器结构与原理

（一）空气流量计

空气流量计的英文是 Air Flow Meter，简称 MAF，其作用是测量发动机的进气量，并将进气量以电信号输送给 ECU。按结构原理不同，空气流量计可分为叶片式、热线式、热膜式和卡门漩涡式四种类型。一般安装在空气滤清器和节气门体之间。

1. 叶片式空气流量计

叶片式空气流量计又称翼片式空气流量计，主要由检测部件、电位计、调整部件、接线插座和进气温度传感器等组成，其结构如图 4—40 所示。测量叶片 7 和缓冲叶片 4 制成一体，称为检测部件，安装在空气流量计壳体内的转轴上，转轴的一端装有回位弹簧 9，电位计 1 安装在空气流量计壳体的上方，电位计的滑动触点与叶片为同轴结构。早期日本丰田凌志 ES300、佳美（CAMRY）、马自达（MAZDA）、子弹头（PREVIA）等车型采用叶片式空气流量计。由于计量精度差等原因叶片式空气流量计现已很少采用。

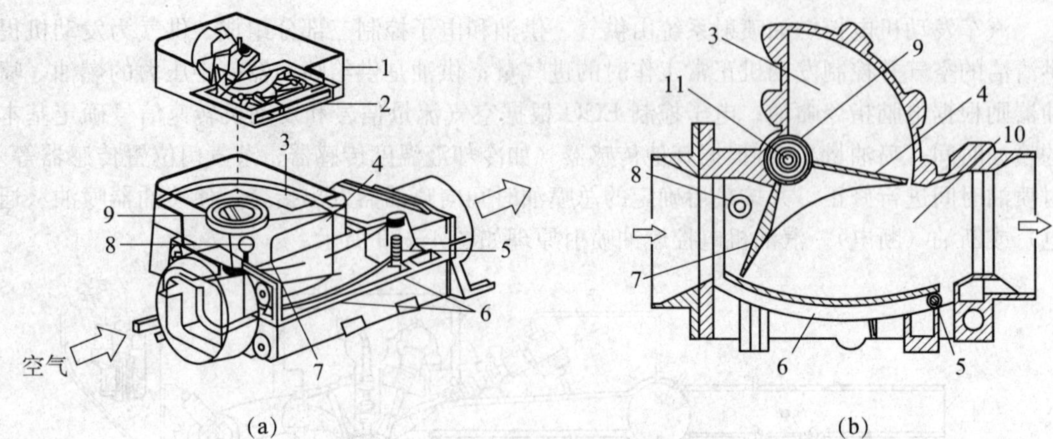

图 4—40　叶片式空气流量计结构原理图

1—电位计；2—线束插接器；3—缓冲室；4—缓冲叶片；5—调整螺钉；6—旁通空气道；7—测量叶片；8—进气温度传感器；9—回位弹簧；10—主空气通道；11—电位计转轴

2. 热线式空气流量计

热线式空气流量计有两种：第一种是将热线电阻安装在主进气道中，称为主流测量方式的热线式空气流量计；第二种是将热线电阻安装在旁通气道中，称为旁通测量方式的热线式空气流量计。热线式空气流量计主要由防护网、采样管、热线电阻、温度补偿电阻和控制电路等组成，如图 4—41 所示。

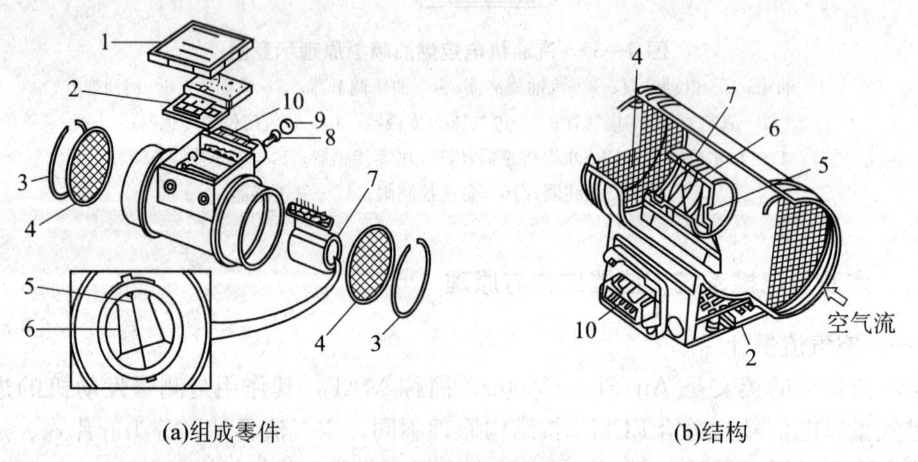

图 4—41　热线式空气流量计

1—密封盖；2—电路板；3—卡环；4—防护网；5—补偿电阻；6—热线电阻；7—取样管；8—CO 调节螺钉；9—防护塞；10—线束插接器

3. 热膜式空气流量计

热膜式空气流量计是热线式空气流量计的改进产品，其发热元件采用平面形铂金属膜电阻器，故称为热膜电阻。其结构如图 4—42 所示。热膜电阻是在氧化铝陶瓷基片上采用蒸发工艺淀积铂金属薄膜，制作成梳状图形的电阻，在其表面覆盖一层绝缘保护膜，再引出电极而成。在空气流量计内部的进气通道上设有一个矩形护套，热膜电阻设在护套中。

在护套的空气入口侧设有空气过滤层，用以过滤空气中的污物。

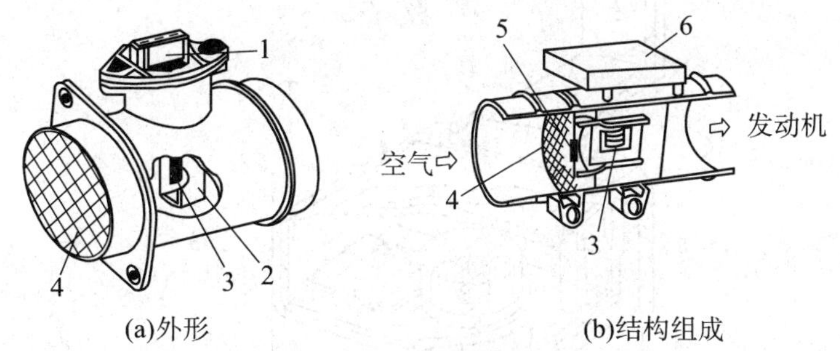

(a)外形　　(b)结构组成

图 4—42　热膜式空气流量计

1—接线插座；2—护套；3—金属膜；4—防护网；5—温度补偿电阻；6—控制电路

4. 卡门漩涡式空气流量计

卡门漩涡式空气流量计有光电检测漩涡式和超声波检测漩涡式两种类型。光电检测漩涡式空气流量计应用于丰田凌志 LS400 和皇冠 3.0 型轿车上，其结构如图 4—43 所示，主要由涡流发生器、发光二极管、光敏三极管、反光镜、集成电路和进气温度传感器等组成。

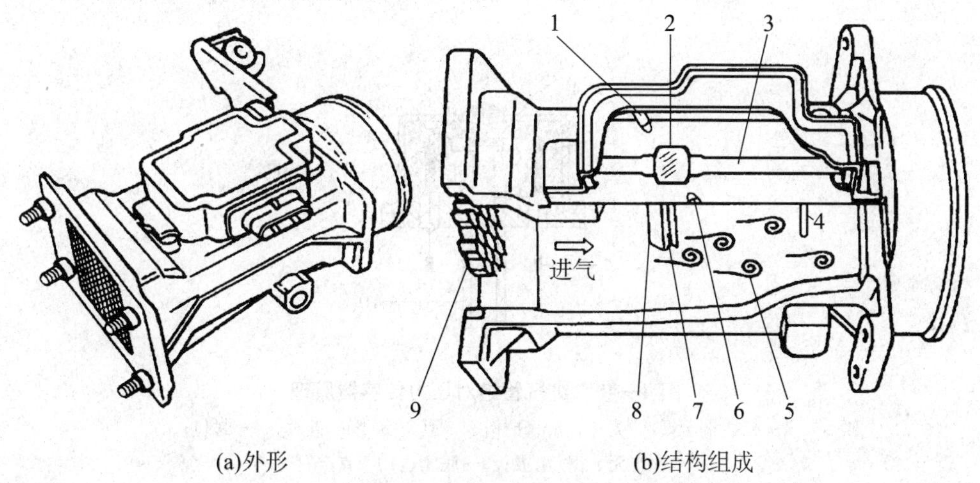

(a)外形　　(b)结构组成

图 4—43　光电检测漩涡式空气流量计

1—发光二极管；2—反光镜；3—钢板弹簧；4—进气温度传感器；5—涡流；
6—光敏三极管；7—导压孔；8—涡流发生器；9—整流网栅

(二) 进气压力传感器

进气压力传感器全称为进气管绝对压力传感器，英文为 Manifold Absolute Pressure，简称 MAP，作用是测量进气管压力，并将信号输入 ECU，作为燃油喷射和点火控制的主控制信号。基本结构形式是压敏电阻式，普遍应用于 D 型电控燃油喷射系统中。其结构如图 4—44、图 4—45 所示。进气压力传感器安装在节气门后的进气总管上，或通过真空管连接到其他地方。

(三) 节气门位置传感器

节气门位置传感器（Throttle Position Sensor，简称 TPS），安装在节气门体轴上，其作

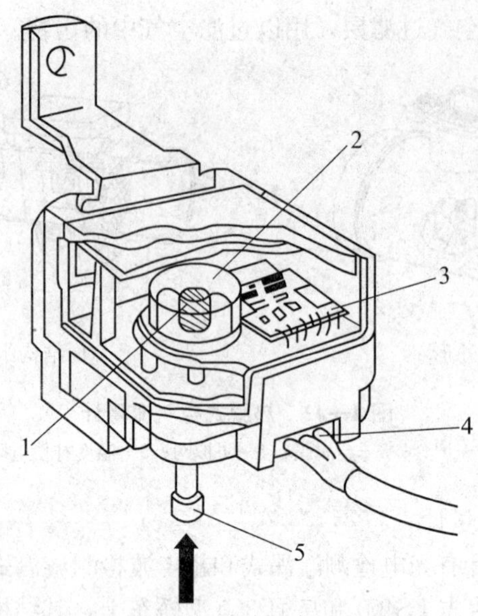

图 4—44　进气管绝对压力传感器结构

1—硅片；2—真空室；3—IC 电路；4—线束插接器；5—真空管

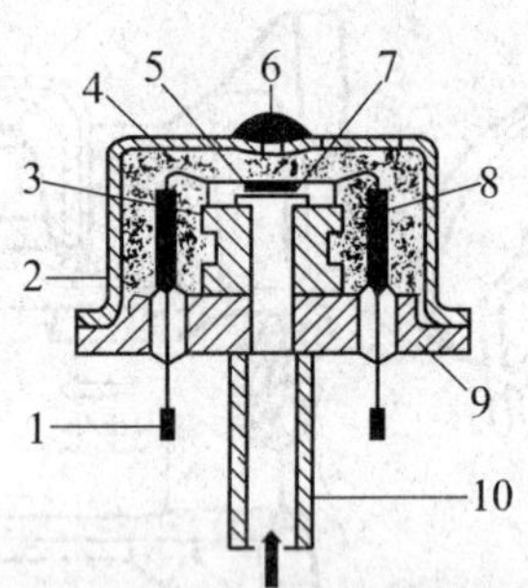

图 4—45　进气管绝对压力传感器原理

1—接线端子；2—壳体；3—硅杯；4—真空室；5—硅片；6—封口；
7—电阻；8—电极；9—底座；10—真空管

用是检测节气门的开度及开度变化，并转变成电信号，输送给 ECU，ECU 根据 TPS 信号来判别发动机的工况，根据工况不同来控制喷油时间。在自动变速器车上，TPS 信号同时输入给变速器电脑，来控制变速器换挡时机和变矩器锁止时机。根据结构和原理不同，节气门位置传感器可分为可变电阻式、触点式和组合式三种。触点式节气门位置传感器结构及外形如图 4—46 所示。

（四）温度传感器

进气温度传感器（Intake Air Temperature Sensor，简称 IATS）安装在进气管路中，作用是检测进气温度，并将温度信号转变为电信号，输送给 ECU，是喷油和点火的修正信号。冷却液温度传感器（Coolant Temperature Sensor，简称 CTS）安装在发动机冷却液出水管上，作用是检测发动机冷却液的温度，并转变为电信号，输送给 ECU，是喷油和点火的修正信号。温度传感器的结构如图 4—47 所示。

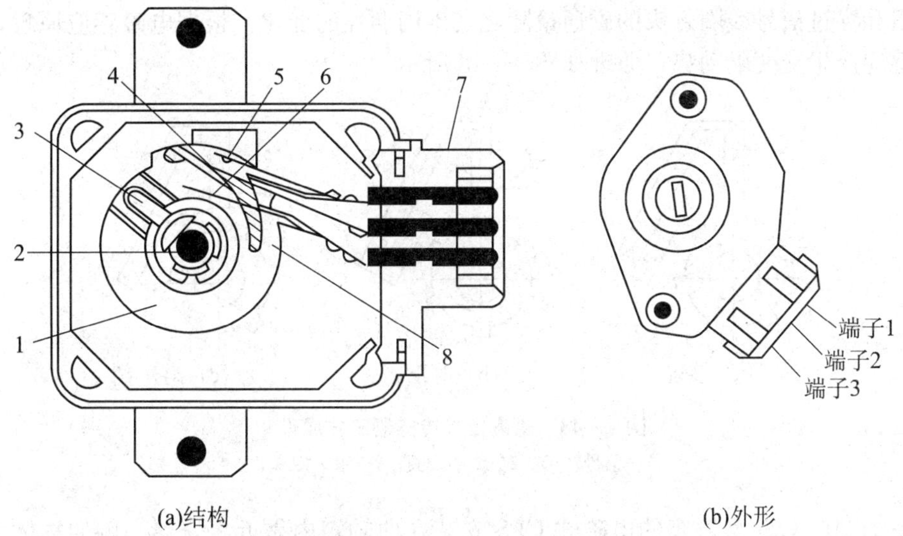

(a)结构　　(b)外形

图 4—46　触点式节气门位置传感器

1—导向凸轮；2—节气门轴；3—控制杆；4—活动触点；5—怠速触点；6—功率触点；7—线束插接器；8—导向凸轮槽

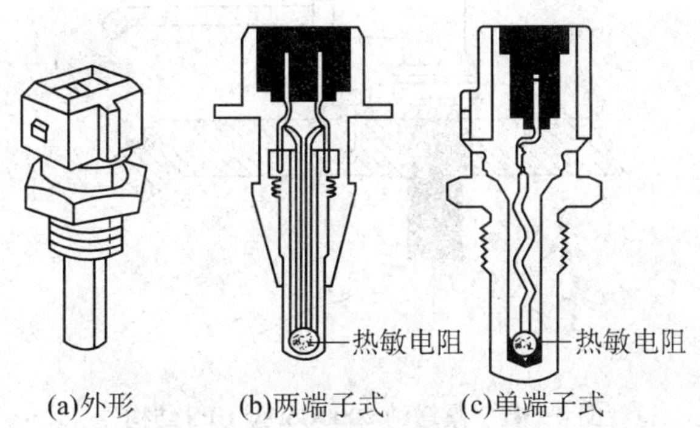

(a)外形　(b)两端子式　(c)单端子式

图 4—47　温度传感器的结构

(五) 曲轴/凸轮轴位置传感器

曲轴位置传感器（Crankshaft Position Sensor，简称 CPS）有时称为发动机转速传感器，用来检测曲轴转角和发动机转速信号，输送给 ECU，以便确定燃油喷射时刻和点火控制时刻。凸轮轴位置传感器（Camshaft Position Sensor，简称 CPS)，用来检测凸轮轴位置信号，输送给 ECU，以便 ECU 确定第一缸压缩上止点，从而进行顺序喷油控制和点火时刻控制；同时，还用于发动机启动时识别第一次点火时刻；因此也称为判缸传感器。

曲轴位置传感器和凸轮轴位置传感器通常安装在一起，只是各车型安装位置不同，如曲轴、凸轮轴、飞轮或分电器等处。根据结构和工作原理不同，CPS 可分为电磁式、霍尔式和光电式三种类型。

1. 电磁式 CPS 结构与原理

电磁式 CPS 主要由信号转子、线圈和永久磁铁组成，磁力线路径为：永久磁铁 N 极→定子与转子间的气隙→转子凸齿→转子凸齿与定子磁头间的气隙→磁头→导磁板→永久磁铁 S 极。其工作原理：当信号转子旋转时，磁路中的气隙就会周期性的发生变化，磁路的磁阻和穿过信号线圈磁头的磁通量随之发生周期性的变化。根据电磁感应原理，线圈中就会感应产生交变电动势，原理如图 4—48 所示。

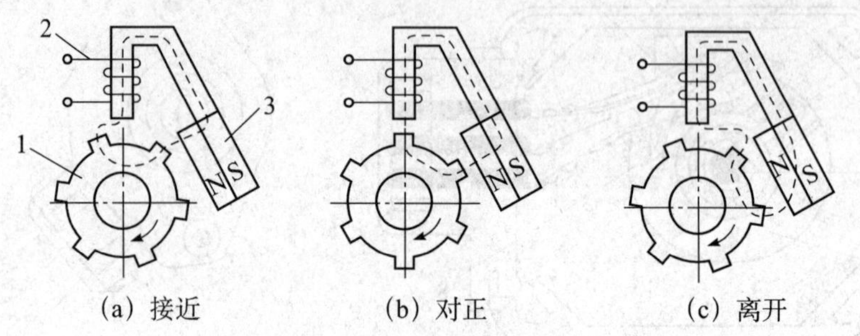

图 4—48　磁感应式传感器工作原理

1—信号转子；2—传感线圈；3—永久磁铁

桑塔纳 2000GSi 型轿车的电磁式 CPS 安装在曲轴箱内靠近离合器一侧的缸体上，主要由信号发生器和信号转子组成。信号发生器用螺钉固定在发动机缸体上，由永久磁铁、传感线圈和线束插头组成，永久磁铁带有一个磁头，其结构如图 4—49 所示。

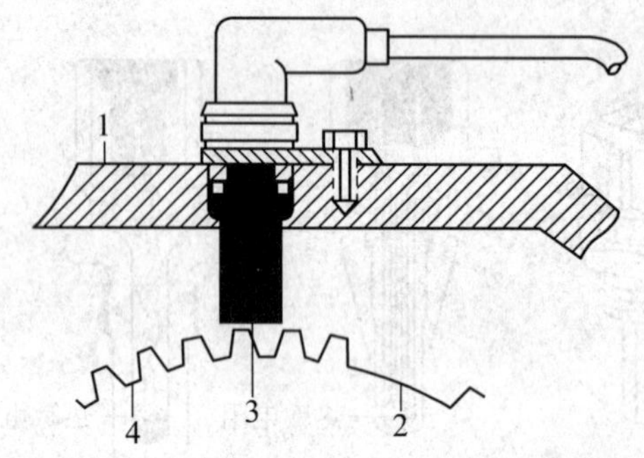

图 4—49　桑塔纳 2000GSi 型 CPS 结构

1—缸体；2—大齿缺；3—传感器磁头；4—信号转子

2. 霍尔式 CPS 结构与原理

霍尔式 CPS 主要由触发叶轮、霍尔集成电路、导磁钢片（磁轭）与永久磁铁等组成，基本结构如图 4—50 所示。触发叶轮安装在转子轴上，叶轮上装有叶片（叶片数与发动机汽缸数相等）。当触发叶轮随转子轴一同转动时，叶片便在霍尔集成电路与永久磁铁之间转动。霍尔集成电路由霍尔元件、放大电路、稳压电路、温度补偿电路、信号变换电路和输出电路等组成。

工作时，由 ECU 提供电源电流给霍尔元件，当触发叶轮的叶片从霍尔集成电路与永久磁铁之间的气隙中转过，便使磁场强度改变，霍尔晶体管产生的霍尔电压经放大后输送给 ECU。ECU 根据霍尔电压产生的时刻确定凸轮轴位置，根据霍尔电压产生的次数确定曲轴转角和发动机转速。

当叶片进入气隙时，霍尔集成电路中的磁场被叶片旁路，霍尔电压为零，传感器输出的信号电压为高电平；当叶片离开气隙时，永久磁铁的磁通便经霍尔集成电路和导磁钢片构成回路，此时霍尔元件产生电压，传感器输出的信号电压为低电平。

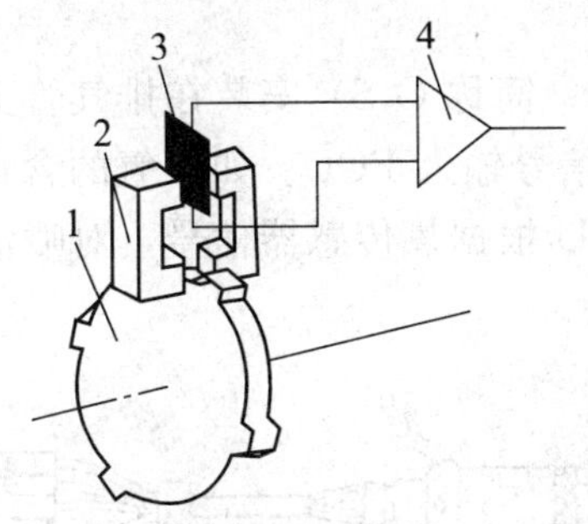

图 4—50　霍尔式 CPS 基本结构

1—转子；2—永久磁铁；3—霍尔晶体管；4—放大器

3. 光电式 CPS 结构与原理

光电式凸轮轴/曲轴位置传感器主要由信号盘（即信号转子）、信号发生器、配电器、传感器壳体和线束插头等组成，如图 4—51 所示。转子上制有一定数量的透光孔，利用发光二极管作为信号源，随转子转动，当透光孔与发光二极管对正时，光线照射到光敏二极管上产生电压信号，经放大电路放大后输送给 ECU。转子内、外两圈的透光孔数量不等，分别用以产生 G 信号和 Ne 信号。日本日产、三菱和韩国现代轿车通常装用此种传感器。

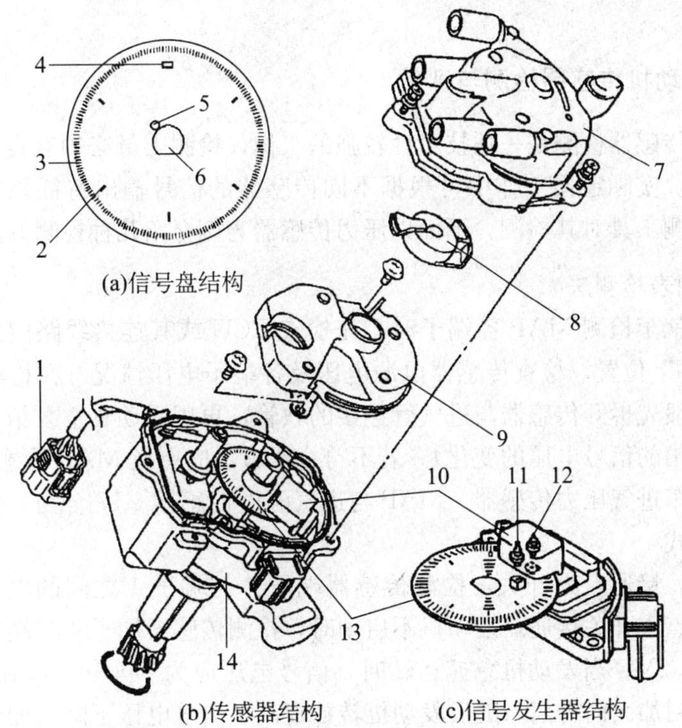

图 4—51　光电式曲轴/凸轮轴位置传感器结构

1—线束插头；2—上止点信号透光孔；3—曲轴转角信号透光孔；4—1 缸上止点信号透光孔；5—定位销；6—传感器轴；7—传感器盖；8—分火头；9—防护盖；10—信号发生器；11—信号（上止点信号）传感器；12—Ne 信号（转速与转角信号）传感器；13—信号盘；14—传感器壳体

（六）氧传感器

氧传感器（Oxygen Sensor，简称 O_2S）安装在排气管上，作用是检测废气中氧离子的含量，并将该信号转变为电信号输入 ECU。如果氧的含量高，输出电压就低；如果氧的含量低，输出电压就高。ECU 根据氧传感器信号，对喷油时间进行修正，实现空燃比控制。氧传感器如图 4—52 所示。

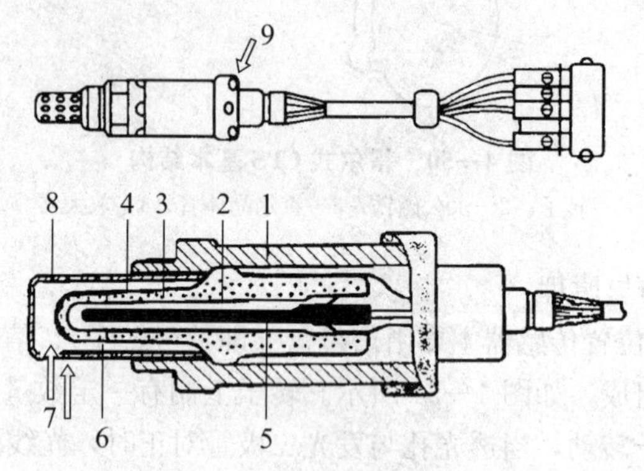

图 4—52 氧传感器

1—法兰；2—铂电极；3—氧化锆管；4—铂电极；5—加热器；6—涂层；7—废气；8—套管；9—大气

二、电控发动机传感器检测与评估

电控发动机传感器检测是一项技术性较强的工作，检测人员必须有良好的理论基础及很强的实践能力。实际定损工作中可根据不同传感器的信号输出特征采取万用表、诊断仪、示波器等检测工具对其检测，下面以压力传感器为例介绍几种检测方法。

（一）用万用表检测法

当用万用表就车检测 MAP 各端子时，先检查 ECU 或其连接线路应无故障。再将点火开关转至“ON”位置，检查传感器电源电压及各端子电压情况（在检测传感器输出的信号电压时，一般先拆开传感器与进气管连接的软管，再用手动真空泵给传感器施加真空度，同时观察输出的信号电压的变化），若不符合要求，应更换 MAP 传感器，如图 4—53 所示为桑塔纳轿车进气压力传感器。MAP 与进气温度传感器 G17 合为一体，与稳压箱相连，为压敏电阻式。

检测电压时，接通点火开关，检测传感器端子 3 与端子 1 之间的电压应为 5V 左右（电源电压）；当点火开关接通，发动机不启动时，检测传感器端子 4 与端子 1 之间的信号电压应为 3.8～4.2V；当发动机怠速运转时，信号电压应为 0.8～1.3V；加大油门瞬间，信号电压应随油门加大而升高，随后发动机转数提高，信号电压下降。如信号电压不符合上述规律，说明传感器失效。

（二）诊断仪检测法

在发动机运行过程中，当进气压力传感器出现故障时，发动机电控单元能够检测到，并能使发动机进入故障应急状态运行，如利用 V. A. G1551 或 V. A. G1552 诊断仪，通过故障诊断插座可以读取与故障码有关的信息。

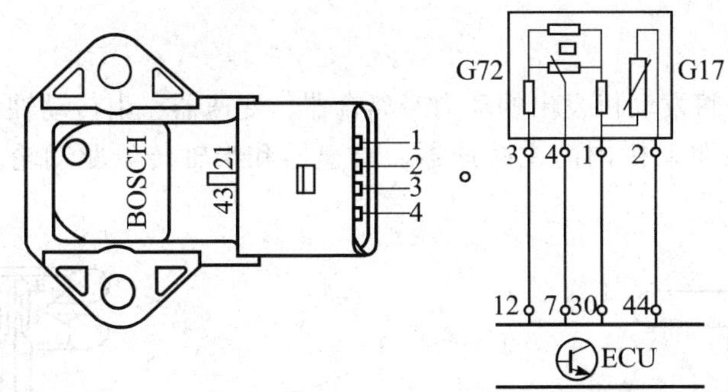

图 4—53　桑塔纳 2000GIJ 型轿车 MAP 端子及连线

（三）示波器检测法

汽车用进气压力传感器的输出信号为模拟信号或数字输出信号，进气压力传感器的标准波形如图 4—54 所示。

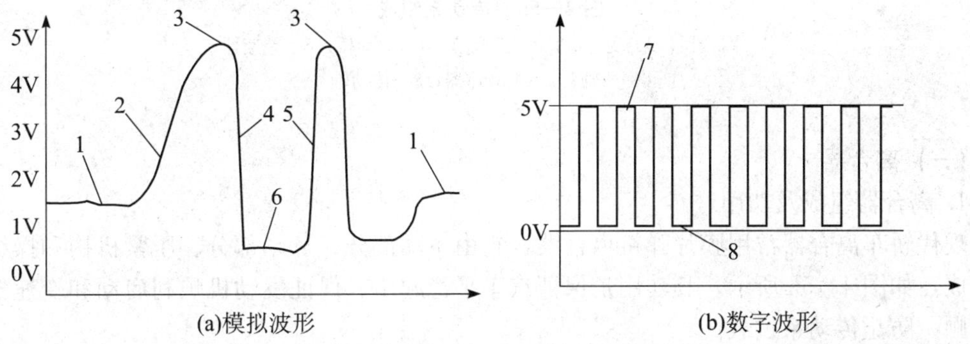

图 4—54　进气压力传感器的标准波形

1—怠速时信号波形；2—缓慢加速时信号波形；3—节气门全开时信号波形；
4—急减速时信号波形；5—急加速时信号波形；6—全减速至节气门全关状态时波形；
7—脉冲信号波上沿；8—脉冲信号波下沿

正确连接示波器，启动发动机，使其稳定怠速后，观察输出电压的信号波形；再将节气门逐渐开大至全开，保持约 2s；回到怠速并保持 2s；之后，再急加速至节气门全开，再怠速；最后，锁定波形，对照标准波形并分析传感器故障。

电控发动机其他传感器的检查可参考压力传感器检查方式，根据不同的工作原理，灵活运用检测设备检测。

学习任务三　底盘损伤评估

学习目标：了解底盘组成工作原理及碰撞损坏规律。

学习方法：本任务为理论学习，采取教师讲解与学生拆装实习相结合的方式学习。

汽车底盘中传动系、行驶系、转向系和制动系的零件在受到托底、碰撞等损伤时，对其定损较为困难。为搞好定损工作，掌握底盘的结构及原理尤为重要。

一、传动系

传动系的功用是将发动机发出的动力经离合器、变速器、由传动轴和万向节组成的万向传动装置、安置在驱动桥内的主减速器、差速器和半轴传给驱动轮。传动系组成如图4—55所示。

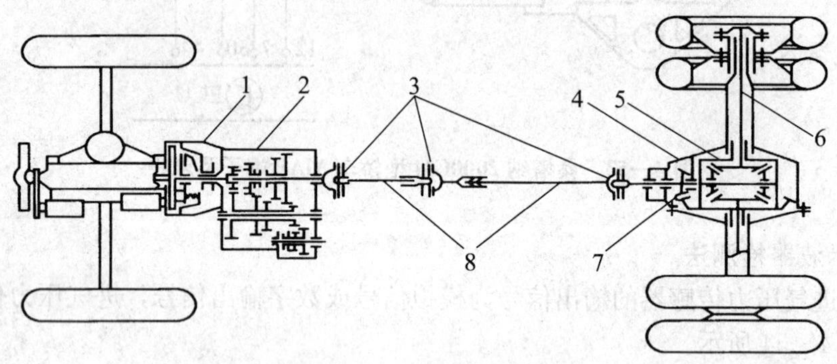

图 4—55　传动系组成

1—离合器；2—变速器；3—万向节；4—驱动桥；5—差速器；6—半轴；7—主减速器；8—传动轴

（一）离合器

1. 离合器组成及功用

现代轿车离合器常用膜片弹簧离合器，它由主动部分、从动部分、压紧机构和操纵机构组成，如图 4—56 所示。其功用是保证汽车平稳起步、保证发动机顺利启动和变速器换挡平顺、防止传动系过载。

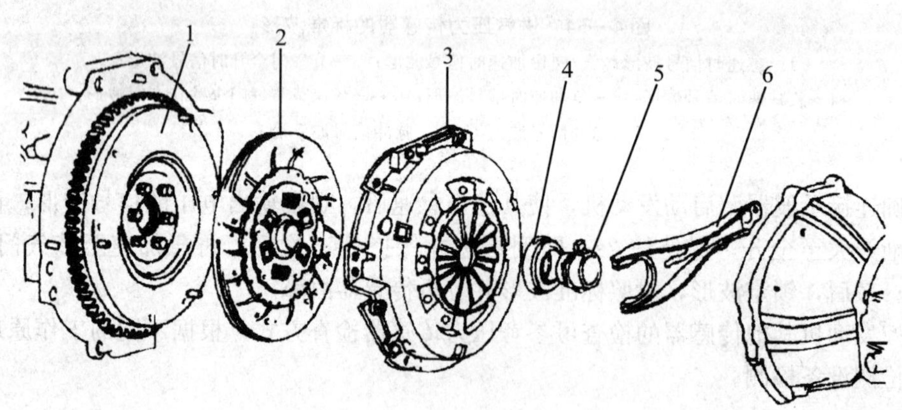

图 4—56　膜片弹簧离合器零件图

1—飞轮；2—从动盘；3—离合器盖和压盘；4—分离轴承；5—分离套筒；6—分离叉

主动部分由飞轮、离合器盖和压盘组成。离合器盖通过螺栓固定在飞轮上，为了保持正确的安装位置，离合器盖通过定位销进行定位。压盘与离合器盖之间通过周向均布的三组或四组传动片来传递转矩。传动片用弹簧钢片制成，每组两片，一端用铆钉铆在离合器盖上，另一端用螺钉连接在压盘上。飞轮转动时，转矩通过离合器盖、传动片传给压盘。

从动部分包括从动盘和从动轴，从动盘一般都带有扭转减振器。发动机输出的转速和转矩是周期性变化的，使传动系产生扭转振动，这将使传动系的零部件受到冲击性交变载荷，使寿命下降、零件损坏。采用扭转减振器可以有效地防止传动系的扭转振动。

压紧机构是膜片弹簧，其径向开有若干切槽，形成弹性杠杆。切槽末端有圆孔，固定铆钉穿过圆孔，并固定在离合器盖上。膜片弹簧两侧装有钢丝支承环，这两个钢丝支承环是膜片弹簧工作时的支点。膜片弹簧的外缘通过分离钩与压盘联系起来。离合器操纵机构如图 4—57 所示。

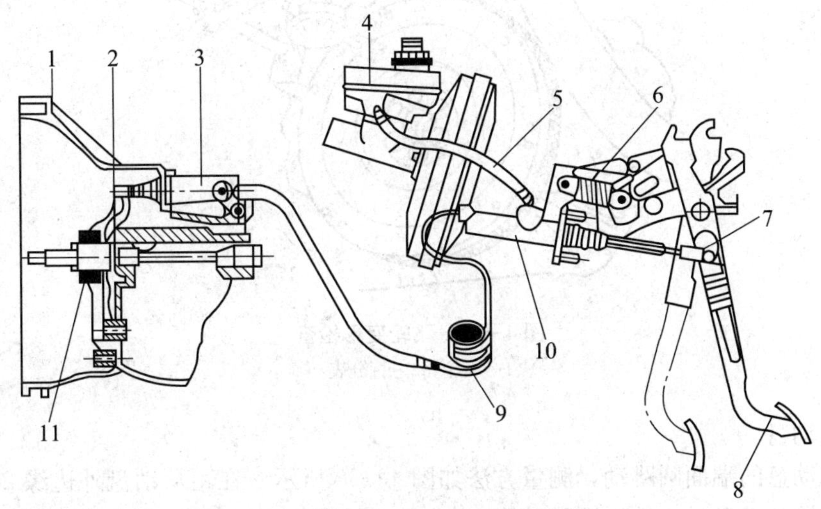

图 4—57 离合器操纵机构分解图

1—变速器壳体；2—分离叉；3—工作缸；4—储液罐；5—进油软管；6—助力弹簧；7—推杆接头；8—离合器踏板；9—油管总成；10—主缸；11—分离轴承

2. 离合器主要零件检测与评估

(1) 压盘。

离合器压盘在外力作用或受热不均时会产生变形损坏，变形严重应更换。变形量的检查方法如图 4—58 所示，检测数据参照维修手册提供的标准数据。

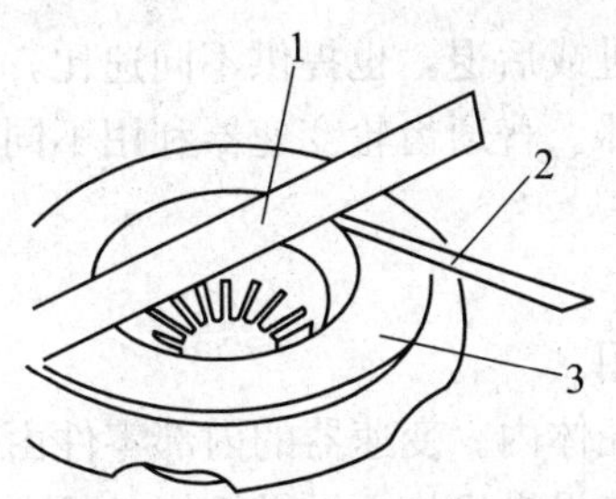

图 4—58 离合器压盘检查

1—刀口尺；2—塞尺；3—压盘

（2）飞轮。

飞轮在外力作用或受热不均时会产生变形，变形量的检查方法如图 4—59 所示，将百分表安装在发动机机体上，百分表表针抵在飞轮的最外圈，转动飞轮，测量飞轮的端面圆跳动，应小于 0.1mm。如果端面圆跳动超过标准，应修磨或更换飞轮，飞轮平面度或表面光洁度超过要求时，可用平面磨床磨平或车床车平表面，但磨、车的厚度应小于 2mm，否则应更换飞轮。飞轮齿圈损坏可单独更换。

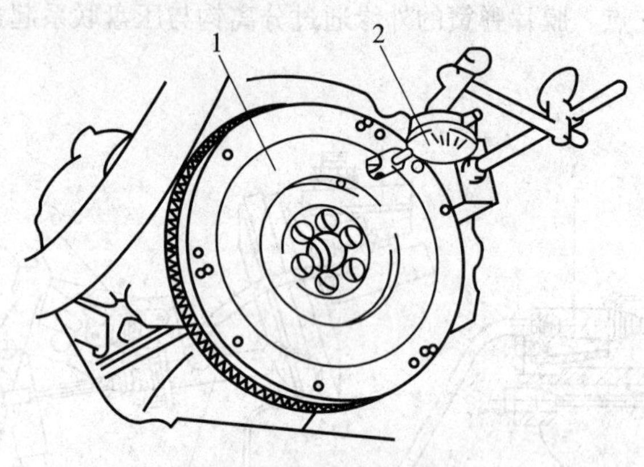

图 4—59　飞轮变形检查

1—飞轮；2—百分表

（3）从动盘。

检查从动盘的端面圆跳动，测量方法如图 4—60 所示，在距从动盘外边缘 2.5 mm 处测量，离合器从动盘最大端面圆跳动为 0.4mm。如果不符合要求，更换从动盘。

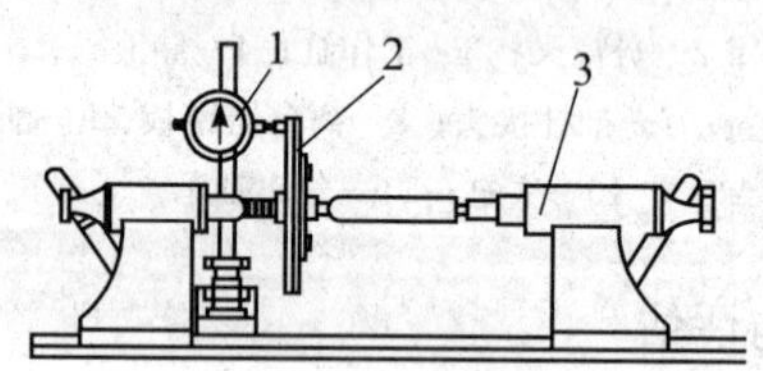

图 4—60　从动盘检测方法

1—百分表；2—离合器从动盘；3—检测台架

（二）变速器

变速器的功能是使汽车前进或后退，也提供不同速比，使汽车能以不同速度前进。常见的有手动变速器、自动变速器。普通齿轮变速器利用不同齿数的齿轮啮合传动来实现转矩和转数的改变。

1. 手动变速器

（1）手动变速器组成及功用。

变速器安装在铸铝或铸铁壳体内。变速器的内部零件由轴、齿轮、同步器总成和换挡拨叉等组成。其外部零件有变速操纵机构，操纵机构必须正确定位，否则会出现挂挡困难现象。典型变速器及其操纵机构如图 4—61、图 4—62 所示。

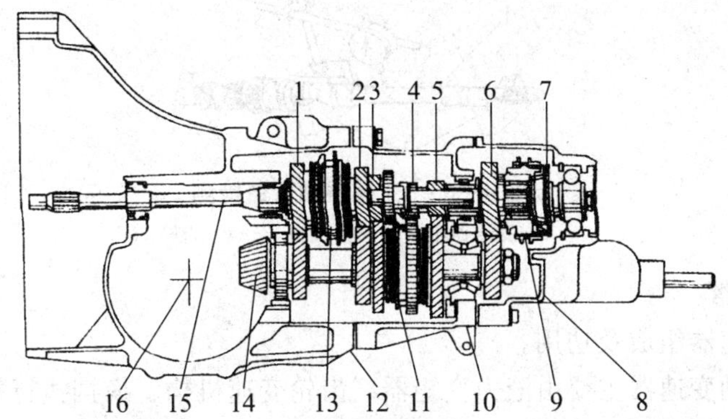

图 4—61　桑塔纳 2000 轿车二轴式变速器传动机构的结构图

1—四挡齿轮；2—三挡齿轮；3—二挡齿轮；4—倒挡齿轮；5—一挡齿轮；6—五挡齿轮；7—五挡齿轮结合齿圈；8—换挡机构壳体；9—五挡同步器；10—齿轮箱体；11—二挡同步器；12—变速器壳体；13—三四挡同步器；14—输出轴；15—输入轴；16—差速器

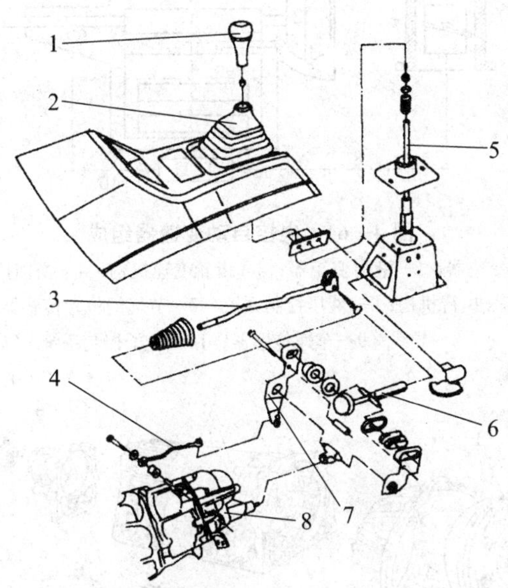

图 4—62　操纵机构组成

1—换挡手柄；2—防尘罩；3—外换挡杆；4—支撑杆；5—上换挡杆；6—换挡接合器；7—压板；8—变速器

(2) 手动变速器主要零件检测与评估。

碰撞会造成变速器壳开裂损坏，变速器壳体承受较大的载荷，特别是轴承孔处，开裂损坏一般以更换为主。

变速器轴的变形量检查如图 4—63 所示。

若换挡手柄、外换挡杆、支撑杆、上换挡杆等金属杆类操纵机构轻微变形可矫正、调整维修。

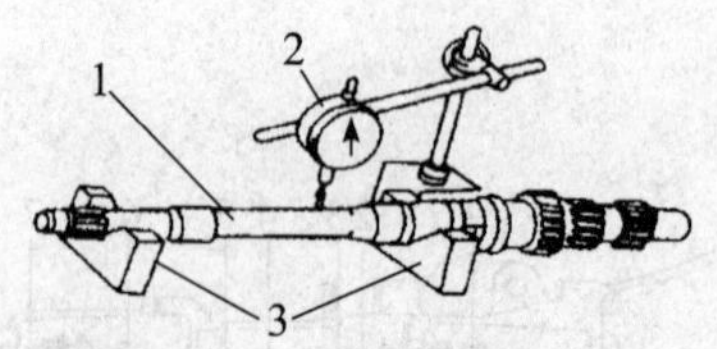

图 4—63　变速器轴弯曲检测

1—变速器轴；2—百分表；3—V 形铁

2. 自动变速器

(1) 自动变速器组成及功用。

汽车电控自动变速器主要由液力变矩器、齿轮变速机构、换挡执行机构、液压控制系统和电子控制系统五大部分组成。自动变速器电子控制系统（TCU）根据节气门位置传感器、车速传感器等信号的变化，通过液压控制系统控制换挡执行机构。液力变矩器将动力传给齿轮变速机构，将动力传出，其组成及原理如图 4—64 所示。典型自动变速器零件分解如图 4—65 所示。

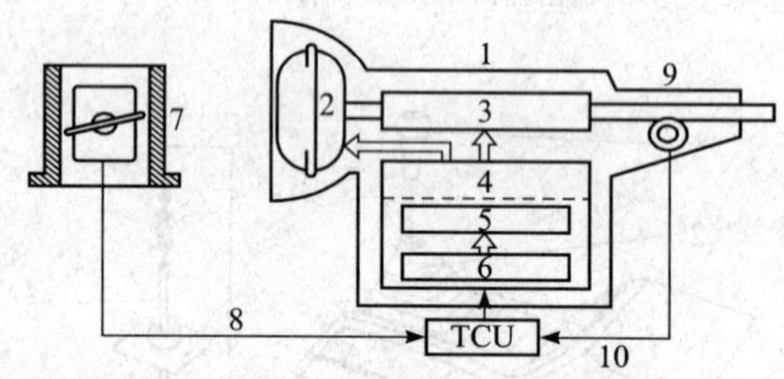

图 4—64　电控自动变速器组成

1—自动变速器；2—液力变矩器；3—齿轮变速机构；4—换挡执行机构；
5—执行机构；6—液压控制系统；7—节气门位置传感器；
8—导线；9—车速传感器；10—电子控制系统

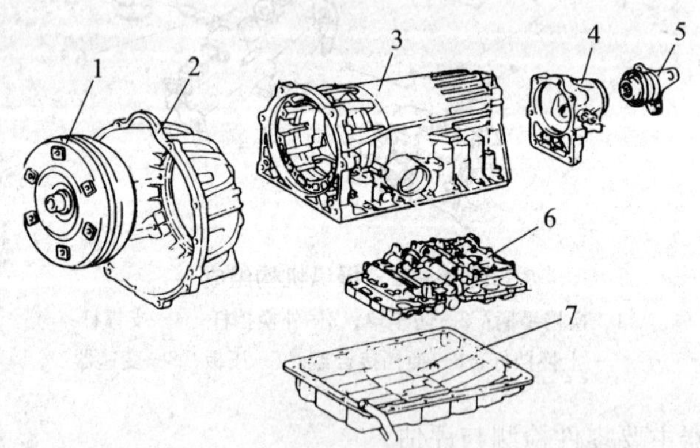

图 4—65　A341E 自动变速器零部件图

1—液力变矩器；2—液力变矩器壳；3—变速器壳；4—后端盖；
5—输出轴凸缘；6—阀板；7—油底壳

1) 液力变矩器。

液力变矩器安装在发动机与变速器之间，以自动变速器油（ATF）为工作介质，其功用是将发动机转矩传给变速器输入轴，改变发动机转矩，并能实现无级变速；同时具有自动离合和驱动油泵的作用。液力变矩器的结构及工作原理如图 4—66 所示。

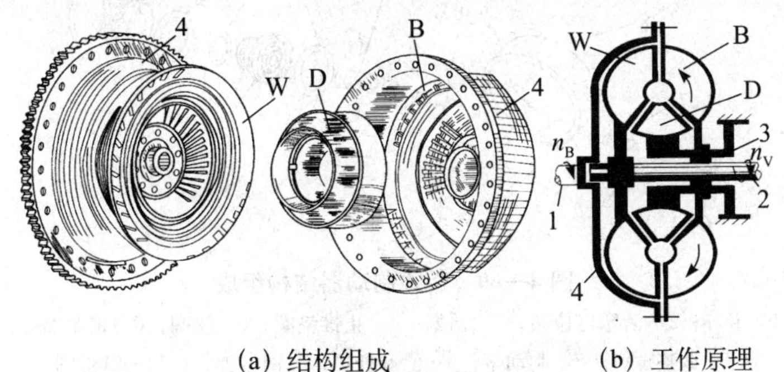

图 4—66　液力变矩器

1—涡轮；2—导轮；3—泵轮

2）齿轮变速机构。

齿轮变速机构的功用是形成不同的传动比，组合成电控自动变速器不同的挡位。绝大多数电控自动变速器采用行星齿轮机构进行变速，但个别车型采用普通齿轮机构（如本田车系）。行星齿轮机构如图 4—67 所示。

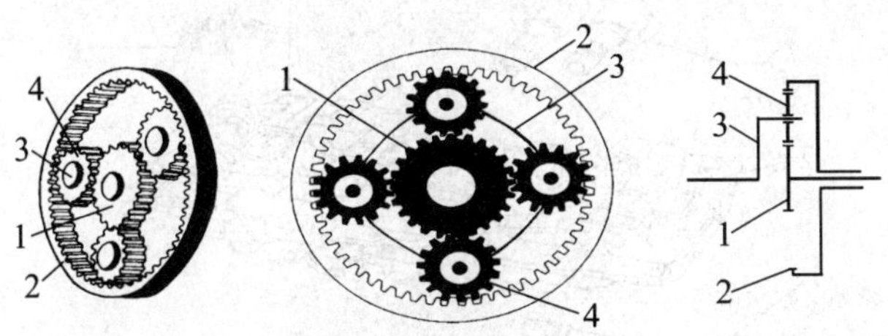

图 4—67　行星齿轮机构

1—太阳轮；2—齿圈；3—行星架；4—行星齿轮

3）换挡执行机构。

电控自动变速器的换挡执行机构，由电液系统实现自动控制，其功用与普通变速器的同步器相似。电控自动变速器的换挡执行机构包括离合器、制动器、单向离合器等，如图 4—68、图 4—69 所示。

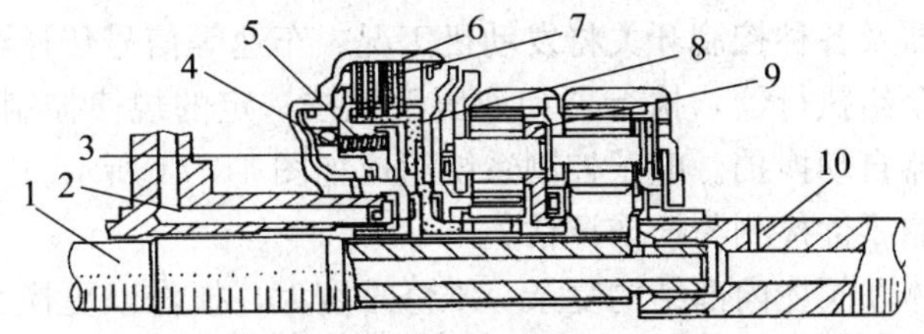

图 4—68　片式离合器结构组成

1—变速器输入轴；2—油道；3—离合器活塞；4—弹簧座；5—回位弹簧；6—离合器鼓；7—摩擦片；8—花键毂；9—前排行星架；10—变速器输出轴

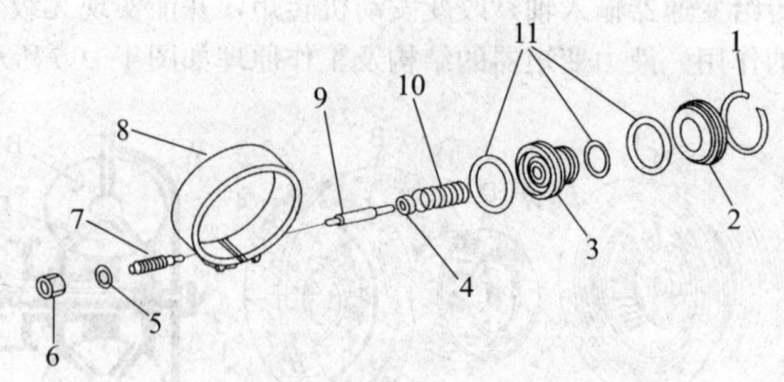

图 4—69　带式制动器结构组成

1—卡环；2—活塞定位架；3—活塞；4—止推垫圈；5—垫圈；6—锁紧螺母；
7—调整螺钉；8—制动带；9—活塞杆；10—回位弹簧；11—O 形圈

4）液压控制系统。

电控自动变速器中的液压控制系统主要控制换挡执行机构的动作，由液压泵、液压控制阀、电磁阀和液压管路等组成，结构如图 4—70 所示。

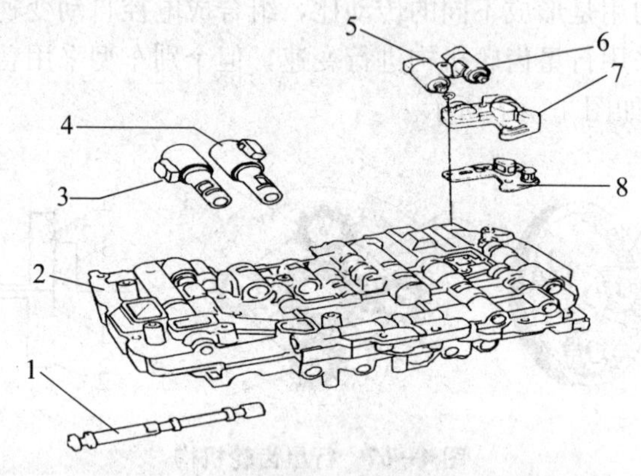

图 4—70　阀板

1—手控阀；2—阀体；3—电磁阀；4—电磁阀；
5，6—换挡电磁阀；7—阀座；8—滤网

5）电子控制系统。

电控自动变速器中的电子控制系统与液压控制系统配合使用，通常把它们合称为电液控制系统。电子控制系统主要包括电子控制单元、各类传感器及执行器等。电子控制系统的功能是利用传感器及各种控制开关将发动机工况、车速等信号传递给电子控制单元，电子控制单元发出指令给执行器，执行器和液压系统按一定的规律控制换挡执行机构工作，实现电控自动变速器自动换挡。电子控制系统组成如图 4—71 所示。

(2) 自动变速器零件检测与损伤评估。

自动变速器壳体和阀体内部结构复杂，维修难度大，损伤以更换为主。拆装变速器时要更换所有拆下的密封垫和油封。

当必须分解变速器才能确定内部零件损坏时，要注意损坏原因分析。因为磨损也能引起变速器不能正常工作，所以，客户和保险公司应该提前达成协议，确定谁支付解体检查

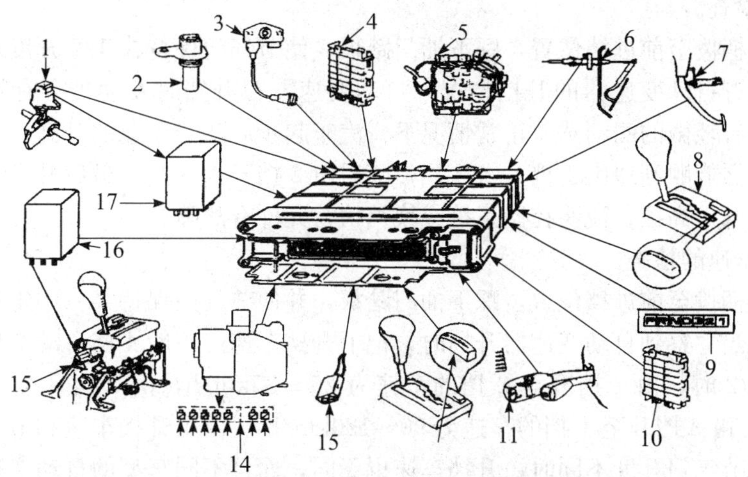

图 4—71　奥迪 096 自动变速器电子控制系统组成

1—空当启动开关；2—车速传感器；3—节气门位置传感器；
4，10—发动机控制电脑；5—变速器油温传感器；6—强制降挡开关；
7—制动灯开关；8—模式开关；9—挡位指示灯；11—巡航控制开关；
12—模式指示灯；13—诊断插座；14—换挡指示灯；15—换挡锁止机构；
16—换挡继电器；17—继电器盒

费用。如果由碰撞导致损伤，则保险公司需要支付费用；如果是磨损导致损伤，费用则由客户支付。

若自动变速器托底损坏，可将油底壳拆下，检查阀体及附件，如果只是电磁阀损坏，更换损坏的电磁阀试车后决定是否拆解变速器。如果变速器在汽车驻车制动状态下被碰撞，则可能会损坏停车锁总成，这种情况应检查停车锁总成（驻车制动机构）是否损坏。停车锁总成结构如图 4—72 所示。

自动变速器水损损坏，必须彻底清洗变速器并彻底更换 ATF，否则会严重损坏变速器。

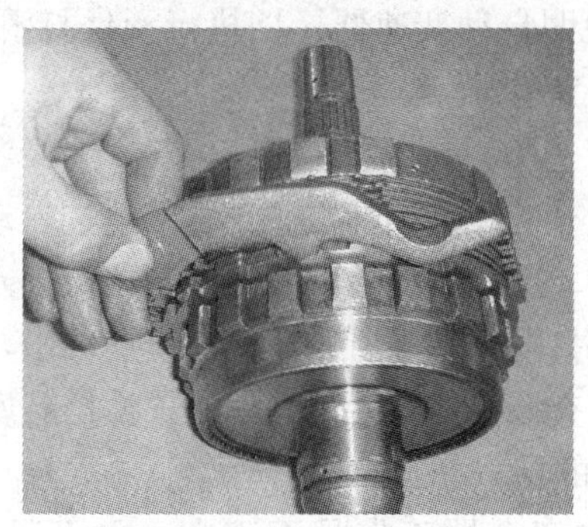

图 4—72　停车锁总成结构

（3）自动变速器路试检查。

自动变速器修复后必须对其工作状况进行检查，项目包括：

1）升挡检查。

将操纵手柄拨至前进挡位置，踩下油门踏板，使节气门保持在1/2开度左右，让汽车起步加速，检查自动变速器的升挡情况。自动变速器在升挡时发动机会有瞬时的转速下降，同时车身有轻微的闯动感。正常情况下，汽车起步后随着车速的升高，试车者应能感觉到自动变速器能顺利地由1挡升入2挡，随后由2挡升入3挡，最后升入超速挡。若自动变速器不能升入高挡，说明控制系统或换挡执行元件有故障。

2）升挡车速的检查。

将操纵手柄拨至前进挡位置，踩下油门踏板，并使节气门保持某一固定开度，让汽车起步并加速。当觉察到自动变速器升挡时，记下升挡车速。一般4挡自动变速器在节气门开度保持在1/2时，由1挡升至2挡的车速为25～35km/h，由2挡升至3挡的车速为55～70km/h，由3挡升至4挡的车速为90～120km/h。由于升挡车速和节气门开度有很大的关系，即节气门开度不同时，升挡车速也不同，而且不同车型的自动变速器各挡传动比的大小都不同，其升挡车速也不完全一样，因此，只要升挡车速基本上保持在上述范围内，而且汽车行驶中加速良好，无明显的换挡冲击，都可认为升挡车速正常。若汽车行驶中加速无力，升挡车速明显低于上述范围，说明升挡车速过低（即升挡过早）；若汽车行驶中有明显的换挡冲出，升挡车速明显高于上述范围，说明升挡车速过高（即升挡太迟）。

3）升挡时发动机转速的检查。

有发动机转速表的汽车在做自动变速器道路试验时，应注意观察汽车在行驶中发动机转速的变化情况，它是判断自动变速器工作是否正常的重要依据之一。在正常情况下，若自动变速器处于经济模式或标准模式，节气门保持在低于1/2开度范围内，则在汽车由起步加速直至升入高速挡的整个过程中，发动机的转速都将低于3 000r/min。通常在加速至即将升挡时发动机转速可达到2 500～3 000r/min，在刚刚升挡后的短时间内发动机转速下降至2 000r/min左右。如果在整个行驶过程中发动机转速始终过低，加速至升挡时仍低于2 000r/min，说明升挡时间过早或发动机动力不足；如果在行驶过程中发动机转速始终偏高，升挡前后的转速在2 000～3 000r/min之间，而且换挡冲击明显，说明升挡时间过迟；如果在行驶过程中发动机转速过高，经常高于3 000r/min，在加速时达到4 000～5 000r/min，甚至更高，则说明自动变速器换挡执行元件打滑（抽出自动变速器油尺能闻到严重焦煳味），应拆修自动变速器。

4）换挡质量的检查。

换挡质量的检查主要是检查有无换挡冲击。正常的电控自动变速器的换挡冲击应十分微弱。若换挡冲击过大，说明自动变速器的控制系统或换挡执行元件有故障，其原因可能是主油路油压过高或换挡执行元件打滑，如果所有挡位都换挡冲击，检查油泵油压是否过高，如果个别挡出现换挡冲击则应检查该挡执行元件（如改善换挡品质的蓄压器背压控制油路）。

5）锁止离合器工作状况的检查。

自动变速器变矩器的锁止离合器工作是否正常，也可通过道路试验进行检查。试验中，让汽车加速至超速挡，以高于80km/h的车速行驶，并让节气门开度保持在低于1/2的位置，使变矩器进入锁止状态（车型不同变矩器进入锁止状态有差异，如丰田LS400，3挡50km/h就进入锁止状态）。此时，油门踏板不动，同时轻踏制动踏板（让刹车灯亮），观察发动机转速的变化情况；若发动机转速没有变化说明锁止离合器处于断开状态，其原因通常是锁止控制系统有故障；反之，若发动机转速升高 100～200 转又迅速下降，则表明锁止离合器接合、断开正常。

6）发动机制动作用的检查。

检查自动变速器有无发动机制动作用时，应将操纵手柄拨至前进低挡位置，在汽车以 2 挡或 1 挡行驶时，突然松开油门踏板，检查发动机是否有制动作用。若松开油门踏板后车速立即随之下降，说明有发动机制动作用；否则说明控制系统或低挡制动器，2 挡跟踪惯性制动器（如丰田 A341E 中 B1）有故障。

7）强制降挡功能的检查。

检查自动变速器强制降挡功能时应将操纵手柄拨至前进挡位置，保持节气门开度为 1/3 左右，在以 2 挡、3 挡或超速挡行驶时突然将油门踏板完全踩到底，检查自动变速器是否被强制降低一个挡位。在强制降挡时，发动机转速会突然上升至 4 000r/min 左右，并随着加速升挡转速逐渐下降。若踩下油门踏板后没有出现强制降挡，说明强制降挡功能失效。若在强制降挡时发动机转速上升过高，达 5 000～6 000r/min，并在升挡时出现换挡冲击，则说明执行元件打滑，应拆修自动变速器。

（三）万向传动

1. 万向传动的功用

万向传动广泛应用于轴线相交且位置经常变化的两轴间动力传递，前轮驱动汽车发动机发出的动力经两个半轴传到驱动轮。为了能使车轮转向，每个半轴有两个等速万向节，半轴的两端均与相应的万向节相连接。防尘罩内储有润滑脂以保证正常工作。万向节的应用位置如图 4—73 所示。

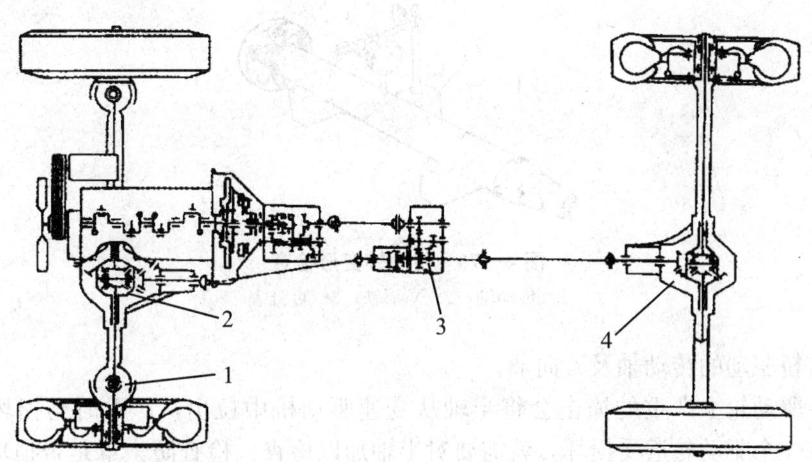

图 4—73　万向节的应用位置

1—万向节；2—前驱动桥；3—分动器；4—后驱动桥

十字轴式万向节常用于货车上，球笼式万向节大多应用于前轮驱动的轿车上。十字轴式万向节结构如图 4—74 所示，球笼式万向节结构如图 4—75 所示。

2. 万向传动及相关零件检测与评估

（1）后桥驱动的传动轴。

传动轴可能因后桥遭受严重冲击而从变速器端被拽出。若传动轴严重损坏，就应更换

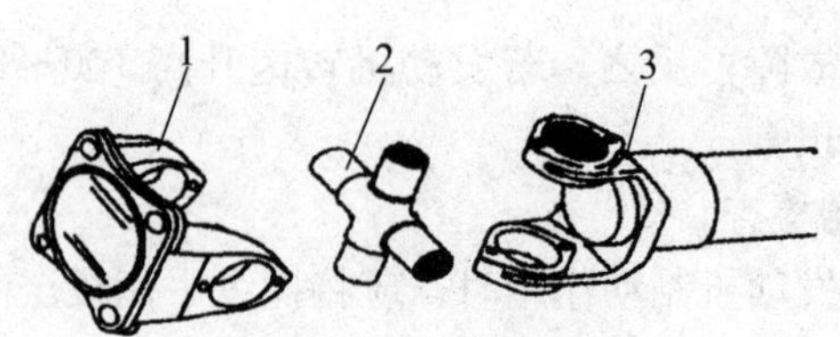

图 4—74　十字轴式万向节

1，3—万向节叉；2—十字轴

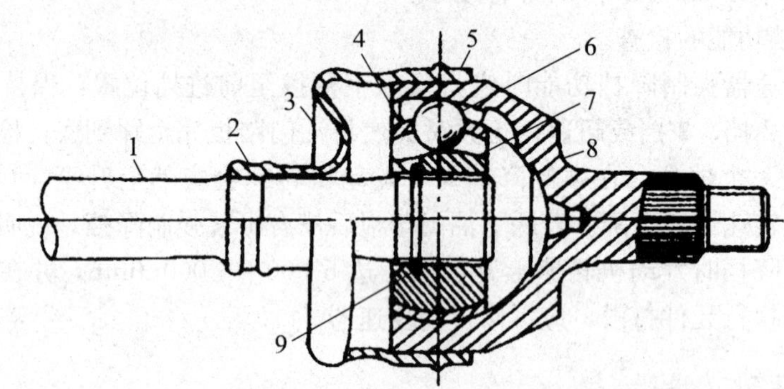

图 4—75　球笼式万向节

1—主动轴；2，5—钢带箍；3—橡胶防尘罩；4—球笼；6—钢球；7—行星套；8—球形壳；9—卡环

整个总成。轻微变形可通过压力矫正，变形量的检查如图 4—76 所示。

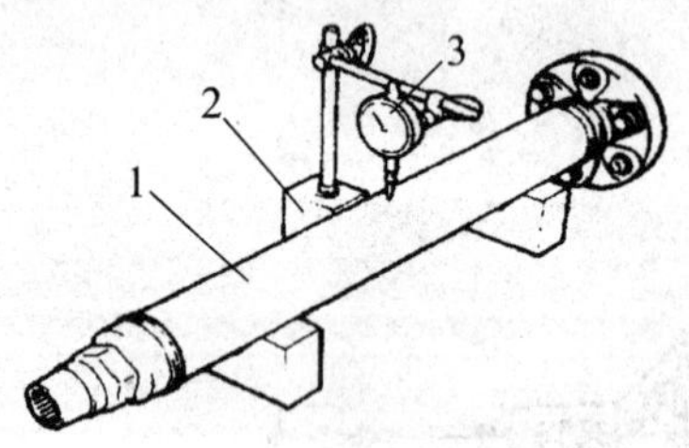

图 4—76　传动轴变形检查

1—传动轴；2—V 形铁；3—百分表

（2）前桥驱动的传动轴及万向节。

作用在驱动轮上严重的撞击会将半轴从变速驱动桥中拉出，严重时会损坏等速万向节，只要有一个驱动轮遭受损坏，就需要对半轴加以检查。检查防尘罩是否损坏，拉动半轴，检查是否松动等。半轴、防尘罩和等速万向节损坏可以单独更换。

（3）中间支撑检查。

可通过上下晃动传动轴检查中间支撑间隙，传动轴严重受损要注意检查支撑胶垫是否开裂，如图 4—77 所示。

（四）驱动桥

1. 驱动桥的功用及组成

驱动桥的功用是将由万向传动装置传来的发动机转矩经降速增矩，改变动力传动方向

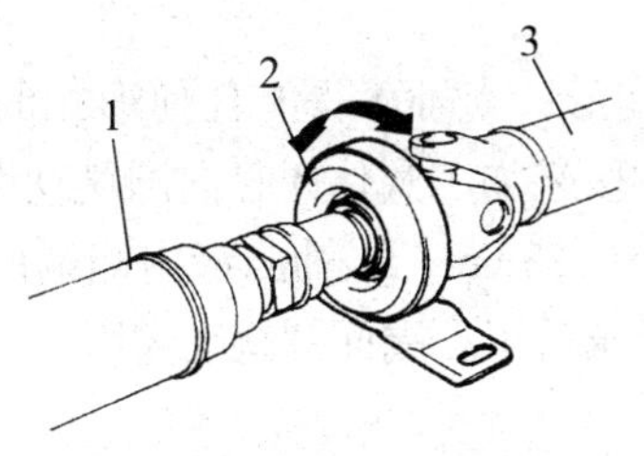

图 4—77　检查中间支撑

1，3—传动轴；2—中间支撑胶垫

传给驱动车轮，而且允许左、右驱动车轮以不同的转速旋转。具体来说，减速器的功用为降速增矩，改变动力传动方向；差速器的功用是允许左、右驱动车轮以不同的转速旋转；半轴的功用是将动力由差速器传给驱动车轮。

后桥总成由桥壳、两个半轴和一个差速器组成。后轮驱动汽车的后桥壳如图 4—78 所示。

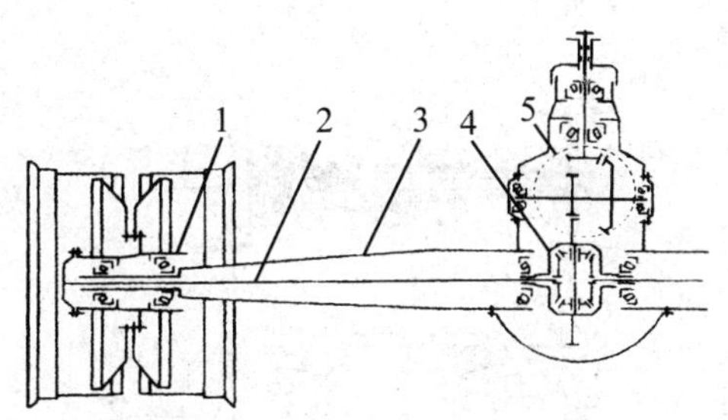

图 4—78　后轮驱动汽车的后桥壳

1—轮毂；2—桥壳；3—半轴；4—差速器；5—主减速器

2. 驱动桥零件检测与评估

(1) 桥壳。

桥壳和半轴套管不允许裂纹存在，半轴套管应进行探伤处理。各部分螺纹损伤不得超过 2 牙。钢板弹簧座定位孔的磨损不得大于 1.5mm，超限时先进行补焊，然后按原位置重新钻孔。

整体式桥壳以半轴套管的两内端轴颈的公共轴线为基准，两外轴颈的径向圆跳动误差超过 0.30mm 时应进行矫正，矫正后的径向圆跳动误差不得大于 0.08mm。

分段式桥壳以桥壳的结合圆柱面、结合平面及另一端内锥面为基准，轮毂的内、外轴颈的径向圆跳动误差超过 0.25mm 时应进行矫正，矫正后的径向圆跳动误差不得大于 0.08mm。分段式后桥的弯曲度，可采用如图 4—79 所示的简易测量方法。若桥壳已变形，则应该予以矫正或更换。

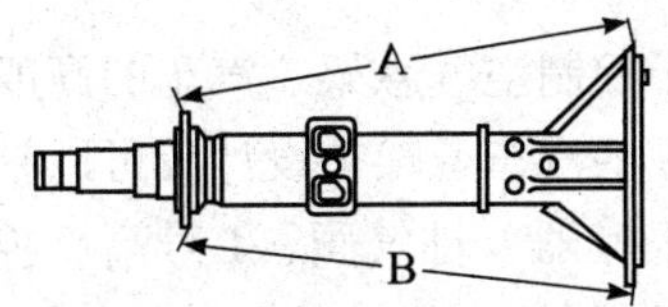

图 4—79　断开式后桥弯曲度检查

（2）半轴。

半轴花键应无明显的扭转变形；半轴不得有任何形式的裂纹存在，若有应更换。

以半轴轴线为基准，半轴中段未加工圆柱体径向圆跳动误差不得大于 1.3mm；花键外圆柱面的径向圆跳动误差不得大于 0.25mm；半轴凸缘内侧端面圆跳动误差不得大于 0.15mm。径向圆跳动误差超限，应进行冷压矫正；端面圆跳动超限，可车削端面进行修正。

二、行驶系

行驶系由车架、悬架、车桥和车轮等组成。车架是汽车的安装基础，发动机、变速器、车身等总成都安装在上面。悬架将车架与车桥连接在一起，悬架主要起缓冲作用，车轮安装在车桥上。

（一）车架

汽车车架是跨接在前后车桥上的桥梁式结构，是整个汽车的安装基础，其上装有发动机、变速器、传动轴、前后桥、车身等总成和部件。常见的车架类型分为边梁式、中梁式、连杆式车架等，如图 4—80 所示。

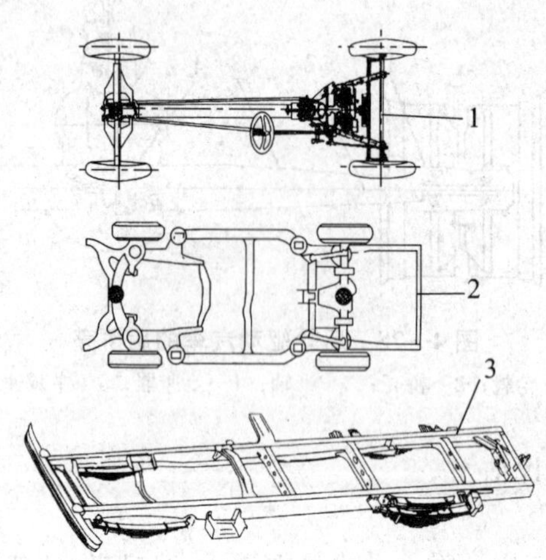

图 4—80　常见的的车架类型

1—中梁式；2—连杆式；3—边梁式

（二）悬架

1. 悬架结构及功用

现代汽车悬架种类很多，结构也有很大差异，一般由弹性元、减振器、横向稳定器、导向机构等组成。其功用是连接车架（或车身）和车轮，把路面作用到车轮的各种力传给车架（或车身），并具有缓和冲击、衰减振动的作用。桑塔纳 2000 前悬架及相关零件组成如图 4—81 所示。

悬架系统的最新发展是电子控制空气悬架，汽车的高度和弹簧阻尼作用根据汽车的速度和行驶地形的不同而变化。一些汽车悬架被设计成可以补偿急转弯的横摆趋势。电子控制的空气悬架系统由压缩机、干燥器、排气阀、1 号高度控制继电器、2 号高度控制继电器、1 号高度控制阀、2 号高度控制阀、前后左右 4 个空气弹簧、4 个车身高度传感器及悬

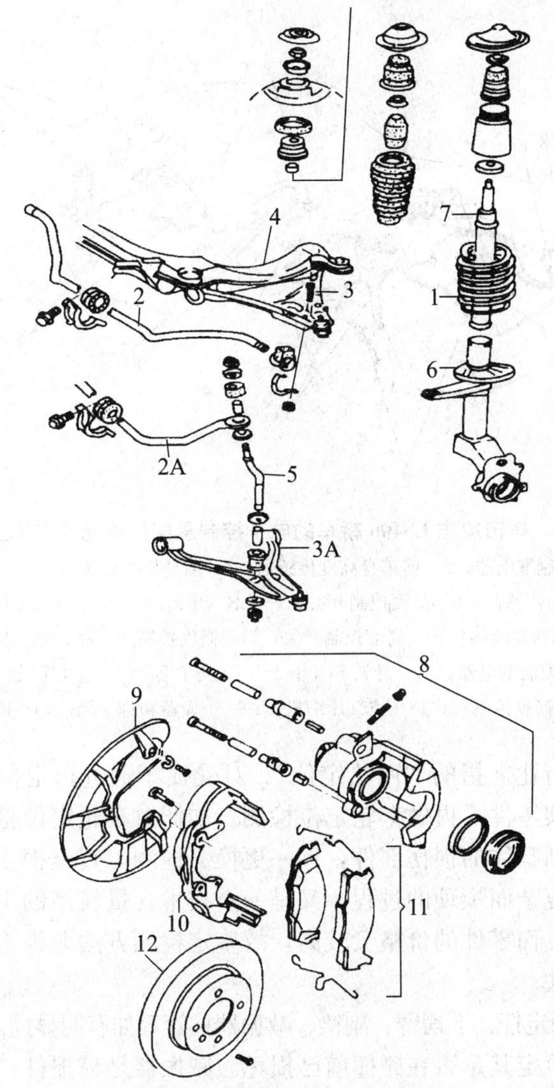

图 4—81　桑塔纳 2000 前悬架组成

1—前悬架弹簧；2—2000 型稳定杆；3—2000 型下摆臂；4—副梁；
5—2000 型稳定杆拉杆；6—减振器柱管；7—减振器；8—制动钳总成；
9—防尘板；10—制动分泵骨架；11—摩擦片；12—制动盘

架 ECU 等组成，如图 4—82 所示。

控制原理：悬架 ECU 采集前、后、左、右 4 个高度传感器信号，当车身高度需要上升时，从 ECU 的 RCMP 端送出一个信号，使 1 号高度控制继电器接通，1 号高度控制继电器触点闭合，压缩机控制电路接通产生压缩空气。ECU 使高度控制电磁阀线圈通电后，电磁线圈将高度控制阀打开，并将压缩空气引向空气弹簧，从而使车身高度上升。

当车身高度需要下降时，ECU 控制排气阀电磁线圈使排气阀打开，将空气弹簧中的压缩空气排入大气中。

2. 悬架主要相关零件检测与评估

现代轿车普遍都是前后独立悬架，为了保持良好的行驶状态，前、后车轮有些参数需

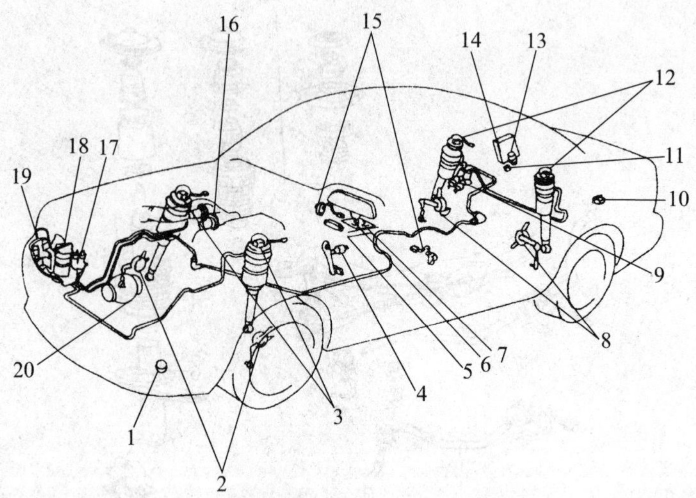

图 4—82　丰田凌志 LS400 轿车的电子控制悬架系统元件在车上的位置

1—1 号高度控制继电器；2—前车身高度传感器；3—前悬架控制执行器；4—制动灯开关；5—转向传感器；6—高度控制开关；7—LRC 开关；8—后车身高度传感器；9—2 号高度控制阀和溢流阀；10—高度控制开关；11—高度控制连接器；12—后悬架控制执行器；13—2 号高度控制继电器；14—悬架 ECU；15—门控灯开关；16—主节气门位置传感器；17—1 号高度控制阀；18—空气压缩机；19—干燥器和排气阀；20—IC 调解阀

要调整，也就是维修行业常指的“四轮定位”。对受损车辆进行定位检查，矫正好车身或车架、更换变形的悬架零件，再做车轮定位检测。如此时车轮定位检测仍不合格，再根据其结构及受力情况判断具体的损伤部件，逐一更换、检测，直至损伤部件确认为止。上述过程通常是一个非常复杂而烦琐的过程，又是一个技术含量较高的工作，由于悬架系统中的零件都是安全部件，而零件的价格又较高，故鉴定检测方法尤为重要。下面介绍几种主要零件的简单检测方法。

（1）悬架弹簧、稳定杆、下摆臂、副梁、减振器柱管等如有明显撞击痕迹及变形应更换。

（2）减振器主要鉴定其是否在碰撞前已损坏。减振器是易损件，正常使用到一定程度后会漏油，如果减振器外表已有油泥，说明在碰撞前已经泄漏。如果外表无油迹，碰撞造成弯曲变形应更换。

（3）对于无明显变形的零件，要仔细检查可能的变形部位是否有爆漆现象。大多变形伴随局部爆漆。

（4）副车架的变形检测。副车架的变形影响到前轮定位，对其检测可通过图 4—83 所示的基本尺寸检测对变形量加以判断；如果有车轮定位检测设备，可对副车架替换前后的定位数据进行比对来判断副车架的变形。

（三）车桥

1. 车桥的作用与分类

车桥位于悬架与车轮之间，其两端安装车轮，通过悬架与车架（或车身）相连，其功用是传递车架（或车身）与车轮之间的各种载荷作用。

按车桥上车轮的作用不同，车桥分为转向桥、驱动桥、转向驱动桥和支持桥四种类型。其中转向桥和支持桥都属于从动桥。

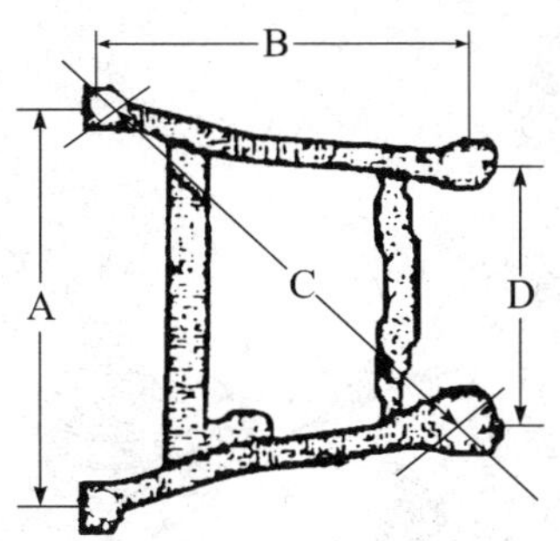

图 4—83　副车架的变形检测

（1）转向桥。

转向桥通常位于汽车前部，能使装载其两端的车轮偏转一定的角度，以实现汽车转向；同时，转向桥还要承受车架与车轮之间各种力及力矩的作用。

各种车型的转向桥结构基本相同，主要由前轴、转向节和主销等组成，如图 4—84 所示。

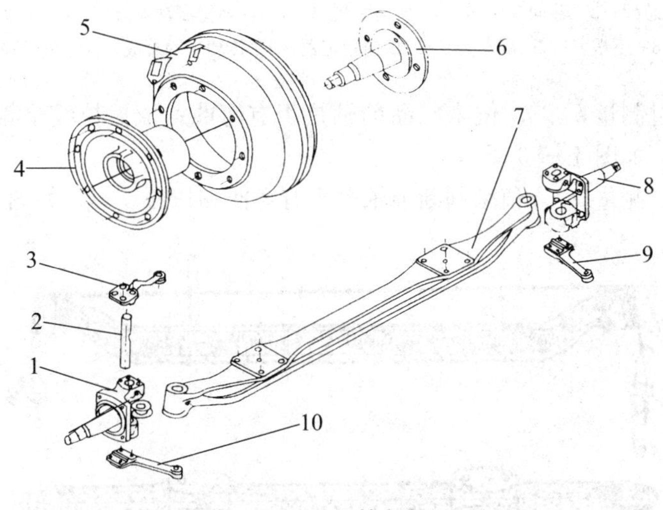

图 4—84　转向桥

1—左转向节；2—主销；3—转向节臂；4—轮毂；5—制动鼓；6—法兰；7—前轴；8—右转向节；9—右转向梯形臂；10—左转向梯形臂

（2）转向驱动桥。

越野汽车、前轮驱动汽车和全轮驱动汽车（4WD）的前桥，起转向桥的作用，又兼起驱动桥的作用，故称为转向驱动桥。

如图 4—85 所示为桑塔纳 2000 轿车的前桥总成，采用的是断开式、独立悬架转向驱动桥。

2. 车桥的检测与评估

（1）前桥的变形检查。

当车轮或车桥受到外力碰撞时常会造成前桥变形。前桥变形可采用拉线法、角尺法检查。

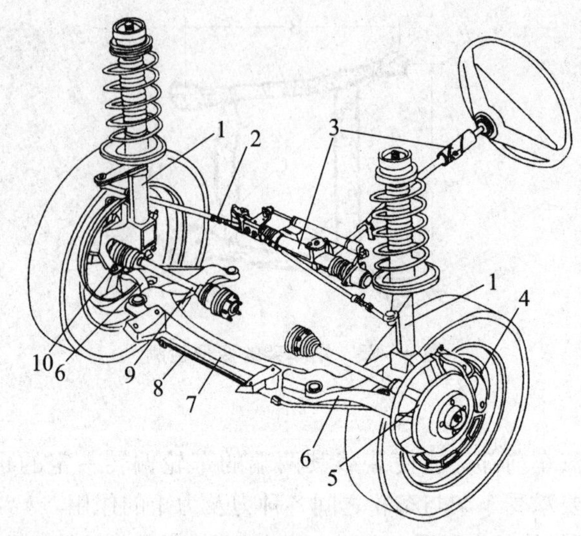

图 4—85　桑塔纳 2000 轿车的前桥总成

1—悬架；2—转向横拉杆；3—转向装置总成；4—前轮制动器总成；5—制动盘；6—下摆臂；7—副车架；8—横向稳定器；9—传动半轴总成；10—外球笼

拉线法是通过测量 h_1、h_2 值来判断前轴是否有弯曲；依据拉线是否经过定位孔中心来判断扭曲变形，如图 4—86 所示。

角尺法是通过测量 a、b 值来判断前轴是否有弯曲和扭曲变形，如图 4—87 所示。

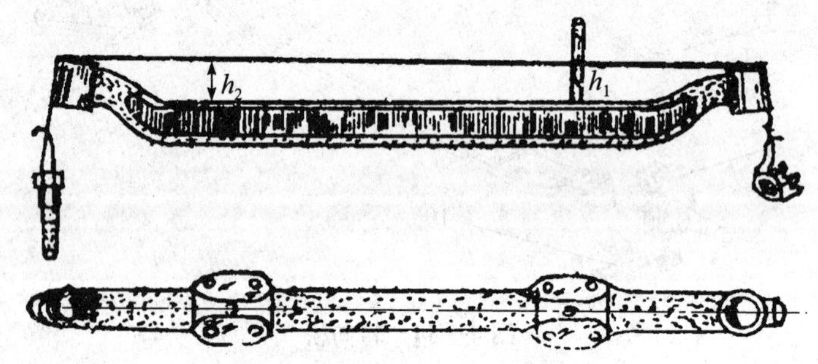

图 4—86　拉线法测量前桥变形

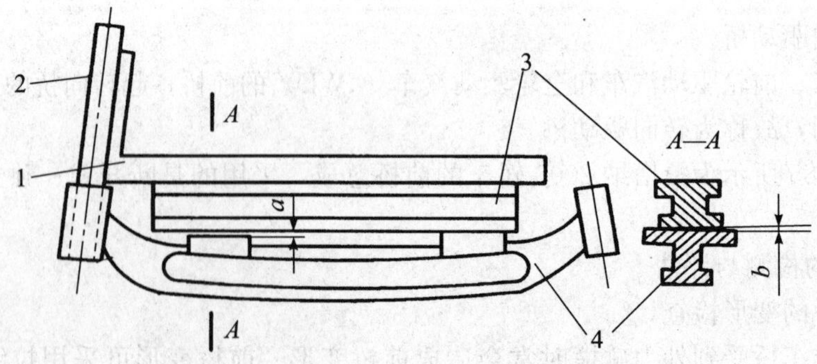

图 4—87　角尺检验法

1—角尺；2—芯轴；3—工字形平尺；4—前轴

(2) 悬臂式后桥及后轮毂短轴变形检测。

悬臂式后桥变形检查相对复杂，在确认车身尺寸正确的前提下，首先可采取如图4—88所示的方法检查后轮毂短轴是否变形（均匀测三个方向读取卡尺的读数），然后检查后轮定位，如果定位失准，要考虑后桥是否变形，可按图 4—89 所示的简易方法测量后桥的基本尺寸来判断后桥是否变形，也可对后桥替换前后的定位数据进行比对来判断后桥的变形。

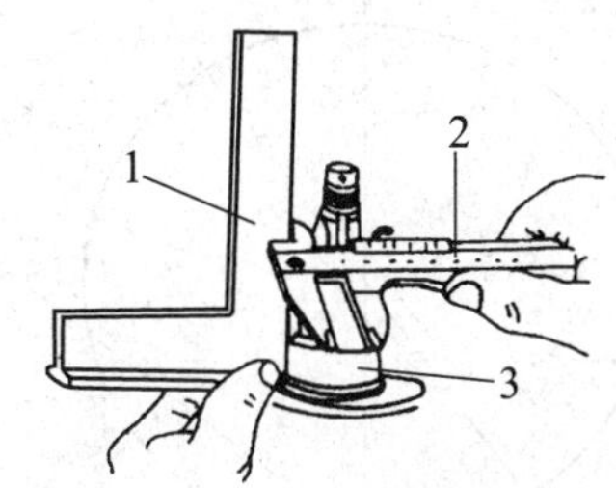

图 4—88　后轮毂短轴检测

1—直角尺；2—游标卡尺；3—后轮毂短轴

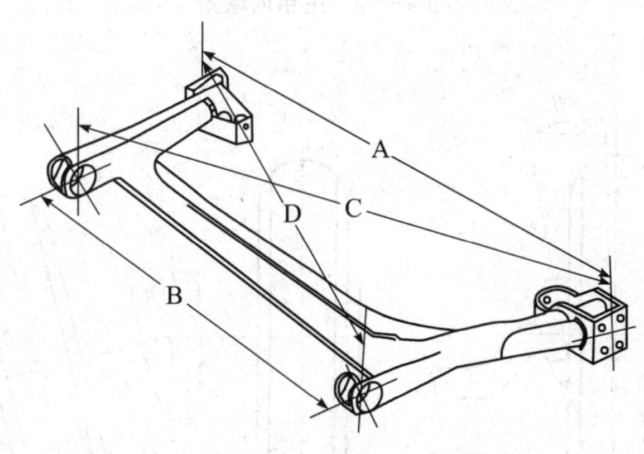

图 4—89　后桥的测量

(3) 四轮定位的检测。

车轮定位仪是专门用来测量车轮定位参数的设备，可测量的项目包括：前轮外倾角、主销后倾角、主销内倾角、前轮前束、后轮外倾角、后轮前束、车轮轮距、车辆轴距等。

1) 基本概念。

①主销后倾角。

汽车转向节主销轴线（或独立悬架的上摆臂球销与下摆臂球销中心的连接线）与铅垂线在车辆纵向对称平面上的投影锐角叫主销后倾角，用 γ 表示，如图 4—90 所示。其作用是使车轮自动回正，保持直线行驶。主销后倾角越大，车速越高，前轮稳定性愈好。但后倾角加大，方向盘阻力也随之增加，因此主销后倾角也有一定范围，一般不大于 3°，现代汽车由于结构的变化及超低压子午线扁平轮胎的使用，使主销后倾角变小，甚至为负后倾。

②主销内倾角。

汽车转向节主销轴线（或独立悬架的上摆臂球销与下摆臂球销中心的连接线）与铅垂

线在垂直于车辆纵向对称平面上的投影锐角叫主销内倾角，用β表示，如图 4—91 所示。其作用是使车轮自动回正，即角度越大前轮自动回正的作用就越强烈，但转向时也越费力，轮胎磨损增大；反之，角度越小前轮动回正的作用就越弱，因此主销内倾角都有一定范围，约 5°～8°之间。

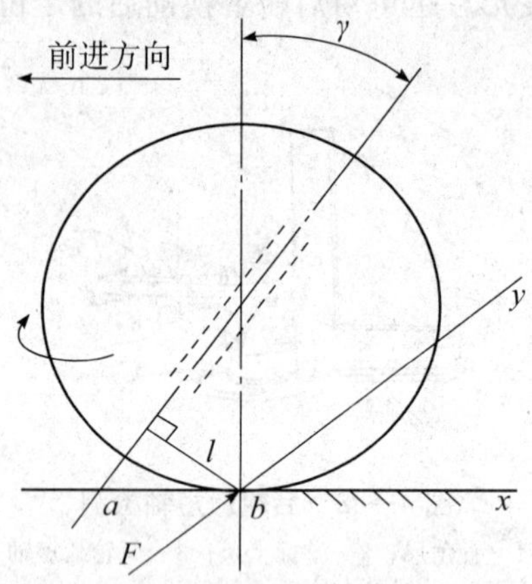

图 4—90　主销内倾角

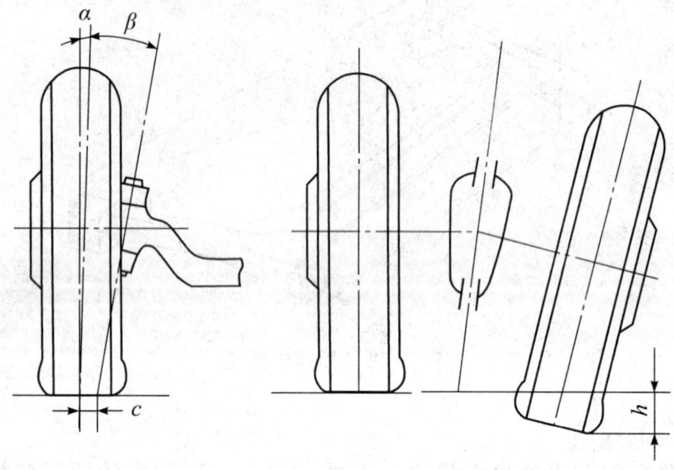

图 4—91　主销后倾角

③车轮外倾角。

车轮中心平面与铅垂线的夹角叫车轮外倾角，用α表示。前轮外倾角俗称“外八字”，如图 4—92 所示。其作用是使转向操纵轻便。但高速汽车的车轮外倾角有减小的趋势，甚至为负值，不仅使轮胎内外侧磨损均匀，还提高了车轮的转向性和车身的横向稳定性。

④车轮前束。

由于车轮外倾角的存在，左右车轮在滚动时会形同圆锥体滚动而向外侧分开，为防止这种情况发生，保证汽车顺利行驶，通过横拉杆与车轮转向梯形机构把左右车轮前方距离调整得比后方距离短一些，车轮前、后方距离之差即为车轮前束值，也指前轮中心线与纵向中心线的夹角，即前束角。前轮前束的作用是保证汽车的行驶性能，减少轮胎的磨损，如图 4—93 所示。

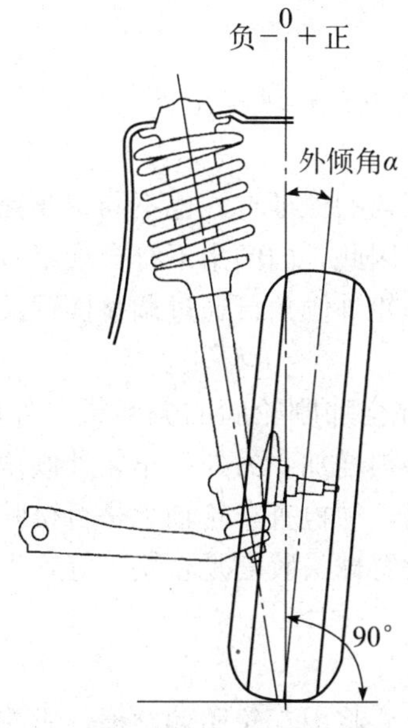

图 4—92 车轮外倾角

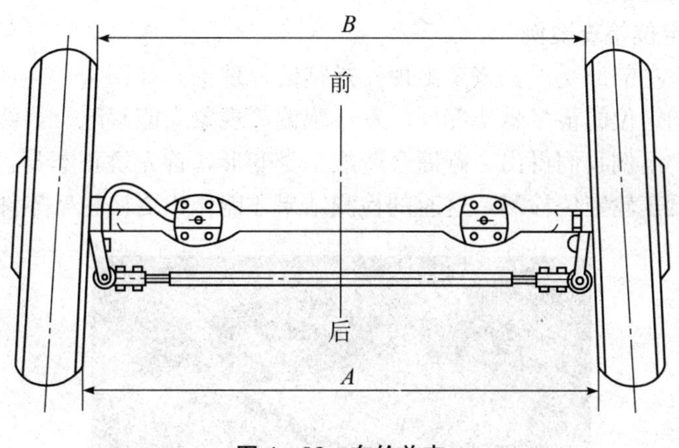

图 4—93 车轮前束

2）调整方法。

当汽车出现转向沉重、汽车行驶不稳定、轮胎偏磨等现象时，应进行车轮定位检测，现代汽车四轮定位仪，能精确检测车轮定位数据，可根据定位仪的检测数据进行调整。

①主销后倾角的故障与调整。

主销后倾角失准后，将出现转向沉重、汽车行驶不稳定等故障。根据主销后倾角的作用分析，转向沉重是由于主销后倾角过大所致，汽车行驶不稳定是由于主销后倾角过小所致。主销后倾角的调整，必须通过改变悬架装置来实现。对于非独立悬架结构，主销后倾角是在悬架安装后由结构尺寸所保证的。因此，调整主销后倾角时，可在钢板弹簧下部与车轴的接触面之间，垫以不同厚度的楔形铁片来调整。对于独立悬架结构，主销后倾角是由悬架安装尺寸所保证的，有的车型可以改变前悬架的纵拉杆的长度来调整，有的车型则不能调整。具体可查阅本车维修手册。

②主销内倾角的故障与调整。

如果主销内倾角过小，会使汽车行驶稳定性变差，不易保持直线行驶，方向盘操纵沉重。

不同的悬架方式，主销内倾角的保证方式也不同。非独立悬架的车轴左右两端的转向节主销孔有固定的内倾角度值。因此，内倾角不符合规定时，须对前轴进行矫正。对于独立悬架的汽车，主销内倾角与车轮外倾角可通过调整摆臂长度来改变。

③车轮外倾角的故障与调整。

车轮外倾角过大或过小，都会加剧轮胎的偏磨损。外倾角过大，轮胎外侧偏磨损严重；外倾角过小，轮胎内侧偏磨损增加。另外，车轮外倾角过小，还会造成转向沉重。

当车轮外倾角不符合规定时，须检查车轮轴承是否松旷、转向节铜套是否磨损和转向节轴是否变形、独立悬架的下摆臂球头胶套是否松旷等，根据故障情况修复或更换损坏零部件后，再进行定位的调整。

④车轮前束的故障与调整。

车轮前束失准（过大或过小）将引起轮胎偏磨损，影响轮胎使用寿命。前束过大，轮胎外侧磨损严重；前束过小，轮胎内侧磨损加快。车轮前束值的大小，可通过改变转向梯形机构的横拉杆长度来实现。

3. 轿车前轮定位检查案例

某帕萨特轿车左前部受损，该车出现发抖跑偏等现象，如图 4—94 所示。修理人员先后更换了可能影响定位的很多悬架部件，发抖跑偏等现象未能解除。最终检查发现前纵梁变形超差，从这个案例我们得出，碰撞会造成车身变形，首先矫正车身，待车身定位尺寸恢复标准后再进行车轮定位检测，这时的检测结果才能作为更换悬架零件的依据。

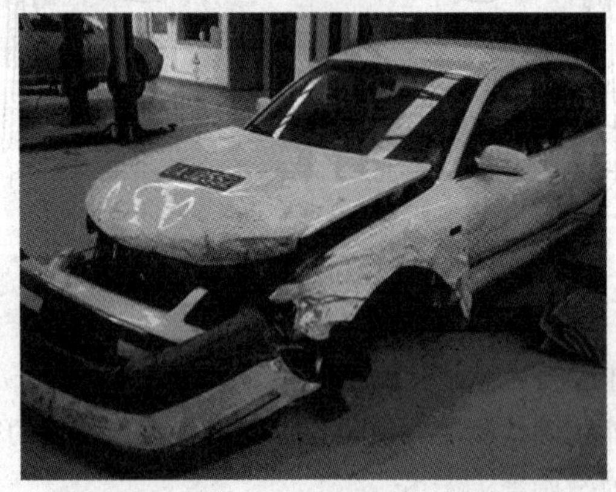

图 4—94　帕萨特轿车左前部受损

（四）车轮与轮胎

轿车大多采用铝合金或钢制车轮，铝合金车轮轻微擦伤可通过打磨抛光维修，钢制车轮唇缘向内或向外的轻微弯曲可予以矫正来修复，然而，如果弯曲延伸到凹槽第一台阶，它将会引起车轮转动时严重摆动，这种形式损坏的车轮必须予以更换。更换的车轮必须与原装车轮的负载能力、直径、宽度等参数相同。不合适的车轮会影响轮胎和轴承的寿命、车辆行驶的稳定性，并影响里程表和转速表的校准。

三、转向系

(一) 转向系的组成及功用

转向系是指由驾驶员操纵，能实现转向轮偏转和回位的一套机构，分为机械转向系和动力转向系两大类。其功用是按照驾驶员的意愿改变汽车的行驶方向和保持汽车稳定地直线行驶。转向系由转向操纵机构、机械转向器和转向传动机构三大部分组成，典型齿轮齿条转向系统结构如图 4—95 所示。

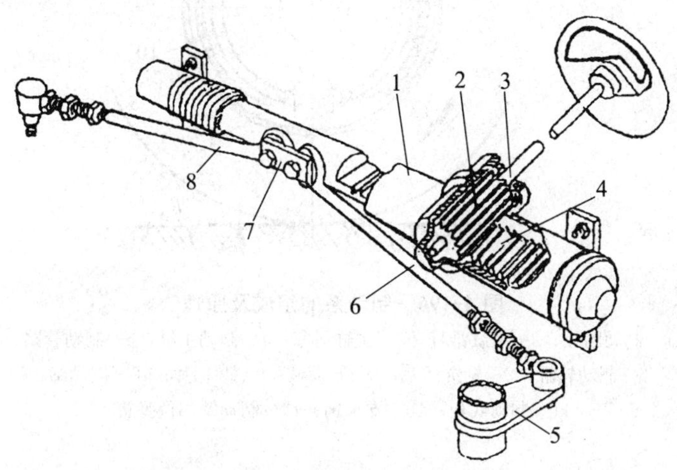

图 4—95 齿轮齿条转向系统

1—转向器壳体；2—转向齿轮；3—转向轴；4—转向齿条；5—转向节；
6—左转向横拉杆；7—拉杆支架；8—右转向横拉杆

(二) 转向系零件检测与评估

1. 转向器的固定位置的检修

在承载式车身结构中，大多齿轮齿条转向器总成安装在前围板上，也有的固定在前悬架横梁上或者发动机托架上，撞击力会改变转向器的固定位置，这会引起汽车的跑偏、车轮振动、轮胎异常磨损、转向沉重、回位不良、汽车从一边到另一边的画龙现象、特殊噪声等，自然磨损及修理不当也会造成相似的故障，为了区分事故损坏和磨损引起的损坏，了解这些常见问题及其常见修理方法是相当重要的。当然，许多车主错误地将所有的问题都归结于事故。因此，定损员必须细心而彻底地检验，并判断哪些修理是属于保险责任范围。

2. 转向系主要零件检修

摇臂轴、转向节臂、横直拉杆不得有裂纹及变形；横直拉杆直线度误差不得大于 2mm；转向系统的损坏从安全角度出发以更换维修为主；转向器间隙以适当调整来进行恢复。

四、制动系

(一) 常规制动系组成及功用

一般汽车应该包括两套独立的制动系：行车制动系和驻车制动系。行车制动系由驾驶员通过脚来操纵，一般称为脚制动系。制动系的减速、停车功用就是由行车制动系来完成的；驻车制动系一般由驾驶员用手来操纵，常俗称为手制动系，用于实现汽车的驻车功用。汽车行车制动系的组成及原理如图 4—96 所示。

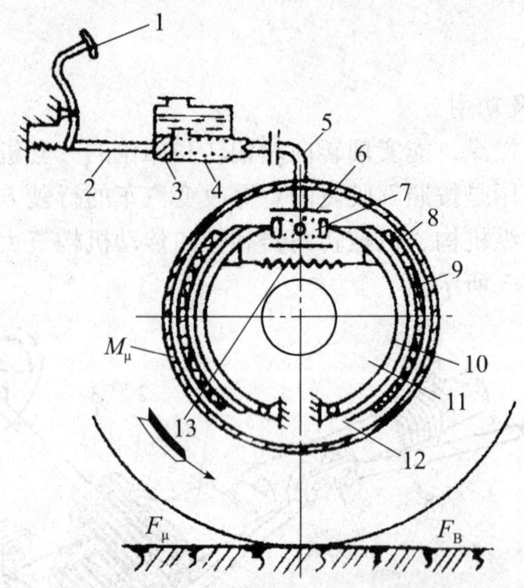

图 4—96　制动系的组成及原理

1—制动踏板；2—主缸推杆；3—主缸活塞；4—制动主缸；5—制动管路；6—制动轮缸；7—轮缸活塞；8—制动鼓；9—摩擦片；10—制动蹄；11—制动底板；12—支承销；13—制动蹄回位弹簧

（二）ABS 系统的组成及工作原理

ABS 系统自动调节制动力的大小，从而保证车轮与地面之间有最好的附着状态，达到缩短制动距离，提高汽车制动过程中的方向稳定性的目的。

ABS 系统由传感器、电子控制单元（ECU）和执行器三部分组成，如图 4—97 所示。

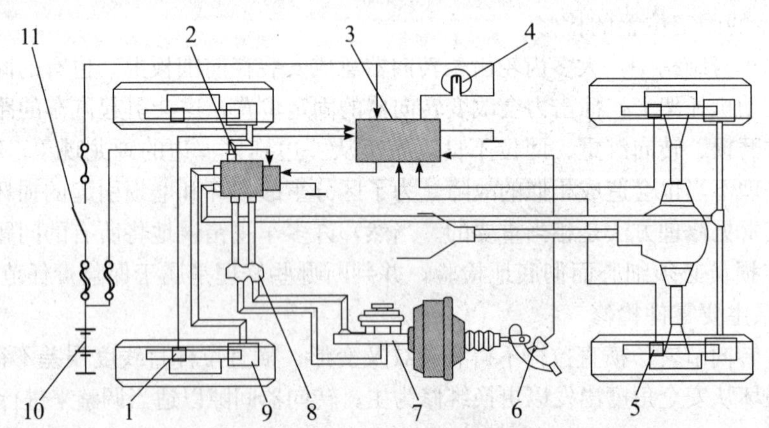

图 4—97　ABS 系统基本组成

1—前轮速传感器；2—制动压力调节器；3—ABS 电控单元；4—ABS 警告灯；5—后轮速传感器；6—制动警告灯开关；7—制动主缸；8—比例旁通阀；9—制动轮缸；10—蓄电池；11—点火开关

ABS 系统的每个车轮上安置一个轮速传感器，它们将各车轮的转速信号及时输入电子控制单元（ECU）。电子控制单元（ECU）是 ABS 的控制中心，它根据各个车轮转速传感器输入的信号对各个车轮的运动状态进行监测和判定，并形成相应的控制指令，再适时发出控制指令给制动压力调节器。制动压力调节器是 ABS 的执行控制装置，它主要由电磁阀、电动油泵总成和储液器等组成一个独立的整体，通过制动管路与制动主缸和各制动轮缸相连。制动压力调节器受电子控制单元（ECU）的控制，对各制动轮缸的制动压力进行调节。警示装置包括仪表板上的制动警告灯和 ABS 警告灯。制动警告灯为红色，通常用“BRAKE”作标识，由制动液面开关、手制动开关及制动液压力开关并联控制。ABS 警告灯为黄色，由 ABS 电子控制单元控制，ABS 具有失效保护和自诊断功能。

（三）制动系主要零件的检测与评估

1. 零件的检修

车轮受到撞击后会引起制动盘及制动鼓变形，变形量的检查如图 4—98 所示。

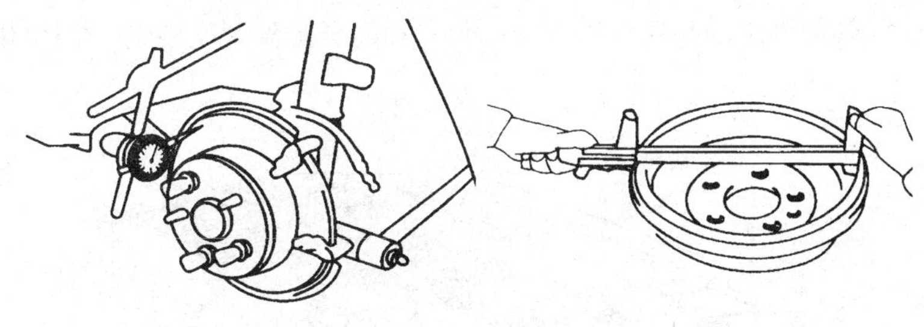

（a）测量制动盘端面圆跳动　　（b）测量制动鼓内径

图 4—98　制动盘和制动鼓检查

2. ABS 系统的初步检查

当 ABS 正常工作时制动踏板会出现反弹现象（驾驶员称弹脚）。因为 ABS 作用时，车轮制动器制动液是采用增压、保压、降压方式工作，制动液通过液压泵打回总泵，因而制动踏板会出现反弹现象。有时车架与车身也会因此抖动，这属于正常现象。在定损工作时可根据这一原理检查 ABS 系统的工作情况。

初步检查是在 ABS 系统出现明显故障而不能正常工作时首先采取的检查诊断方法。检查内容和方法如下：

（1）检查手制动是否完全放松。

（2）检查制动液面是否在规定的范围之内。

（3）检查 ABS 电脑导线插头、插座的连接是否良好，连接器及导线是否损坏。

（4）检查 ABS 所有的继电器、保险丝是否完好，插座是否牢固。

（5）检查蓄电池容量和电压是否在规定的范围之内，检查蓄电池正负极导线连接是否牢靠，连接处是否清洁。

（6）检查 ABS 电脑、制动器等搭铁端的接触是否可靠。

（7）检查轮胎花纹的深度是否符合规定，检查轮胎压力是否符合要求。

（8）检查 ABS 系统各零部件有无明显损伤。

（9）检查制动报警灯工作是否正常。

如果以上基本检查不能确定故障部位，就可以转入检测仪检查步骤。

3. ABS 系统水损检查

轮速传感器水损时，ABS 系统可能会报警，可采取清洗烘干的维修方法。

学习任务四 电器设备的损伤评估

学习目标：了解电器设备工作原理及损伤评估。

学习方法：本任务为理论学习，采取教师讲解与学生拆装实习相结合的方法学习。

在事故中经常损坏的电器设备有空调、照明、安全气囊、电源、仪表等。下面重点介绍以上内容。

一、空调系统

（一）结构及原理

汽车空调制冷系统由压缩机、冷凝器、储液干燥器、膨胀阀、蒸发器和鼓风机等组成，如图 4—99 所示。各部件之间采用铜管（或铝管）和高压橡胶管连接成一个密闭系统。

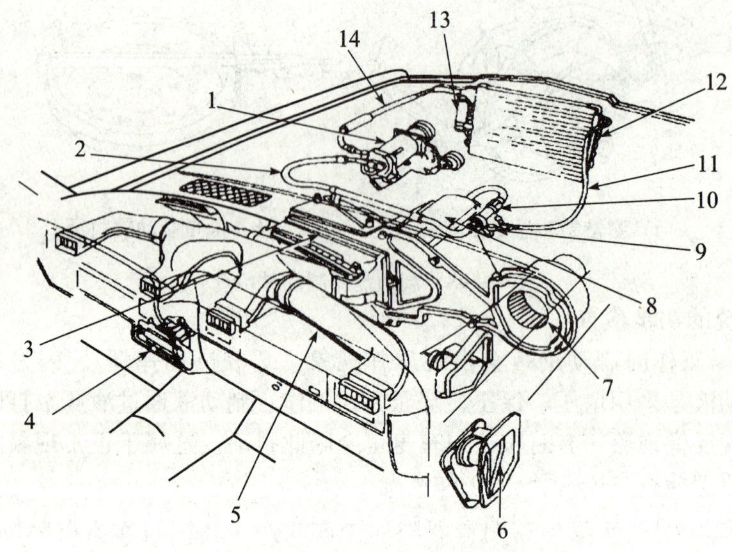

图 4—99 空调系统的组成

1—压缩机总成；2—低压管；3—送气系统；4—空调控制台总成；5—空气分布导流管；
6—循环气窗；7—风机总成；8—蒸发器及壳体总成；9—膨胀阀；
10—卡箍；11—管路；12—冷凝器；13—集液干燥器；14—高压管

制冷系统工作时，制冷剂以不同的状态在这个密闭系统内循环流动，每个循环有四个基本过程。

1. 压缩过程

压缩机吸入蒸发器出口处的低温低压的制冷剂气体，把它压缩成高温高压的气体排出压缩机。

2. 放热过程

高温高压的过热制冷剂气体进入冷凝器，由于压力及温度的降低，制冷剂气体冷凝成液体，并放出大量的热。

3. 节流过程

温度和压力较高的制冷剂液体通过膨胀装置后体积变大，压力和温度急剧下降，以雾状（细小液滴）排出膨胀装置。

4. 吸热过程

雾状制冷剂液体进入蒸发器，因此时制冷剂沸点远低于蒸发器内温度，故制冷剂液体蒸发成气体。在蒸发过程中大量吸收周围的热量，然后低温低压的制冷剂蒸气又进入压缩机。

上述过程周而复始的进行下去，便可达到降低蒸发器周围空气温度的目的。

现代汽车上应用的制冷剂有以下两种：R12 制冷剂、R134a 制冷剂。这两种制冷剂不能混合使用。鉴于环保的要求，空调维修时必须将全部制冷剂予以回收。

（二）空调系统零部件的检测与评估

因为冷凝器所处的位置，决定了它在汽车正面碰撞时容易损坏。和散热器一样，也可以进行清洗、矫形、焊接修理。风扇及冷凝器的安装位置如图 4—100 所示。

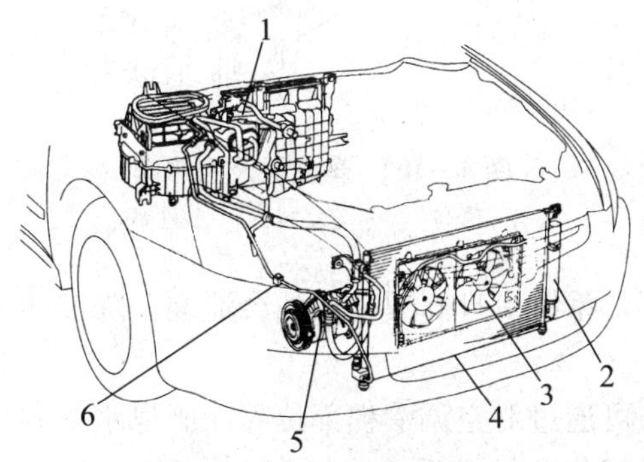

图 4—100　风扇及冷凝器

1—蒸发器及壳体总成；2—集液干燥器；3—风扇总成；
4—冷凝器；5—压缩机总成；6—检视孔

当压缩机在碰撞中被损坏时，首先会造成电磁离合器和带轮总成的损坏。这些都可分别从压缩机上拆卸和修理或者更换。电磁离合器和带轮总成分解如图 4—101 所示。压缩机吊耳损坏时，可对压缩机本身进行分解然后采用保护焊和机加工维修（价值较低的压缩机不建议解体维修，以更换为主）。

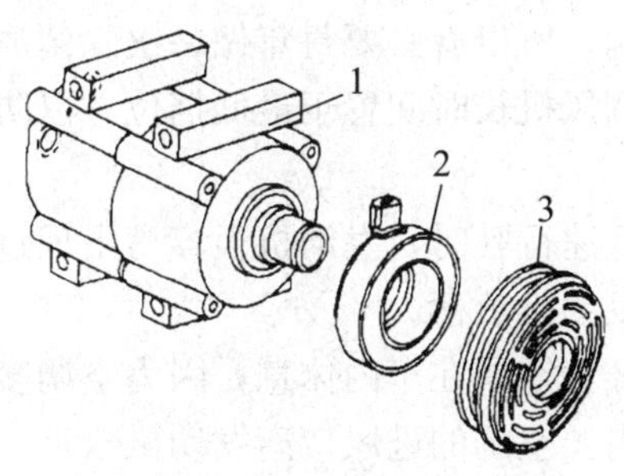

图 4—101　电磁离合器和带轮

1—压缩机；2—电磁线圈；3—皮带轮

如果储液干燥罐损坏，则应该予以更换。如果系统在碰撞中以开口状态长时间暴露于空气之中，则储液干燥罐也应该予以更换。

蒸发器、膨胀阀在碰撞中很少损坏。对于损坏的蒸发器，其机壳和机芯可予以单独更换。一些维修企业为取得更大经济利益，以无配件为理由要求更换蒸发器总成，骗取零件后仅更换外壳骗取大量维修费用，定损员要注意类似情况。蒸发器及膨胀阀如图 4—102 所示。

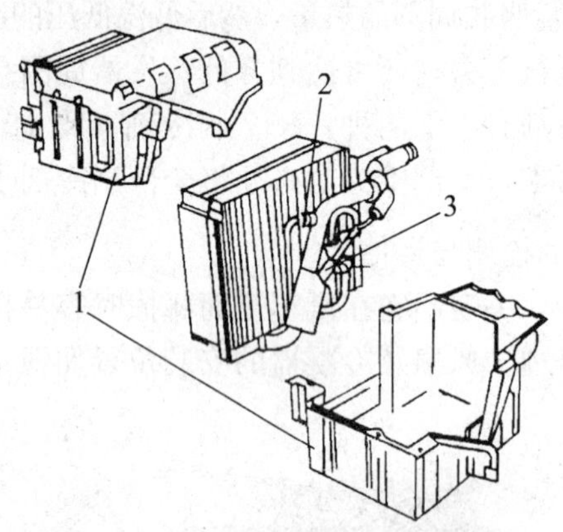

图 4—102　蒸发器及膨胀阀

1—壳体；2—蒸发器；3—膨胀阀

冷冻油随制冷剂循环，系统一旦开裂冷冻油会泄漏，陈旧的漏点会有很多油泥，就此可判断是否为保险责任。

空调系统的泄漏检查可通过对空调受损部位喷涂肥皂水的方法检查。

空调维修附加操作时间包括排空系统（抽真空）和填充系统（充冷媒）需要的时间。当然，必须加上所有附属零件拆卸和重新安装所需的时间。制冷剂和冷冻润滑油的成本也应该添加到零配件损失评估中。

(三) 使用空调注意事项

(1) 冷车起动时，不要急于开空调，等发动机稍运转一段时间后再开空调。

(2) 早期空调系统采用氟利昂做制冷剂，现在的空调用 R134a 为制冷剂，这两种制冷剂是不能混用的，否则系统中的密封件会因严重腐蚀而损坏。

(3) 空调的出风口部位温度较低，会产生水汽，细菌很容易在这里滋生而发出难闻的气味，也容易传播呼吸道疾病，所以有必要每年做一次除菌清理作业。

(4) 行车时，不要将空调风机长时间置于最低挡位，以防止因蒸发器结霜而影响空调的制冷效果。

(5) 在上长坡或大负荷低速行驶时，发动机很容易出现过热现象，此时应调低空调挡位或暂时关闭空调，以减轻发动机负荷。

(6) 停车时不能长时间开着空调在车内休息，因为空调多装在驾驶室前部，流动的空气在此制冷，然后送入车厢内。空调的进风口离发动机较近，虽有隔板隔开，但气流还是相通的。当发动机技术状态恶化、排放严重超标时，发动机周围沉积 CO 等有害气体。当汽车停驶使用空调时，空调的进风口将把发动机周围沉积的有害气体吸入车厢，要不了几分钟，就会使车厢内充满CO气体，使人产生CO中毒，因此而致人死亡的例子已有多起。

二、照明系统

（一）汽车照明系统组成

汽车照明系统包括前照灯、雾灯、尾灯、示宽灯、停车灯、转向信号灯、汽车牌照灯以及仪表指示灯等。这些照明系统的电线集结起来形成线束，并用电缆与其他电器相连接，布置如图4—103所示。

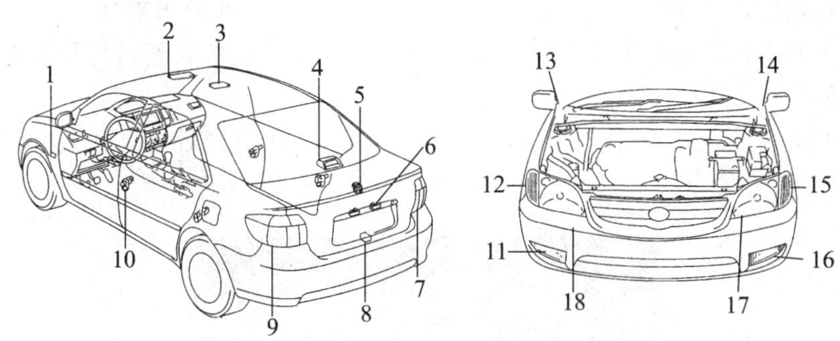

图4—103　照明系统

1—转向信号灯；2—地图灯；3—室内灯；4—中央制动灯；5—行李箱灯；6—牌照灯；7—右后组合灯；8—行李箱灯开关；9—左后组合灯；10—后门门灯控制开关；11，16—前雾灯；12，15—转向信号灯；13，14—后视镜；17，18—前照灯

前照灯总成安装在前护板、灯光嵌板、翼子板、散热器支架和保险杠装饰罩等部件上。前照灯总成分解如图4—104所示。

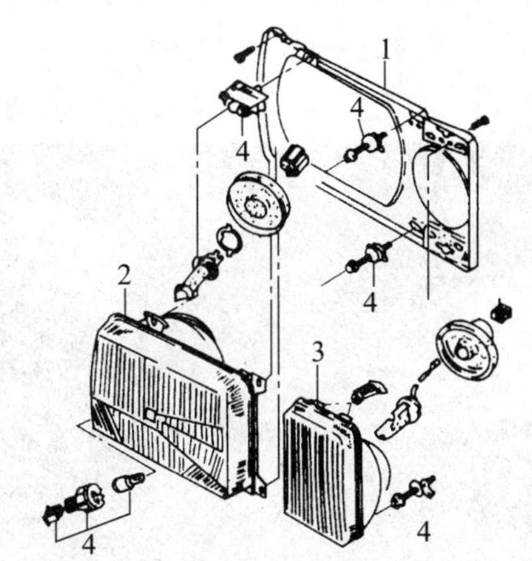

图4—104　前照灯总成

1—前照灯总成；2—前照灯；3—雾灯；4—灯光调节螺丝

（二）照明系统零部件的检修与评估

车灯框（也称为盘座）可由铝、灰铸铁或塑料制成。有些车型的车灯框也是格栅的一部分。塑料或甲酸酯灯框受轻微碰撞时，可用塑料焊接技术或塑料粘接修补方法修复。若

严重损坏时，则需要以新件更换。

灯光调节器通常与灯座制成一体，调解螺钉损坏，只需更换调节螺钉，重新矫正灯光即可。

表面用玻璃制成的可拆卸灯罩如果破损，且有玻璃灯罩片供应时可考虑更换玻璃灯罩片。

损坏电线可以缠绞、熔焊，或者用快速插接头重新连接损坏的线头。大多车型灯泡、灯座可单独更换。

对于价格较昂贵的前照灯、转向灯、尾灯等灯具，其余部分未损坏，只是支撑部位破损的，如灯角及卡扣等部件未遗失（如图 4—105 所示），可采取塑料焊焊接的方法修复，不影响正常使用。

灯玻璃面板表面轻微擦伤（如图 4—106 所示），可抛光处理，不影响美观可正常使用。

图 4—105　灯角损坏

图 4—106　表面擦伤

大灯、转向灯、尾灯等灯具，玻璃表面划伤深度较大，或者灯面开裂、底板（反光板）开裂（如图 4—107 所示），影响灯具的使用功效、密封性等时，必须更换灯具总成。

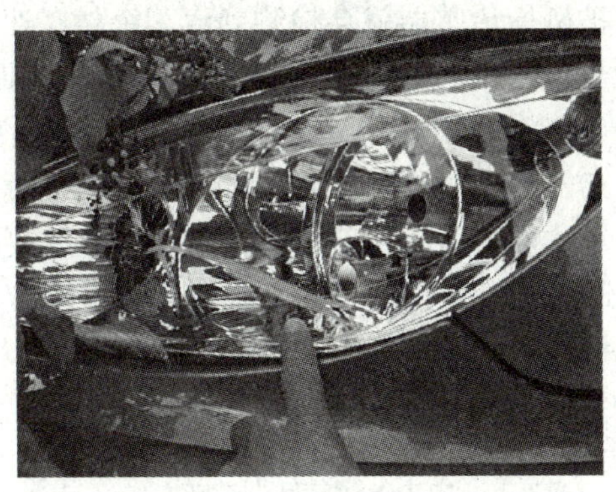

图 4—107　表面深度擦伤

三、安全气囊

安全气囊也称辅助乘员保护系统（Supplemental Restraint System，简称 SRS），是轿车上的一种被动安全保护装置。当轿车遭遇碰撞而急剧减速时，安全气囊便迅速膨胀，形成一个缓冲垫，使车内乘员不致碰撞车内硬物而受伤。

安全气囊一般有驾驶员安全气囊，副驾驶员安全气囊，侧面安全气囊、后座侧面安全气囊等。

（一）安全气囊系统基本组成

电子控制式安全气囊主要由安全气囊传感器（碰撞传感器）、安全气囊 ECU、安全气囊引爆装置及气囊组件等组成。主要部件在车上的布置如图 4—108 所示。

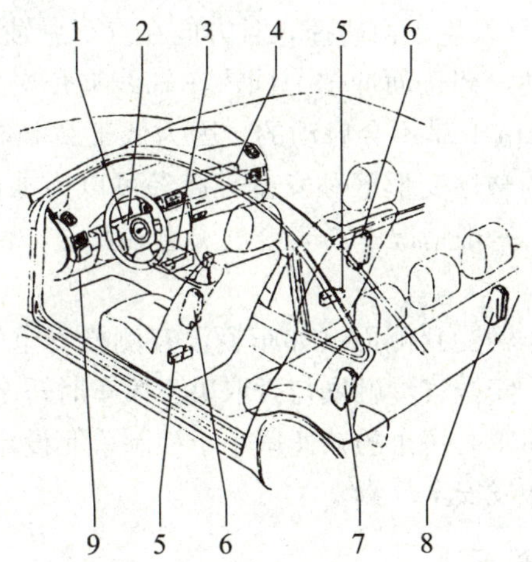

图 4—108　安全气囊系统组成

1—方向盘；2—驾驶员安全气囊；3—安全气囊控制单元；4—副驾驶员安全气囊；
5—横向加速度传感器；6—侧面安全气囊；7—左后座侧面安全气囊；
8—右后座侧面安全气囊；9—自诊断插头

（二）工作原理

当汽车受到前方一定角度范围内的高速碰撞时，安装在汽车前端的碰撞传感器和与

SRS电脑安装在一起的防护碰撞传感器就会检测到汽车突然减速的信号，并将信号传送到SRS电脑；SRS电脑中预先设置的程序经过数学计算和逻辑判断后，立即向SRS气囊组件内的电热点火器发出点火指令，引爆电雷管，点火剂（引药）受热爆炸。点火剂爆炸时，迅速产生大量热量，充气剂受热分解释放大量气体充入气囊，气囊便冲开气囊组件的装饰盖板鼓向驾驶员，使驾驶员头部和胸部压在充满气体的气囊上，将人体与车内构件之间的碰撞变为弹性碰撞，通过气囊产生的变形来吸收人体碰撞产生的动能，以达到保护人体的目的。安全气囊系统基本工作原理如图4—109所示。

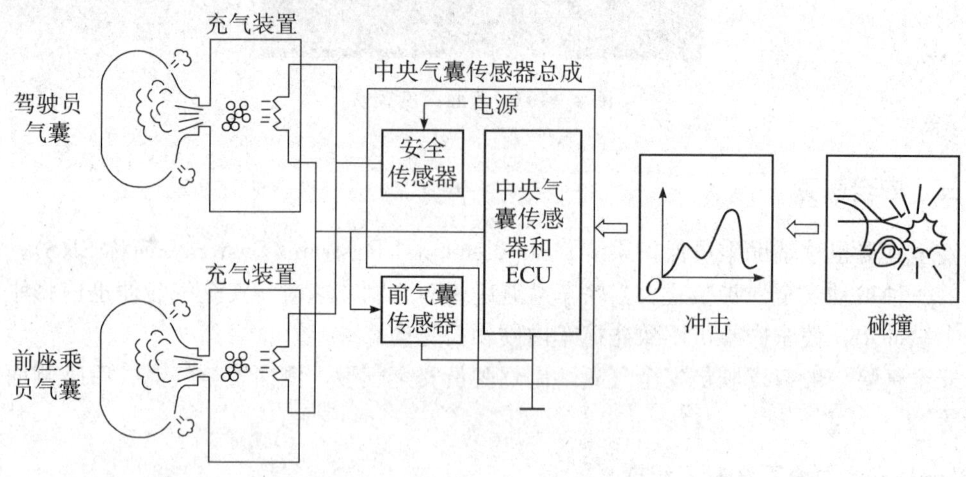

图4—109　安全气囊系统基本工作原理

安全气囊并不是在任何碰撞中都会启动，只有满足碰撞角度（汽车受撞击方向与车辆的中心线夹角）小于30度（发生正面碰撞，且方向在汽车总轴线两侧30度）和碰撞强度足够大这两个条件时才启动，即正面冲击力同汽车轴线夹角必须小于30度，才能使气囊胀开。如果车速不超过20km/h是不会启动的。因为低于20km/h的车速发生碰撞，虽然能够损坏车头，但是车头的塑性变形区和安全带已经可以为乘员提供有效的保护。因此，此时安全气囊不需要启动。一般情况下，安全气囊会在超过30km/h的速度发生撞击时才会启动。

需要说明的是，如果车辆受到侧面（如车辆没有侧撞安全气囊）、后方撞击或者是翻滚，安全气囊也不会启动。安全气囊触发与否取决于撞车时轿车的减速率（减速度）与控制单元设定的减速率。若撞车时轿车的减速率小于控制单元设定的基准值，则即使碰撞可能损坏轿车，系统也不会触发安全气囊。

（三）安全气囊检修注意事项

1. 检修安全气囊的安全规则

（1）安全气囊检测必须由专业人员利用专用检测仪来检查。不可使用检测灯、电压表、欧姆表等简单工具。

（2）检查安全气囊时，必须断开蓄电池地线。将安全气囊与电源相连时，车内不可有人。安全气囊从运输器具内取出后必须马上装车，如需终止工作，应将安全气囊放回运输器具内。

（3）存放拆开安全气囊时，起缓冲作用的面应朝上；安全气囊不可打开及修理，必须使用新件，若掉到过坚硬地面上的或有损伤的安全气囊不可再用。

（4）安全气囊上不能沾油脂、清洁剂等，也不能放置在温度超过 100℃以上的地方（短时也不可以）。

2. 事故后触发了的安全气囊的更换

事故后安全气囊、安全带张紧器弹开时，在下述情况必须更换安全气囊控制单元及相关部件：

（1）驾驶员/副驾驶员安全气囊触发一次。

（2）控制单元周围 200mm 内通道变形。

（3）所有已触发的安全气囊总成。

（4）如果副驾驶员安全气囊已触发，还要更换仪表板。

（5）横向加速度传感器故障（如果传感器周围地板已变形）。

（6）驾驶员安全气囊触发后，要更换带滑环的回位弹簧，要更换张紧器已触发的安全带（对于已触发的张紧器，故障记录为“张紧触发器—电阻过大”）。

注：可用自诊断来识别安全带张紧器触发状况。

学习任务五 典型案例分析

学习目标：以汽车拖底案例为基础，掌握汽车机械零件损坏规律。

学习方法：本任务为理—实一体学习内容，由教师引导学生，让学生自己结合理论知识主动分析实际案例。

现代汽车，尤其是轿车，为了降低空气阻力，一般采用低车身的结构。采用了低车身结构的汽车，最小离地间隙往往较小，往往会产生汽车“拖底”现象。发动机拖底后，往往会对机件造成一些损失，这些损失可以划分为直接损失和间接损失。

（1）直接损失。发动机拖底后，会造成油底壳部分的凹陷变形；如果程度较重的话，还可能使壳体破损，导致机油泄漏；如果程度严重的话，甚至会导致油底壳里面集滤器、机油泵等机件的变形损坏。

（2）间接损失。发动机拖底以后，如果驾驶员没有及时熄火，油底壳内的机油将会大量泄漏，导致机油泵无油可用，使发动机的曲轴轴瓦、连杆轴瓦、凸轮轴轴瓦得不到机油的充分润滑和冷却，轴瓦很快从干磨到烧蚀，然后造成曲轴、凸轮轴、活塞抱死。另外，由于机油压力的降低，发动机的汽缸缸筒也会因缺油而磨损。

一、发动机“拖底”后的检查及处理

（一）基本检查和处理

一旦发现汽车拖底，要立即熄火、停车，认真检查，此时发动机内部机件一般不会损坏，要认真检查拖底所造成的损失是否会影响汽车的继续行驶，如果发现有机油泄漏等影响继续行驶的现象，则绝对不能继续行驶，要立即进行修复作业。

发动机发生拖底事故后，维修人员不要急忙将发动机从车上拆下来，应该首先用扳手转动曲轴，检查曲轴转动是否正常，根据检查情况决定是否拆检。

曲轴转动正常时的处理。如曲轴转动正常，说明曲轴没有烧损现象，处理时可以在检查更换油底壳或机油泵、机油集滤器后，加注机油，发动汽车。如果汽车发动机没有异响，可以认为该拖底事故处理完毕。

曲轴转动异常时的处理。如果用手转动曲轴后，感到转动困难或无法转动，说明曲轴很可能与轴瓦烧蚀或已经抱死，这时只好将发动机从车上拆下，将曲轴瓦盖、连杆瓦盖揭开，检查曲轴、连杆的损坏情况。

如果曲轴轴径、连杆轴径烧蚀程度较轻，表面没有明显的划痕，可修复后继续使用。反之，如果曲轴轴径、连杆轴径、轴瓦烧蚀较重，表面有明显的划痕和拉伤，可将曲轴送到专门的加工单位，首先检测曲轴是否还有可以继续加工的余量，再决定是修复还是更换。

连杆的检测及处理。连杆的检测主要集中在连杆瓦座及连杆轴瓦上，连杆轴瓦缺油后表面磨损会加剧，表面摩擦层流化脱落，严重时会彻底损坏。连杆轴瓦一般以更换为主。

凸轮轴的检测及处理。凸轮轴与孔座之间安装的轴瓦（个别发动机没有轴瓦）缺油后，磨损会加剧。凸轮轴轴瓦损坏后一般以更换为主。凸轮轴与孔座都有标准尺寸，如超出标准值，应该予以更换。

活塞、活塞环、缸筒的检测及处理。活塞、活塞环、缸筒的检测主要是先观察它们的表面是否有较深的划痕，出现轻微的摩擦痕印是正常的，如果有较深的划痕须对缸筒进行磨削维修，同时要更换活塞、活塞环等相关零件。

（二）非保险责任的确定

由于发动机保养不当，可能会造成机油减少，油道堵塞，连杆螺栓松动等现象。这样，在运转过程中，连杆轴瓦就会烧蚀、磨损，增大了连杆瓦座间的冲击力，最后将连杆螺栓冲断或造成螺帽脱落，瓦盖与连杆脱开，使其固定作用消失。这样一来，当活塞下行时，连杆冲向缸体，会造成发动机缸体损坏。发动机的这种损坏情况不属于保险责任，查勘定损人员必须严格掌握。如客户有异议，可以要求保存、保护损坏的发动机零件及油底中的残留物，以供分析原因之用。

个别汽车发动机在连杆瓦座及瓦盖脱开的瞬间，向下的冲击作用会将瓦盖击向油底壳，将油底壳打漏造成机油泄漏，油底壳破损处向外翻起。这种损坏情况，如不仔细观察，会感觉与发动机拖底的事故非常相似，区别就在于破损处内凹或外翻，凡属于拖底的故障，破损处一定内凹。处理此类问题时，要通过仔细分析，找出损坏原因，来确定是否属于保险责任，同时也可以有力地说服保户。

（三）发动机“拖底”案例分析

某日，一保户报案称其投保的奥迪100型轿车在行驶时不慎与道路上的石头相撞，造成发动机油底破裂，机油泄漏，车辆就在现场路边，请保险公司速来查勘。

查勘定损人员接到报案后提示驾驶员不要再次启动发动机，并及时赶到现场，经仔细检查，发动机油底有一孔洞，洞口内凹，机油已漏尽，经与碰撞石头比对，形状相吻合，据此确定为保险责任。

事故车辆拖到维修厂以后，维修人员将其用举升机举起，对发动机进行全面检查。转动曲轴皮带轮时，曲轴运转自如；拆检之后，发现机油泵集滤器、机油泵均无损坏；分别揭下曲轴轴瓦和连杆轴瓦检查，没有发现烧蚀、磨损的现象。更换油底壳试车，一切正常。此次事故只造成了发动机油底壳损坏，没有引起其他机件的损坏。

案件以赔付发动机油底壳、机油以及相关工时费的方式顺利结案。

(四) 发动机“抱瓦”案例分析

某福田汽车下坡时刹车失控，驾驶员冲上减速坡后车辆侧翻。据车主描述，车主曾经在购买标的车不久后由于缸体存在缺陷由厂家更换过缸体，行驶证载明的发动机号与发动机铭牌上一致，发动机为机械喷油式柴油机。

修理厂提出由于翻车后机油蹿缸致使发动机产生“飞车”现象无法熄火，发动机维持在较高转速下工作，曲柄连杆机构及各摩擦副在高温、缺乏润滑的情况下出现磨损烧蚀，要求更换曲轴、大小瓦、凸轮轴、正时齿轮、连杆、挺杆、挺柱、缸盖、活塞环、飞轮等配件。

针对以上事故出险地定损员观点如下：

(1) 该车侧翻，会造成机油泵吸不上机油，机油温度高，黏度下降，大部分机油会流入汽缸，并沿着汽缸壁窜入燃烧室，可能使发动机产生“飞车”现象。而所谓“飞车”现象是指发动机转速高于发动机标定转速或瞬时功率大于额定功率，也就是说发动机转速失控，车辆无法熄火。机油窜入燃烧室，会与柴油混合成可燃混合气一起燃烧，燃烧室内的温度和压力一旦大于正常燃烧时燃烧室内的温度和压力，发动机就会产生“飞车”。发动机产生“飞车”后，瞬时功率大于额定功率，受迫强行运转，在失控高速运转情况下，尽管时间短，但仍会导致发动机内部零件严重损毁，如抱轴、拉缸、烧瓦、曲轴轴径表面烧灼、退火、缸盖烧蚀、连杆短裂、夯缸等。

(2) 凸轮轴轴颈表面蓝色痕迹为缺乏润滑所导致高温烧蚀，进而发生的“退火”现象。

(3) 发动机在缺乏润滑油的情况下强行运转，曲轴正时齿轮带动凸轮轴正时齿轮运动，由于运动阻力大，导致凸轮轴和凸轮轴正时齿轮产生相对微动，使凸轮轴正时齿轮连接螺栓发生扭切而断裂，凸轮轴前端因此变形并与凸轮轴正时齿轮产生间隙，致使发动机工作时间发生变化，导致顶杆弯曲。

(4) 由于主油道先到主轴颈，后到连杆轴颈，因此连杆轴颈缺乏润滑油比主轴颈严重，所以大瓦磨损轻微而小瓦几乎烧蚀。

图 4—110 为本事故现场照片。

照片（一）

照片（二）

照片（三）

照片（四）

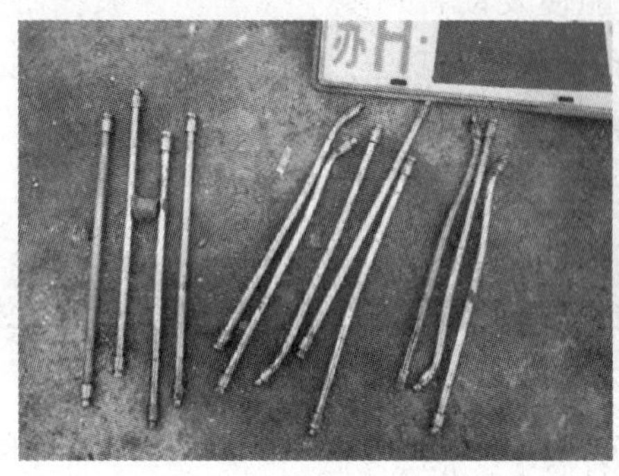

照片（五）

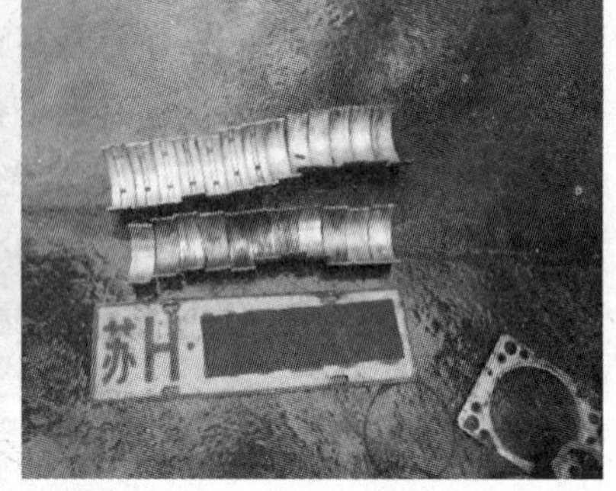

照片（六）

照片（七）

照片（八）

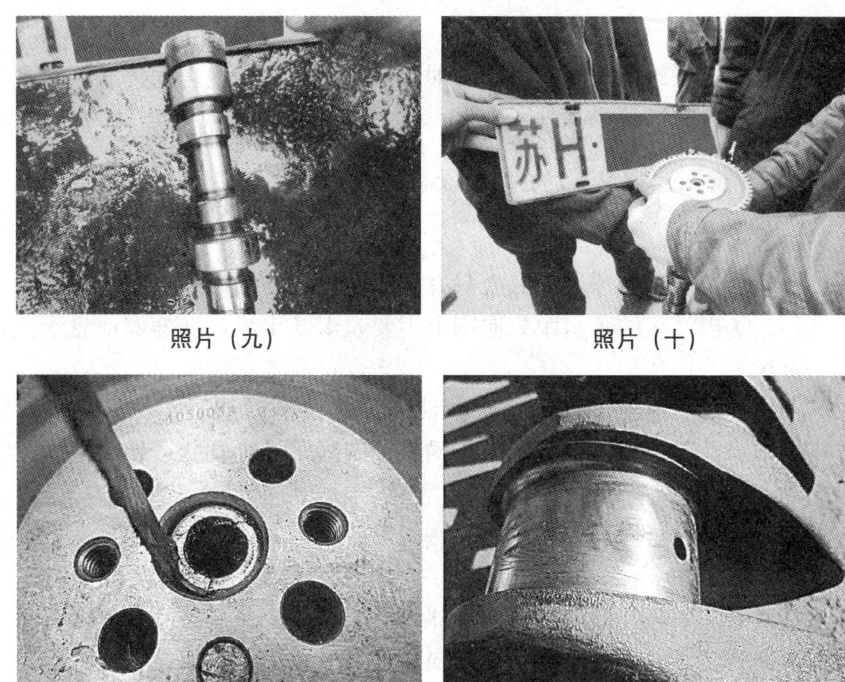

照片（九）　　照片（十）

照片（十一）　　照片（十二）

图 4—110　福田事故照片

针对本次事故，专家组核损意见如下：

（1）车辆侧翻，会造成机油经过汽缸壁窜入燃烧室，发动机产生“飞车”现象。发动机在失控高速运转情况下，尽管时间短，但会导致发动机内部零件严重损毁，如抱轴、拉缸、烧瓦、曲轴轴径表面烧灼、退火、连杆断裂等。

但本案例的油箱破损、柴油滤清器破损，发动机无法持续运转，与发动机产生“飞车”现象不符。另外如果润滑失效，主轴颈、连杆轴颈均会有严重烧蚀。

（2）图 4—110 中照片（九）所示的凸轮轴轴颈表面蓝色痕迹为凸轮轴加工工艺，即表面热处理后留下的痕迹。非缺乏润滑所导致高温烧蚀。

（3）凸轮轴正时齿轮连接螺栓发生扭切而断裂，会导致挺杆弯曲，但相应的气门、活塞应该有碰撞的痕迹（应该有 4 个缸）。但图片里没有反映。

本案例有很多疑点，望出险地定损员认真核实非本次事故的定损零件，防止修理厂虚报损坏零件，减少道德风险。

（五）案件提示

（1）发动机发生拖底事故后，驾驶员应立即熄火，不准重新启动发动机。

（2）如果汽车发动机拖底后必须重新启动发动机的话，当发动机运转后要密切注意查看机油压力表的压力显示，压力低或没有压力时要立即熄火。

二、自动变速器“拖底”后的检查及处理

（一）自动变速器拖底后的处理流程

自动变速器发生拖底碰撞后，应该按照以下流程进行：

1. 报案处理

接到自动变速器拖底碰撞的报案后，立即告知受损车辆就地熄火停放，请现场人员观察自动变速器下面是否有红色的液压油漏出（大部分自动变速器液压油为红色），不允许任何人擅自启动发动机。

2. 根据查勘结果进行救援

救援处理方案有两种：

方案一：假如认定自动变速器油底壳只有变形而没有漏油时，可将受损车辆牵引到附近的汽车修理厂。受损汽车的牵引距离原则上不要超出 3 千米，变速器应置于空挡，车速不得大于 10km/h。

方案二：假如自动变速器油底壳已经漏油或虽然没有漏油但离汽车修理厂路途较远时，不允许直接牵引，要采用可以将受损车辆驮走的拖车，将其驮运到汽车修理厂。

3. 修复处理

受损车辆被驮运到汽车修理厂以后，要将整车放在举升器上，将车举起，拆下变速器油底壳进行检查，方法如下：

（1）拆下变速器油底壳，分别检查滤清器、滑阀总成、变速器壳等，如果只有变速器油底壳和滤清器损坏，其他部件没有断裂与损坏，可以只更换变速器油底壳和滤清器。经过加油、着火、试车各环节后，如各挡位没有异常，此次事故处理完毕。

注意：变速器在加油时要注意油尺的正常位置。自动变速器油位的正常位置以发动机怠速时的观察结果为准。另外，自动变速器内部液压油是专用油，务必核准具体型号之后再行添加，千万不要弄错。

（2）拆下变速器油底壳，若发现阀板体断裂或箱体开裂，则要进行大的拆装和修复。可以先将自动变速器整体拆下，损坏的箱体或阀板总成必须更换。

（3）部分变速器拖底事故中，摩擦片、制动器、离合器、油泵也可能有所损坏，这是因为拖底以后，驾驶员没有及时停车而继续行驶，导致变速器油大量泄漏造成的（长距离拖车时，变速器油温度升高而得不到冷却也会造成以上机件的损坏）。

（4）使用时间较长的变速器的离合器、制动器等机件已经磨损、老化，将变速器解体后有的零件无法再重新安装上。所以，查勘时要特别注意，没有把握时不要盲目建议解体自动变速器，而且应该通知车主和汽车修理厂，如果没有保险公司的同意，任何人不得私自解体变速器，同时还要注意事故损坏件与自然损坏件的鉴别。

（5）自动变速器箱体损坏后，一般情况下，只需更换箱体就可以了。有的时候，汽车配件市场上可能只有自动变速器总成而没有单独的箱体，此时，定损人员不要盲目同意汽车修理厂更换自动变速器总成的建议，一定要经过询价、报价查询后再做决定。

（二）自动变速器“拖底”案例分析

某日，一保户报案称自己的丰田皇冠车与路面上的固定石墩相撞，造成发动机与自动挡变速器连接部位漏油，询问保险公司应该如何处理。

查勘定损人员接到报案后及时与保户电话联系，告之千万不要启动发动机、移动车辆。他们赶到现场后对事故现场进行了详细查勘，发现碰撞物与车损状况相吻合，确定属于保险责任。同时认定碰撞部位为自动变速器油底壳部位，变速器液压油大量泄漏，属于变速器拖底事故。

查勘定损人员根据损失部位的特征，在征得保户同意后，将事故车辆驮运到附近的汽车维修厂。经维修人员检查后，变速器只有油底壳损坏，滤清器、滑阀体、变速器壳体没有断裂和损坏。在更换了变速器油底壳，并加注变速器油后，重新启动试车，发现自动变速器在各挡位的工作均正常，没有异常现象。

（三）自动变速器车"追尾"案例分析

某尼桑奇骏汽车，排挡形式为自动挡。事故发生时该车处于驻车状态，自动变速箱挂在P挡，被保险车辆自后方与该车强烈撞击，事故导致奇骏尾部、左前部损坏，见图4—111。

在定损时，承修该车的4S店要求更换自动变速箱总成，报价39 112元，其理由是：

（1）自动变速箱在P挡状态下由于车辆被撞，外力会导致自动变速箱内部损坏。

（2）4S店不提供自动变速箱修理服务。

出险地定损员观点如下：

（1）本车停车状态被追尾，车轮会将地面反作用力传递给变速器，会造成变速器内部严重损坏。

（2）当地4S店不提供自动变速箱修理服务，在当地无法实现维修。

（3）现有的维修技术无法达到厂家标准，无法保证维修质量。

图4—111为事故现场照片。

照片（一）

照片（二）

照片（三）

照片（四）

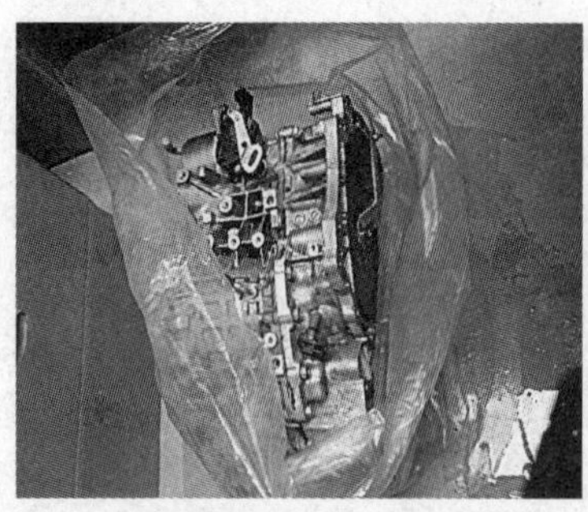
照片（五）

照片（六）

照片（七）

照片（八）

图 4—111　奇骏车事故图片

专家组核损意见如下：

（1）修理厂认为自动变速箱在 P 挡状态下被撞，外力会导致自动变速箱内部损坏。这句话本身并没有错误，问题是不能一概而论，要视实际损失情况而定。

根据奇骏车自动变速器的结构特点可知，当自动变速箱置于 P 挡位置时，其内部的驱动齿轮被用机械方式锁定。在这种状态下如果遇到较轻的碰撞一般不会导致损坏。当碰撞程度较强时，外来力量强迫车轮转动，有可能导致这部分机件损坏。严重的碰撞会使自动变速箱壳体破裂。即使出现这种损坏情况，通过有资质的专业维修单位，更换损坏的机件、壳体是完全可以修复的，不需更换总成。就这个自动变速箱的情况来看，其外壳完好，损坏程度应属轻较，更不必更换总成。

上述两种损坏情况的修理费用分别为：

1）仅造成 P 挡锁止机件损坏时，修理费用为 7 000～8 000 元，包括更换锁止摇臂、修理包、自动变速箱油、拆装费等。P 挡锁止机结构见图 4—111 中的照片（七）和照片（八）。

2）如果变速箱壳体损坏，在上述修理项目中增加更换壳体的配件费，工时费不变，总修理费用大约 10 000 元。

以上修理方案经与专业变速箱维修公司咨询、会商，被认为可行。

（2）各市公司应积极整合修理资源，大力宣讲合作优势，增加车险查勘、定损人员对专业修理资源的运用能力，以达到提高服务质量、降低赔付金额的目的。

通过这个案例，提醒查勘、定损人员，在遇到自动变速箱损失较轻、更换价值较高的事故时，如果修理厂能力不足，无法满足定损需要时，应及时上报省公司，充分发挥本地区合作修理资源的技术能力，或者向总公司咨询，通过系统内技术资源的整合为客户提供优质的服务。

自动变速器 P 挡状态下被追尾事故的查勘要点：

(1) 检查手制动是否拉紧。

(2) 检查档位手柄是否在 P 挡。

(3) 检查轮胎与地面是否有拖印。

(4) 汽车举升状态下检查变速器壳体是否有损伤。

(5) 汽车举升状态下转动车轮，检查变速器是否有异响、变速器 P 挡时是否能够锁止车轮。

如果以上零部件检查基本正常，就可以转入路试。

三、安全气囊核损定损案例分析

因强对流天气引发暴雨，造成某地下停车场严重积水，水深接近 1.5 米。一辆沃尔沃轿车因此气囊起爆，安全带锁紧，车内严重积水。事故如图 4—112 所示。

在定损时，承修该车的 4S 店要求更换气囊、安全带、气囊电脑、车辆清洗等。理由是：气囊触发的原因非常复杂，该事故虽然不符合正常气囊触发的条件，但水损可能引起气囊控制电路短路，导致气囊起爆。

出险地定损员观点如下：

(1) 本车停车状态水损，不符合气囊起爆条件。

(2) 事故现场真实，无骗保可能。

照片（一）

照片（二）

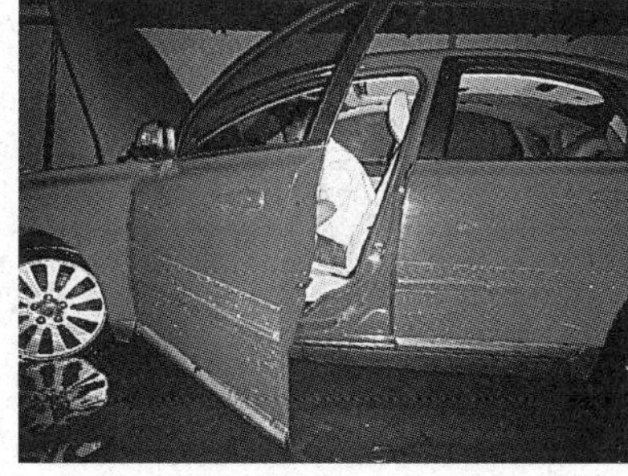

照片（三）

照片（四）

图 4—112 沃尔沃车事故图片

专家组核损意见如下：

（1）进行车身电控系统故障诊断，对比故障历史记录与标的车事故时间是否吻合。

（2）了解事故真实性，如果无骗保证据，建议正常理赔，降低诉讼风险。

通过这个案例，提醒查勘、定损人员，在遇到疑难案例，无法满足定损需要时，应及时上报省公司，充分发挥本异地技术协作，通过系统内技术资源的整合为客户提供优质的服务。

气囊非正常触发事故的查勘要点如下：

（1）仔细勘查现场，查找骗保证据。

（2）对于高档车型要进行电控系统故障诊断，对比故障历史记录与标的车事故时间是否吻合。

（3）如果故障历史记录与标的车事故时间有差异，应第一时间锁定证据，打印诊断记录。

知识与能力拓展

一、GPS定位导航系统

全球定位系统原为一个军用系统，它可接收到约20个运行在地球同步轨道上的卫星发出的信号。卫星导航系统GPS的接收器把车辆当前位置的经度和纬度提供给导航计算机。导航计算机内存有地图数据，通过这些地图数据把导航系统与由GPS计算出的车辆位置联系起来，把车辆当前位置显示在显示器上 。

导航计算机根据ABS车轮转速传感器的信号计算出经过的路程。驾驶员可输入一个目的地。为了到达这个目的地，导航计算机根据最短路线选定的原则（主要公路、最短路线等）计算出一条以当前位置为起点的路线，并将计算出的路线显示在显示屏中。

导航计算机在行驶过程中不仅通过车载显示器上的箭头和距离说明，还包括一些文字说明及语音来提示驾驶员应该如何以及在哪里及时进入另一车道然后转弯。如果驾驶员没有注意到转弯的提示，那么计算机会自动重新计算出一条备选路径。

导航计算机内有一个风扇，如果它的冷却功率（温度过高）不能满足要求，导航计算机会自动关闭，并在车载显示器上出现提示。

二、现代汽车照明新技术介绍

氙气灯是前照灯的理想光源，氙气技术用到汽车的前大灯上是20世纪90年代初的事情，由海拉（Hella）公司开发。在此之前，车的前大灯都采用卤素灯。迄今氙气灯主要用在一些中高级轿车的近光灯中，远光灯亦开始采用氙气大灯，即为双氙大灯。欧洲和美国氙气大灯的使用发展得十分迅速，逐步成为标准装置。

氙气大灯的发光原理与霓虹灯非常相似，通过对两个电极施以高电压，使充斥在两个电极之间的高压（6MPa）气体放电而发出微呈蓝色的光。它又称为气体放电灯GDL或称高强度放电灯HID。氙气大灯具有以下优点：

（1）亮度更亮，耗电节约一半。它的光通量相当于卤素灯的两倍，能耗约只有卤素灯的一半。

(2) 光色温高，更接近日光，不炫目，照明效果更远更宽更亮，大大改善了开车人的夜间视线。

(3) 可终身免去维护。现代氙气灯的寿命大于 2 000 小时，是普通卤素灯寿命的十倍。

(4) 外形尺寸大幅度减小，灯具可为流线型，空气阻力小，可满足车身造型的要求。

(5) 造价高，要求点火电压达 20～25kV，正常工作电压为 85V。故要有点火器和电子镇流器。

学习测试

测试 1：填空题

1. 汽车类型虽然很多，但基本组成相同，通常都由__________、__________、__________和__________四大部分组成。

2. 汽车用汽油发动机种类繁多，但基本都由__________机构、__________机构，及__________、__________、__________、__________、__________等组成。

3. 四冲程发动机每个工作循环要经过__________、__________、__________、__________四个行程。

4. 曲柄连杆机构由__________、__________和__________三部分组成。

5. 连杆组主要由__________、__________、__________和__________等组成。

6. 发动机润滑油的作用有__________、__________、__________、__________。

7. ECU 根据节气门不同的________________决定控制方式和对喷油时间进行修正。

8. 氧传感器检测废气中的________________，并转化为电信号传给 ECU。

9. 水温传感器用来检测发动机的__________________温度，ECU 根据该信号控制燃油喷射时间。

10. 摩擦片式离合器基本上由______________、______________、压紧机构、分离机构和操纵机构五部分组成。

测试 2：判断题

1. 裂纹过大的汽缸体需报废，更换新的汽缸体。(　　)

2. 若前排乘客安全气囊已触发，需要更换仪表板。(　　)

3. 刮水器喷水电动机、喷水管和喷水嘴损坏，以更换为主。(　　)

4. 冷凝器损坏更换定损时，应考虑制冷剂添加费用及工时费等。(　　)

5. 灯具若只是有划痕，可以考虑通过抛光去除划痕修复。(　　)

6. 所有电子元件在断开线路后，均可用焊接方法修复。(　　)

7. 确认电控元件是否损坏，要用故障诊断仪，读取其故障码和数据流分析判断。(　　)

8. 发动机冷却水道与油道间损伤可以通过焊补法修复。(　　)

9. 前照灯的调节螺栓损坏，只需要更换调节螺栓并重新调光即可。(　　)

10. 发动机拉缸可通过修理尺寸法加大缸筒、活塞，更换活塞及活塞环即可。(　　)

11. 安全转向柱在受冲击损坏后不能修复，必须更换。（　　）

12. 铝合金车轮轻微擦伤可通过打磨抛光维修，钢制车轮唇缘向内或向外的轻微弯曲可予以矫正来修复。（　　）

13. 用手握住减振器两端，将其拉伸和压缩，若拉伸或压缩时用力都极小，是事故损坏造成的，应更换。（　　）

14. 一辆事故车修复后出现车轮定位失准，经查是下摆臂橡胶套磨损所致，因此保险公司应该追加定损。（　　）

15. 所有已触发的安全气囊总成应更换。（　　）

16. 触发了的安全气囊系统后，安全气囊控制单元必须更换。（　　）

17. 因碰撞导致刮水片、刮水臂、刮水电动机的损坏，以更换为主。（　　）

18. 电子元件外表受轻微挤压变形的控制单元、电子元件定损，若能打开外壳的，需打开外壳观察电子元件。（　　）

19. 在进气行程中，汽油机吸入的是柴油和空气的混合物。（　　）

20. 燃油压力调节器安装在供油总管上，使油压与进气歧管压力之差保持常数。（　　）

21. 发动机电控系统主要由信号输入装置、电子控制单元（ECU）、执行器等组成。（　　）

22. 自动变速器汽车只能在 P 挡启动。（　　）

23. 以前进挡行驶时，车速低于 80km/h，将加速踏板踩到底，会短时间换入强制低挡，增加牵引力。（　　）

24. 进水后的蓄电池电解液可正常使用。（　　）

测试 3：选择题

1. 决定 L 型电控发动机喷油器的基础喷油量是曲轴转速和（　　）。

A. 节气门位置　　B. 冷却液温度　　C. 空气流量　　D. 发动机负荷

2. 燃油压力调节器的主要功能是使（　　）压力的差值保持不变。

A. 燃油分配管和大气环境　　B. 燃油分配管和进气歧管

C. 油泵和环境　　D. 油泵和进气歧管

3. 氧传感器安装在（　　）处。

A. 进气总管　　B. 进气歧管　　C. 排气管　　D. 燃油分配管

4. 在讨论水温传感器故障诊断时，技师甲说有故障的 ECT 传感器会使发动机低温启动困难；技师乙说有故障的 ECT 传感器会引起排放不正常。答案正确的是（　　）。

A. 甲　　B. 乙　　C. 两人都正确　　D. 两人都错误

5. 在讨论维修燃油箱和电动燃油泵时，技师甲说如果燃油泵进口处的燃油滤清器被污染，燃油箱应用热水冲洗；技师乙说假如燃油泵进口处被弄脏，可以把进口处清理干净，再装上燃油泵就可以继续使用。答案正确的是（　　）。

A. 甲　　B. 乙　　C. 两人都正确　　D. 两人都错误

6. 在讨论燃油泵压力故障诊断时，技师甲说燃油压力高于规定值可能由压力调节器堵塞引起；技师乙说燃油箱内有污水可能会阻碍燃油泵。答案正确的是（　　）。

A. 甲　　B. 乙　　C. 两人都正确　　D. 两人都错误

7. 在讨论检查喷油器时，技师甲说有故障的喷油器能使怠速时发动机熄火；技师乙说喷油器堵塞可能使发动机加速缓慢。答案正确的是（　　）。

A. 甲　　B. 乙　　C. 两人都正确　　D. 两人都错误

8. 汽车转弯行驶时，差速器中的行星齿轮（　　）。

A. 只有自转，没有公转　　B. 只有公转，没有自转

C. 既有公转，又有自转　　D. 公转和自转都没有

9. 发动机拉缸不必更换的零件是（　　）。

A. 汽缸体　　B. 汽缸套　　C. 活塞　　D. 活塞环

10. 越野汽车的前桥属于（　　）。

A. 转向桥　　B. 驱动桥　　C. 转向驱动桥　　D. 支承桥

测试 4：简答题

1. 汽车仪表指示有哪些？
2. 如何检查三元催化损伤？
3. 变速器的功用是什么？
4. 简述自动变速器的主要组成。
5. 气囊起爆条件有哪些？起爆后必须更换哪些零件？
6. 汽车制动系的功用是什么？
7. 自动变速车拖车注意事项有哪些？
8. 画简图说明货车前桥弯曲的检查方法。
9. 四轮定位的检查流程有哪些？
10. 正面碰撞空调系统的哪些零件容易损坏？如何维修？

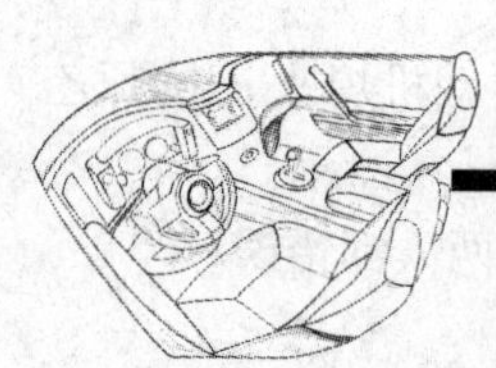

第五章

碰撞维修工艺

引言

定损员要对受损车辆作出准确定损，必须了解损坏汽车恢复到碰撞前状态所需要的材料和工时。这就要求定损员必须了解车身矫正的过程，以及现在所使用的不同种类的涂装材料和喷漆工艺。

学习任务一　车身矫正工艺

学习目标： 了解车身矫正的过程、消除应力的目的、车身整修所使用的方法和材料。

学习方法： 教师讲解与 PPT 演示，结合相关实训来完成本学习任务。

对于碰撞非常严重，损伤已经不仅仅局限在车身的外观板件，车身整体或车身某一部分也发生变形（如发生在承载式车身的纵梁）时，则必须对车身进行矫正。车身矫正工作必须是建立在对车身的损伤进行精确测量的基础上的。首先通过测量系统找出受损构件的变形量、变形方向后，下一步方可考虑如何做好矫正作业。矫正时还必须考虑好拆卸哪些部件，夹具夹紧的位置，作用力的大小、方向等。矫正过程中还要经常测量车身尺寸，及时观察作业部件的反应，以便能够按需要修正作业方案。

矫正作业所遵循的基本原则是：利用力的合成、分解、位移的原理，沿与变形相反的方向牵引受到碰撞的车身，矫正次序应按碰撞相反的次序进行，并根据金属材料的弹性适度地“矫枉过正”。

一、车身变形的测量

车身变形的测量，对做好碰撞损失评估与车身矫正非常重要，就承载式车身结构的汽车来说，准确的车身尺寸测量相对于损伤鉴定更为重要。如车身悬架座的变形直接影响到汽车的主销后倾角和车轮外倾角，进而影响汽车的转向及操纵性能。正确的车身尺寸测量对维修方案及费用的确定非常重要。

车身变形的测量部位如下：

（一）前部车身的尺寸测量

图 5—1 所示为典型的承载式结构车身前部的控制点，通过测量图中所标位置的尺寸和标准车身尺寸比对来判断碰撞产生的变形量。具体车型控制点及尺寸可通过维修手册确定。

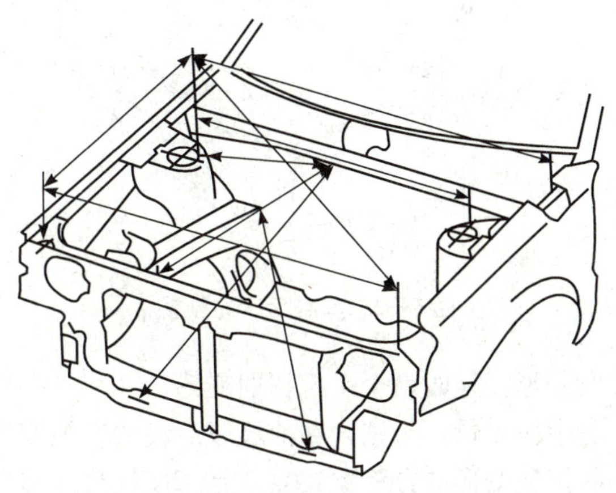

图 5—1　前部车身的尺寸测量

（二）车身侧围的测量

图 5—2 所示为典型的车身侧围尺寸的测量控制点。通过图示测量可以对 A 柱、B 柱、C 柱、车门槛板、前风挡玻璃框架的变形进行测量。侧围变形也可通过车门开关的灵活程度，以及车门结合的密封性来判断。

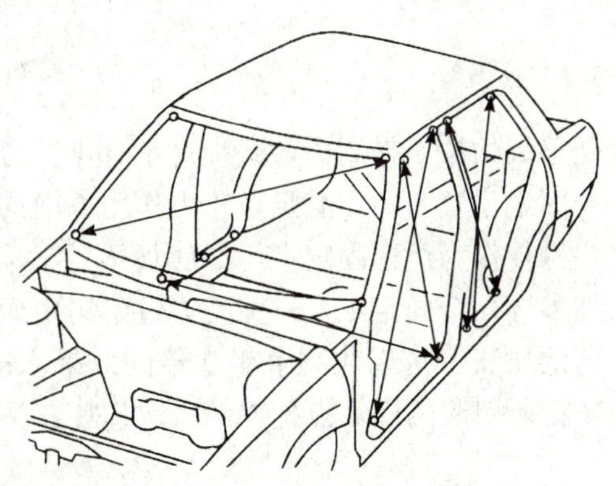

图 5—2　车身侧围的测量

（三）车身后段的测量

后部车身的变形，大致上可通过行李箱盖开关的灵活程度，以及与行李箱结合的密封性来判断。后部车身的常见测量点如图 5—3 所示。

（四）车身的扭曲变形测量

扭曲是车身的一种总体变形。当车身一侧的前端或后端受到向下或向上的撞击时，另

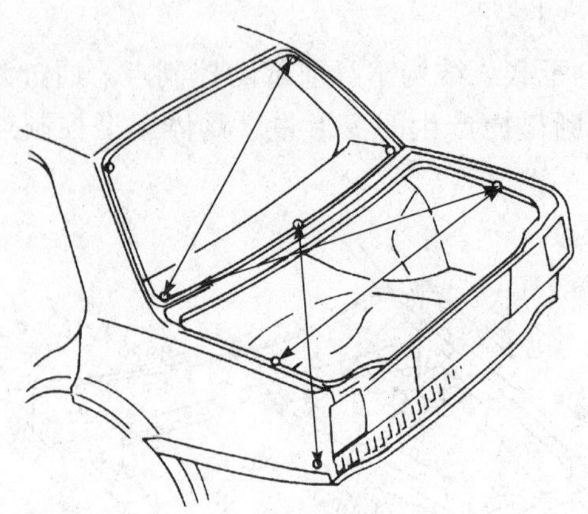

图 5—3　车身后段的测量

一侧变形就以相反的方向变形，这时就会呈现扭曲变形。

扭曲变形只能在车身中段测量，否则，在前段或后段的其他变形会导致扭曲变形的测量数据不准确。传统检测扭曲变形的方法比较复杂且精度较差，现代车身矫正仪配备了测量系统，能对车体进三维坐标测量，使用方便，精确度高，作业前的变形检测、矫正过程中参数的校核，都可以在台架上依次完成。

二、确定矫正方案

根据对变形量的测量及对车身损伤的综合分析，设计具体拉矫方案。当具有多种损伤时，根据矫正作业所遵循的基本原则及维修的经济性、技术性要求，确定维修或更换的方案。事故车维修一般流程如图 5—4 所示。

三、锚固汽车

矫正将使车身构件承受很大的拉压作用力，必须对车身进行可靠的固定，否则就不能矫正严重的变形。选择车身固定位置时，在满足矫正力作用方向的前提下，选择车身上强度较高的封闭式或半封闭式构件作为优选固定点，如底板梁、车架、门槛、侧梁等。同时应根据力的合成与分解法则多选几个固定点，避免受力过于集中而损坏单一固定件，而且多点固定，还能实现多方向的矫正，可以收到事半功倍的效果。这样，不仅使固定有效、可靠，而且还能避免出现矫正所引起的固定点构件的二次损坏。下面介绍几种常见的固定方法：

（一）插桩方式锚固

插桩方式实际上也是由传统方法演变而来的，如图 5—5 所示，将牵引用拉链的一端通过夹具或其他连接装置与车身固定，另一端则与插入地面的插桩连接。为了便于调整拉链的松紧度，其间还装有紧链器。这种固定车身的方式，只能解决整体水平移动问题，而且仅适合于矫正车架以上部分水平方向上变形时的固定，对于垂直方向或其他方向变形的矫正，就难以选择固定点并实现可靠的固定，其应用范围因此受到一定的制约。但类似的插桩式车身固定方式在我国小型维修厂应用仍然非常广泛。

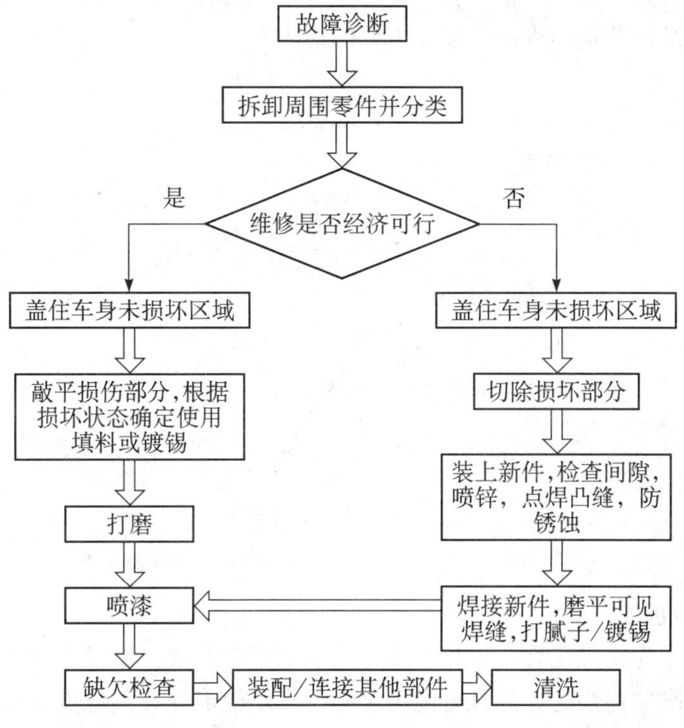

图 5—4　事故车维修流程

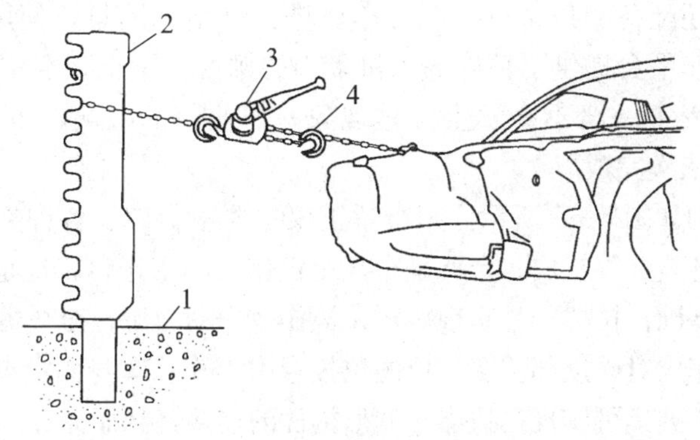

图 5—5　插桩锚固汽车

1—混凝土地面；2—插桩；3—紧链器；4—挂钩

(二) 地锚方式锚固

在我国，很多维修企业采用地锚来锚固汽车，对非承载式车身汽车可以通过适当的锚钩挂到车架边梁的固定孔里来固定汽车。用支座保持车架横梁的高度，车身两侧都应该具有对称的锚钩。如果这种捆绑方法不能实现，可以将锚链锚固到车架横梁结合处和交叉处，锚链固定在地锚上。对于承载式车身可通过固定钳夹紧车门槛板，然后用锚链与地锚固定，如图 5—6 所示。

承载式车身上必须有多个锚固点（至少需要四个锚固点），每个锚固点有一个夹具。根据不同的车身结构及损伤程度再增加需要的锚固点。

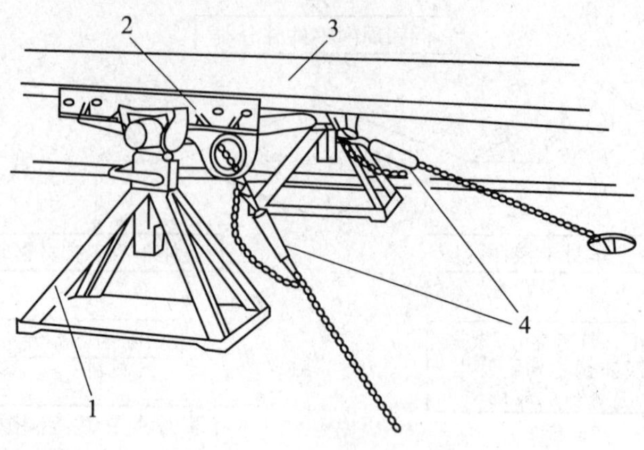

图 5—6　地锚方式锚固

1—汽车支座；2—固定钳；3—车门槛板；4—锚链紧链器

（三）车身矫正仪

矫正仪是迄今为止最优秀，也是最流行的固定车身方案。由于车身是通过夹紧支撑装置与台架呈多点刚性连接的，故具有固定可靠、支撑稳定性好等优点。尤其是当对变形同时进行任意方向的矫正作业时，可以有效地使变形及其关联损坏得到矫正。这就更加突出其无可比拟的优越性。

现代车身矫正仪还配备测量系统，能对车体进三维坐标测量，使用方便，精确度高，平面度误差极小的工作平台提供了精确的一机多用的舞台。矫正与定位都是在同一台架上进行的，所以操作过程中一般不会发生位移现象。作业前的检测、矫正过程中参数的校核，都可以在台架上依次完成。

车身矫正仪的结构如图 5—7 所示。车身矫正仪主要由台架、各种夹具、拉拔器及动力系统、测量系统、举升装置等组成。台架是车身矫正作业的工作台，也是操作作业的水平基准，更是车身固定的基础；拉拔器是实现矫正拉拔作业的动力源，拉拔器可沿圆周方向随意摆放，能非常方便地完成对受损部位多方位的拉拔牵引工作；车身固定夹具实现车身与台架的固定，通过构件固定夹具可实现拉拔器与变形构件的连接，从而完成拉拔作业。

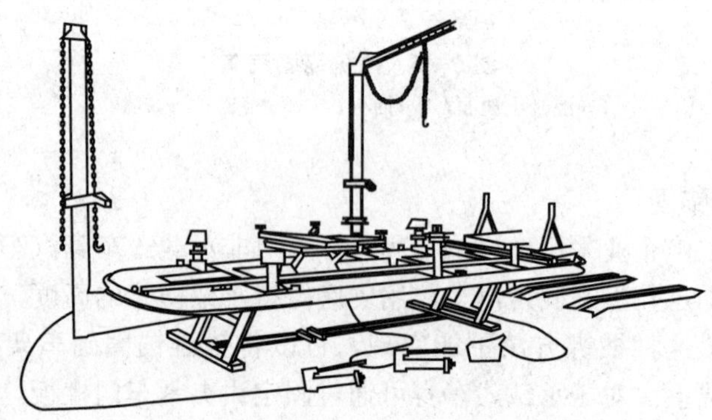

图 5—7　车身矫正仪

四、拉拔矫正的注意事项

由于承载式车身的某些高强度特性构件对加热温度有严格的限制，这种结构件不可能一步就完成整平矫正，而要随时测量并多次逐渐拉拔，要通过一系列的牵引拉拔操作，包括拉拔、保持平衡、铁锤敲打、应力释放等，以便有更多的时间使金属松弛，减少构件被撕裂的可能。可按需要重复以上步骤，以获得所期望的理想的尺寸。在具体拉拔矫正作业时要注意下面几点：

（1）拉拔矫正之前，应清理夹具的牙齿部分，清除连接点处的润滑剂和底漆，使夹具与车身可靠夹紧。

（2）在整个牵引拉拔过程中，一定要监视车身固定点是否滑动，注意焊缝是否开裂，倾听是否有异响（可能是焊接点开裂）。

（3）不要使牵引设备过载，人勿站在拉链的对面。

五、典型车身损伤的矫正

碰撞车辆损伤的维修，必须对车身变形量做出正确测量，并在此基础上制定可行的维修方案。

车身矫正时可采用单一方向的拉矫系统或多方向拉矫的复合拉矫系统。后者由于可以控制多方向上的拉矫力分配，矫正精度高，故被广泛应用于承载式车身矫正。矫正作业时可根据不同的损伤类型采取不同拉矫方法，图 5—8 所示为轻便式液压矫正壁和液压拉矫工具，可进行各种车身的矫正工作。

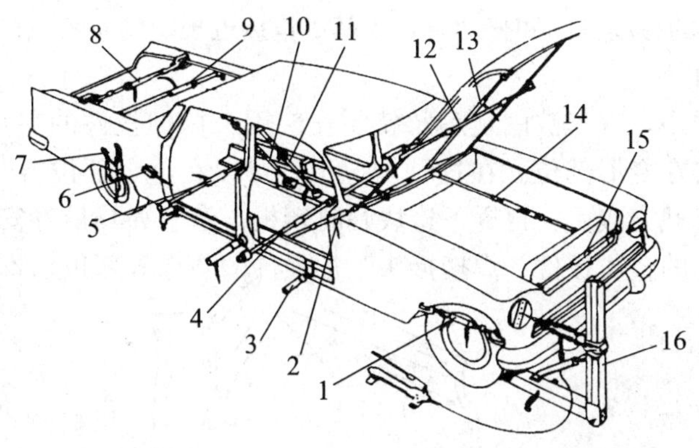

图 5—8　用轻便式液压矫正壁和液压拉矫工具进行车身矫正

1，8—轻微拉矫；2—推矫；3—扩张；4—夹紧；5—拉矫；6，7—扩展；
9，13—轻微推矫；10，11—推矫；12—轻微夹紧矫正；
14—标准推矫；15—轻微扩张；16—用动力柱拉矫

（一）汽车前端损伤矫正

当一辆轿车遭前部碰撞损伤时，在修理前应首先查阅被损伤部件的材料是否为高强度钢和高强度低合金钢，如果查阅不到部件的材料，修理时最安全的方法是将损伤部件均按高强度钢或高强度低合金钢来处理。

检查损伤情况时，应先打开并拆除发动机罩，对前部的每个部件进行仔细检查，如果前部碰撞发生在左前端，则损伤部位可能涉及保险杠、散热器支架、发动机护板、左前纵梁及悬架塔座、翼子板等。对于以上部件产生的变形应用粉笔在损伤部位做好标记。

对于严重的可能会涉及A柱、前车门、地板前部等部位的损伤，可对左前门间隙进行检查，判断A柱是否变形；掀起地毯，检查地板前部的损伤。

前部轻微变形的矫正，不必拆除发动机、变速器、传动轴和悬架等部件，可通过矫正恢复其前部车身正确尺寸。若变形严重，则需拆除动力传动系统，将车身置于矫正台架上，检查损伤部位，以便按合理的矫正程序，对需要矫正的部位进行矫正。例如，当左前纵梁被撞向后面而皱缩时，会影响到左侧悬架的定位，如果将左前纵梁矫正到正确位置，则必须拆除受损侧的悬架及发动机、变速器等动力系统。图5—9所示为前部严重损伤的车身前部，为矫正车身必须拆除发动机、变速器等动力部件。

图5—9　为矫正车身拆除发动机、变速器等动力部件

当进行矫正时应预先拟定好矫正方案，选择好矫正点和拉矫方向，拉矫过程中应密切注视矫正点及损伤部位的移动方向和移动量，使其尽量接近规定的参考点位置恢复正确尺寸。

1. 前纵梁的矫正

对于纵梁轻微损伤，汽车被固定后，就要安装用来拉伸板件的夹具，但很多情况下，夹具不能精确地安装在变形部位。在这种情况下，可以在这个部位暂时焊接上一块钢板，如图5—10所示。修理完成后，再拆下这块临时钢板。牵引夹具最好安装在保险杠能量吸收器的安置点、损坏的金属板件、焊接接头、加强件的凸缘等部位（不要将牵引夹具连接

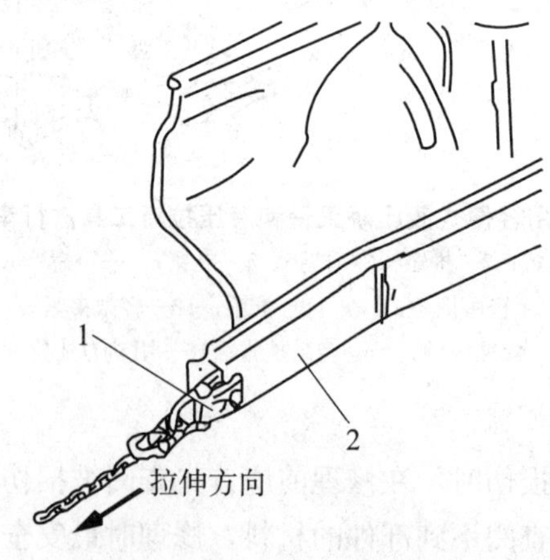

图5—10　临时焊件的焊接

1—临时焊件；2—变形的纵梁

到任何悬架或机械部件上）。

对于前部中度损伤的纵梁，可采取与冲击力相反的方向拉伸的方法维修，在矫正长度的时候要注意观察主要尺寸的检测与被拉伸零件的情况。如果挡泥板的加强件和前纵梁同时拉伸，会受到事半功倍的效果，如图 5—11 所示。

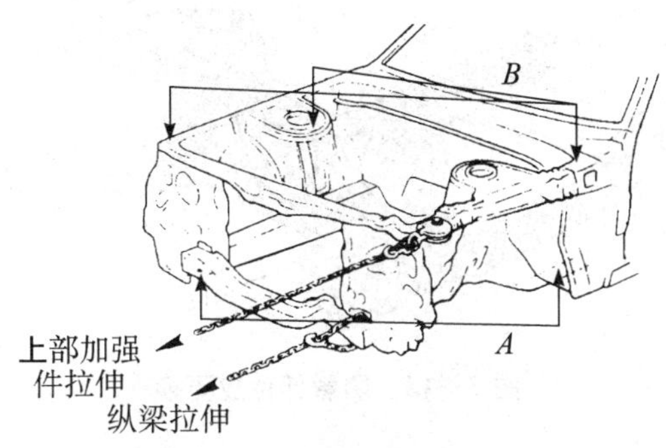

图 5—11　前纵梁拉伸修复

如果前纵梁严重弯曲，且由于牵拉过大可能会引起修理侧的纵梁严重损坏，则可将散热器框架下横梁和散热器的上支撑分开，并在弯曲部位加以横向拉力，与纵向拉力相互配合加以矫正。恢复车身尺寸后，再将散热器框架下横梁和散热器的上支撑矫正后恢复安装，如图 5—12 所示。

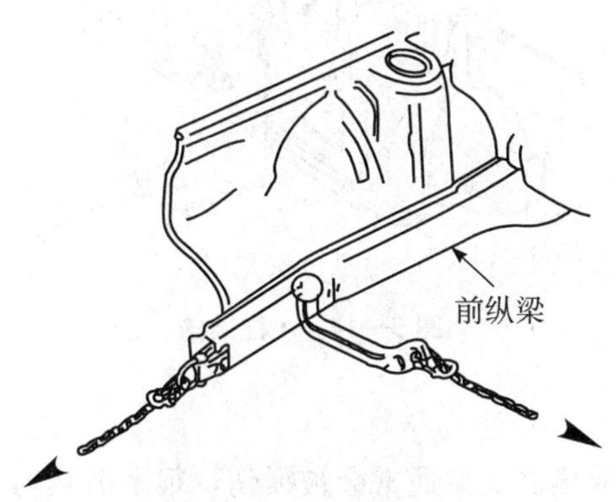

图 5—12　前纵梁弯曲矫正

前部严重损坏也可采取更换修理的方法。散热器支架、前纵梁和挡泥板这些结构部件是经常作为一个单独总成来更换的。对前部纵梁适当的切割也是很好的修理方法，切割的位置可以通过查阅厂家车身修理手册来确定。

修理过程包括更换前横梁、前翼子板和纵梁、前挡泥板等，如图 5—13 所示。更换新板件焊接完成后，焊接接头应进行防锈蚀处理。

2. A 柱矫正

严重的正面撞击力会传递到前车身前柱（在这种情况下车门将关闭不严）。在这种情况下，挡泥板和前纵梁必须在安装位置切割开，然后在主要损坏板件处，安装夹钳，矫正损坏的板件。而且，在拉伸 A 柱的同时，利用动力推杆从内部向外推前车身支柱可达到良好的效果，如图 5—14 所示。

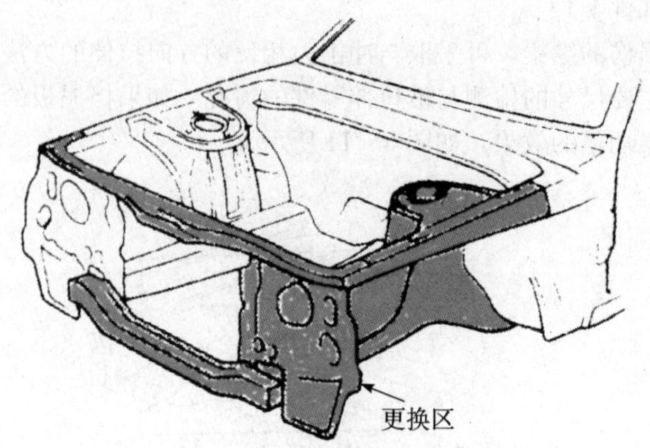

图 5—13 阴影部件应更换

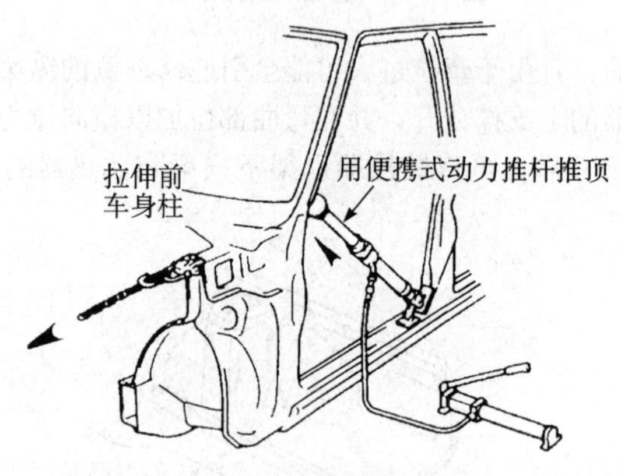

图 5—14 A 柱维修

3. 散热器支架矫正

在前端碰撞事故中，散热器支架通常会被损伤，很多散热器支架用螺栓连接，可拆下散热器支架，并用锤敲击支架上出现的皱折处使其恢复正常尺寸。待前部的所有部件均被矫正后，再将散热器支架装复。

（二）汽车侧面损伤矫正

当轿车侧面中间部位遭严重的直接碰撞损伤时，为检查损伤情况，可将前门、后门、坐椅和装饰件、地板垫及隔振物或隔热装置拆除。损伤可能波及车门槛板部件、地板、车身 B 柱、车门和顶梁等。如果车门槛板部件和地板被严重地向内撞入，无法进行修理，则必须更换车门槛板。

如果车门槛板损伤不严重还可修理时，可用一块厚板焊在损伤的车门槛板上，或者切割一个孔将加强板置于损伤内侧，此后准确地将拉矫设备的水平伸缩臂的一端与车身相对一边的中立柱底座或车架边梁相连接，然后沿损伤的车门槛板部件的各点进行均匀的拉矫，或者对车身的中立柱底座进行拉矫，如图 5—15 和图 5—16 所示。通过这种拉矫，地板和车门槛板的损伤通常可被矫正。

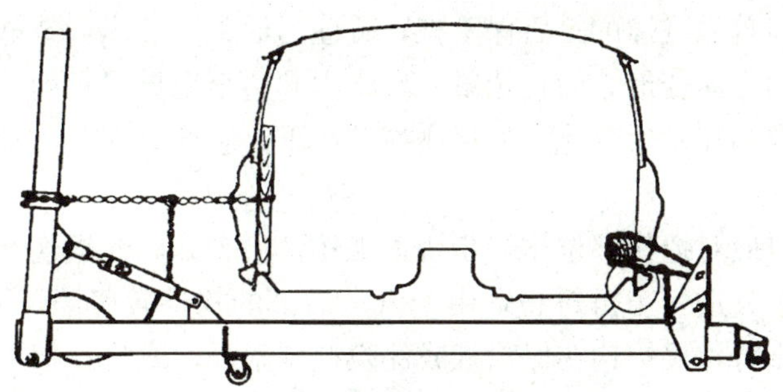

图 5—15　车身侧向碰撞损伤拉矫

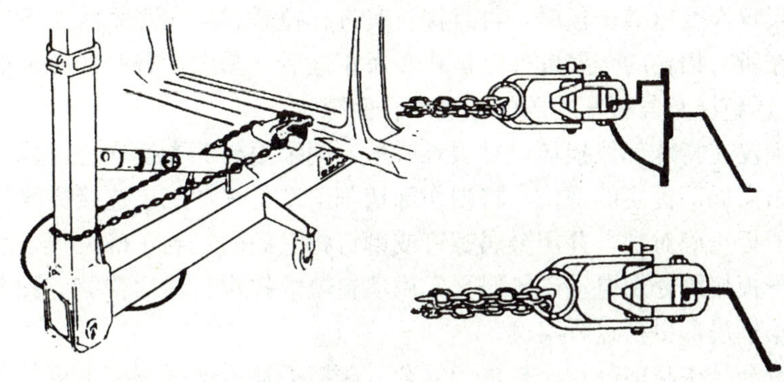

图 5—16　车门槛板部件的拉矫

如果轿车的侧面遭到碰撞，使车身中部的车门槛板遭到严重撞击，使地板变形，并使整个车身发生类似香蕉形的变形。为了矫正这类损伤，通常采用简单矫直弯曲变形的方法，碰撞侧车身两端分别向前和后方向拉紧，同时使凹陷的侧边向外拉，为了平衡，应在相对侧面找两个固定点，并将其拉紧，即进行三个方向上的拉矫，如图 5—17 所示。

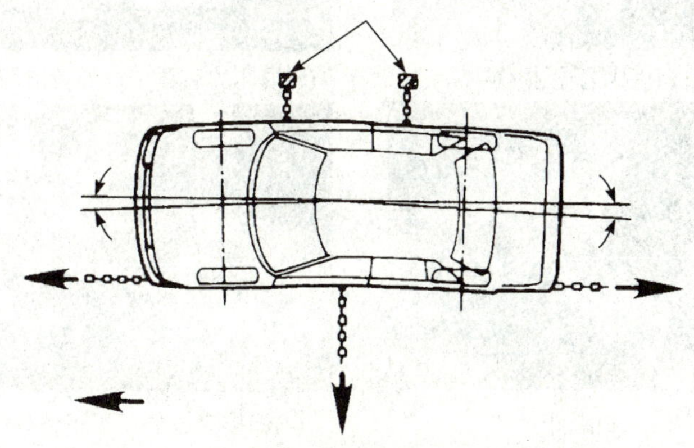

图 5—17　车身侧弯损坏的修理

（三）汽车尾部损坏矫正

轿车的后部碰撞首先碰撞的是后保险杠，碰撞力通常沿后纵梁或邻近的钣件传递，导致的损伤通常是上翘弯曲变形，而且轮罩变形将引起整个后翼子板向前移动，导致后翼子板与其他部件的配合间隙发生变化。如果碰撞较严重，它还会涉及车顶板、车门板和车身中间立柱等构件。

修理这类损伤时应对损伤部位作初步矫正工作。检查并诊断损伤类型和程度，然后使用相应的矫正设备对其进行车身矫正，由于汽车后部的构件较坚固，因此应首先被拉矫。拉矫时使用动力矫正臂，拉钩钩在保险杠或保险杠支架上，或将拉板用螺栓连接在后纵梁上，利用挂钩进行拉矫。拉矫时应十分平缓和十分小心地进行，应经常停下来检查矫正情况。在大多数情况下，要根据矫正需要，将不同数目的动力支柱安装在需要的位置，并使用多个挂钩进行复合拉矫。

如果损伤仅仅涉及后翼子板时，可直接对其进行拉矫。可在张紧状态下对翼子板初步矫平和矫正。在所有损伤的金属钣件已被初步矫正之后（其中，有些钣件可能因严重损伤而被更换），要重新调整与行李箱罩的正确配合间隙。

如果翼子板仅在特殊部位损坏，且很难矫平，则采用局部更换法进行修理，即在翼子板上清楚地画出需局部更换的部位，将损伤部切割下来，并加工出连接突缘。再按需求切割新板，将新旧板正确对准，并用金属螺钉或铆钉将它们固定到正确位置，然后用点焊机进行点焊。翼子板接缝处用电动砂轮修平，用填料填敷并进行最后修整。图 5—18 所示为典型尾部受损车辆局部更换过程实例。

因为后部钣金结构与前部相比较更为复杂，碰撞损坏传递的路线也更复杂，并且损坏扩展会较大，冲击力经常会传递到车身后纵梁或者附近的车身板，进而损坏尾部区域。中度以下损伤以拉拔钣金矫正为主，重度损伤以局部更换为主。

(a)后翼子板损伤

(b)损坏的后翼子板外板被切割

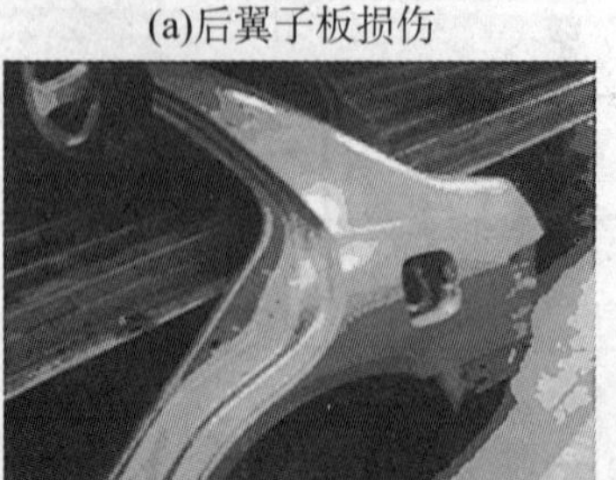

(c)配件

(d)焊接完成的后翼子板外板

图 5—18　典型的尾部损坏维修过程

六、车身结构件的修换选择

（一）车身结构件修与换的掌握

车身结构件应采用修理的方法修复，还是采用更换的方法修复，这是一个比较难处理的问题，尤其是在车辆损伤鉴定和进行修复预算时更是如此。到底采用何种方法，我们要从两个方面来考虑：技术因素和成本因素。

从技术因素考虑就是从车身维修必须保证质量，恢复其强度和正常使用性能的角度出发，根据实际情况作出正确的判断，切不可因为维修费用上的问题而忽视质量。有些厂家一味强调经济利益，利用我国人工费用低廉而忽视维修质量，这是非常不可取的。

车身上有些构件一旦发生损伤是无法进行修复的，即使损伤并不是十分严重。例如，纵梁上的碰撞缓冲区，无论是车辆前部碰撞还是后部碰撞，缓冲区都首当其冲的遭到破坏，这是车辆设计的必然。当碰撞缓冲区遭到破坏时，只能采用局部更换的方法修复。因为这一部分是应力集中区，碰撞后的应力集中非常严重，几乎无法全部释放。加热释放应力后，这些部位会变得较碰撞之前更加软弱，承担不了原来所承担的载荷，但又不能进行加强，如果加强，则不能再次起到碰撞缓冲的作用，所以只有更换。又如，采用超高强度钢板制作的某些部件，碰撞损坏后，由于其高强度和高加工硬化，根本无法用冷加工的手段将其整形。一旦加热又会破坏其内部组织结构，使其高强度消失，失去了意义，所以这部分构件也只能更换。

在承载式车身结构中，由于其整体承载的特性，在发生损伤后必须要仔细检查。如果在损伤检查时就发现某些构件或钣件是不能用冷加工法修复的，则当时就可以确定采用更换的方法修理。有时在检查时可能无法具体确定是更换还是修理，此时应当将其暂时定为“待定项目”，在车身整形拉伸基本实现各主要尺寸定位之后，才能具体确定其修复方法（由于碰撞造成的加工硬化，可能在拉伸时将其拉裂）。所以，车身结构件到底是更换还是修理，需要等到车身矫正之后才能最终断定。

从经济的角度出发，就是充分考虑维修的成本和换件的成本。维修所发生的费用等于或大于换件修理费用的 80%，或维修后的使用寿命达不到更换新件后使用寿命的 80%，则应当采用换件的修理方式，如此可以减少维修时间和其他费用的发生，有时反而会降低成本。

（二）车身结构件的拆解

拆解结构件时应本着关联结构件变形最小、新件易于装配的原则进行，拆解作业应在关联件变形得到基本矫正后进行。否则，将使新件丧失装配基准从而给车身结构件的定位带来困难。

1. 拆解部位选择

车身结构件是以组焊形式装配起来的，构件之间就没有明显的界线特征。结构件更换可在原焊缝处更换或选择合适位置切割更换。沿着原焊缝更换损坏件是碰撞修理中的一种常用方法。不在原焊缝处更换部件时，需进行车身结构件的切换作业，应按汽车维修手册中规定的方案选定切割位置，或在弄清具体构造的基础上，依据下列基本原则选取切割部位。

（1）避重就轻，所谓避重就轻，就是要求切口位置一定要避开构件的强度支撑点，而选择那些不起重要支撑作用的位置切割。

(2) 易于修整，构件割换后还需要对接口、焊缝等进行修整，如果按修整工作量的大小选择切口，就可以简化构件更换后的作业。如所选切口正好位于车身内外装饰件的覆盖范围内，其接口或焊缝的表面处理就显得容易得多了。

(3) 便于操作，选位应兼顾到切换作业的难易程度，如需要拆装的关联件的多少与难易程度，以及是否便于切割和所选切口的大小等。

(4) 无应力集中，应力集中会使构件发生意想不到的损坏，切口的选位应避开车身构件的应力集中区。否则，将影响构件的连接强度并诱发应力集中现象的产生。

2. 拆解方法

可根据焊接方式及焊点分布的不同采用切割、钻削、磨削等方式进行焊点剥离。如轿车的车身立柱（A柱、窗柱）与顶盖的结合处等部位以铜焊方式连接，拆解铜焊构件可应用氧—乙炔焊枪加热的办法，利用钢钎料熔点低的特点加热使之熔化，从而达到对车身构件拆解的目的。分割时，将氧—乙炔焊枪的火焰调节成中性焰，对焊缝上的钎料加热使之熔化，与此同时用钢丝刷将熔化的焊料除掉以免流淌，趁铜焊的钎料未发生冷凝之前，用螺丝刀等工具撬动焊缝使构件松动。但是，这种方法不适于拆解用电弧钎焊连接的构件（因电弧钎焊的熔点比较高），对于此种焊接宜用砂轮切割法，否则，加热时可能殃及焊缝下面的其他构件。

学习任务二 车身钣金工艺

学习目标： 了解车身钣金件的修复方法。

学习方法： 本任务属实践技能学习，学生分组在实验室由实训指导教师指导完成。

一、常用钣金工具

（一）手锤

手锤是车身维修作业中重要工具，锤头的材料和形状不同，用途也不同。锤头的材料有碳素工具钢、铜、木头和橡皮等。铜锤、木槌和橡皮锤多用于锤击薄钢板或有色金属板材，而专用手锤只能敲打具有特别形状的车身金属板面。常见的手锤形状如图5—19所示。

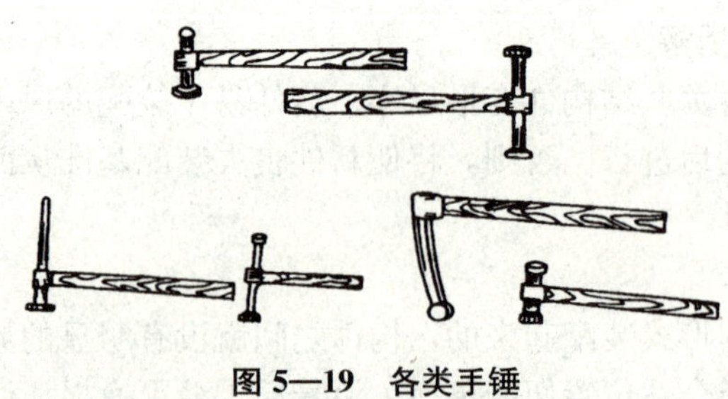

图5—19 各类手锤

（二）垫铁

垫铁是在敲击金属板料时用来衬托金属板料反面的工具，也叫底座。其材料多为中碳钢，常见垫铁形状如图5—20所示。

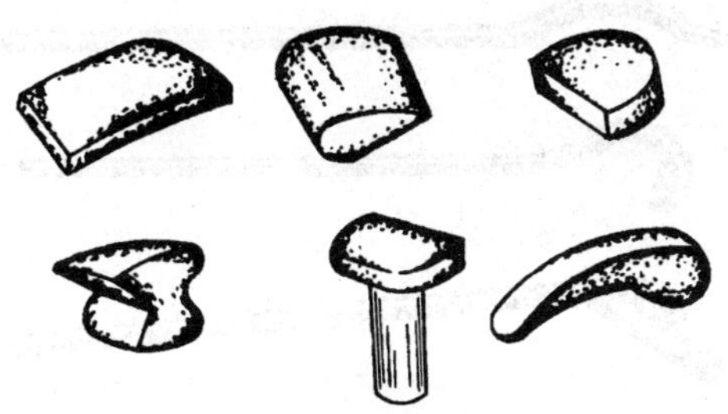

图 5—20　各种垫铁

(三) 修平刀

修平刀主要用于抛光金属表面。方法是把修平刀置于修整表面上，再用手锤敲打。当整修表面空间狭窄，不易使用垫铁时，用修平刀可代替垫铁。修平刀形状如图 5—21 所示。

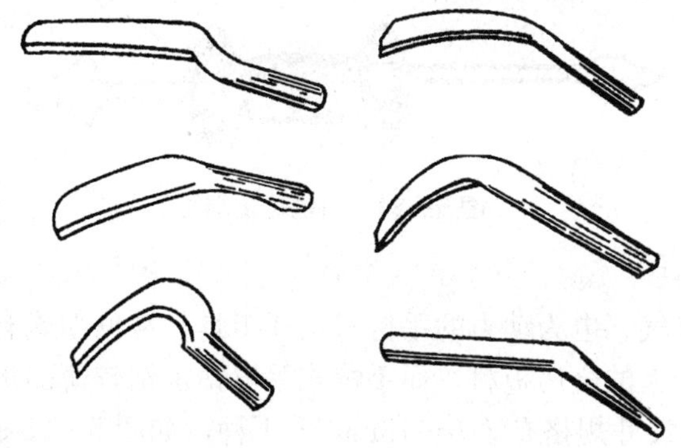

图 5—21　各种修平刀

(四) 人工剪刀

人工剪刀常用于单件生产或半成品的修整工作，分为手剪和台式剪刀。手剪一般只能剪切 0.8mm 以下的金属板料，而台式剪刀可以剪切 1.5～2mm 的板料，形状如图 5—22 所示。

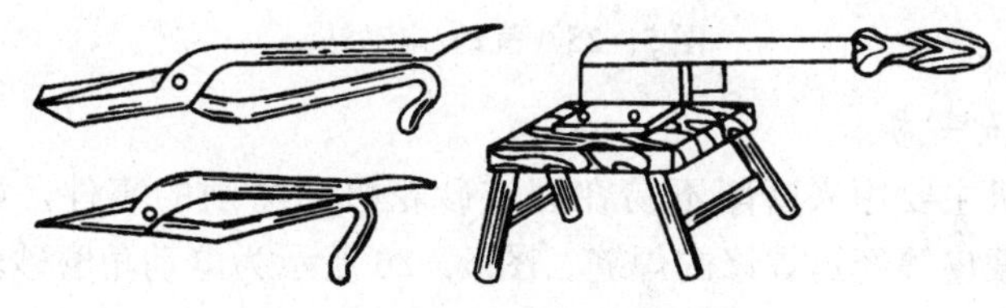

图 5—22　人工剪刀

(五) 撬具

撬具也是整形维修中的常用工具，当需维修部位为狭小缝隙，无法放置垫铁时，必须用一特定形状的橇具配合手锤完成。常见撬具形状如图 5—23 所示。

(六) 凹坑拉出器

凹坑拉出器的尖端可以旋紧在孔中，利用中部的冲击锤向外冲击手柄端面，同时向外拉手柄，可逐渐拉起凹点，凹坑拉出器的顶端有多种形式，如图 5—24 所示。

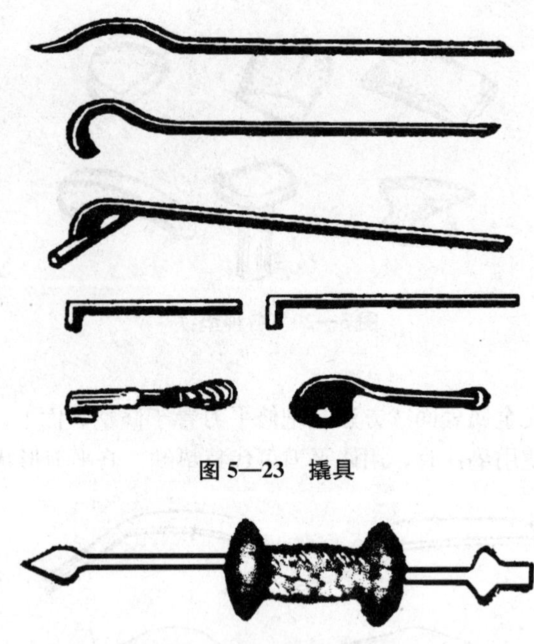

图 5—23 撬具

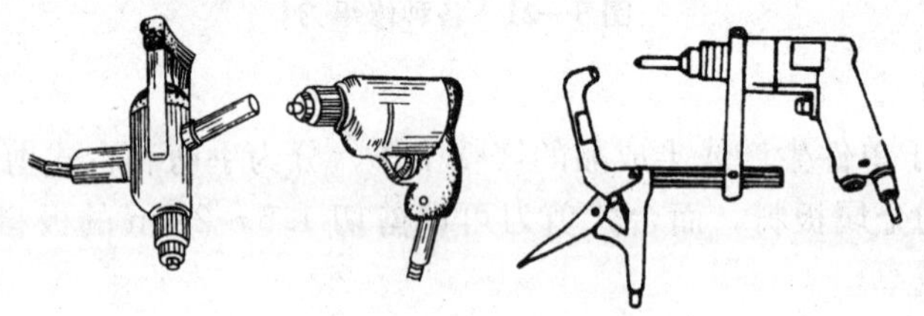

图 5—24 凹坑拉出器

(七) 气动、电动钻

气动、电动钻是以气、电为动力的手持式钻孔工具，常见型式有手提式和手枪式。手提式手电钻可钻厚度较大的金属板料，而手枪式手电钻常钻较薄的板料，电源电压一般为 220V 和 36V 两种，其尺寸规格有 3.6～13mm 若干种，如图 5—25 所示。

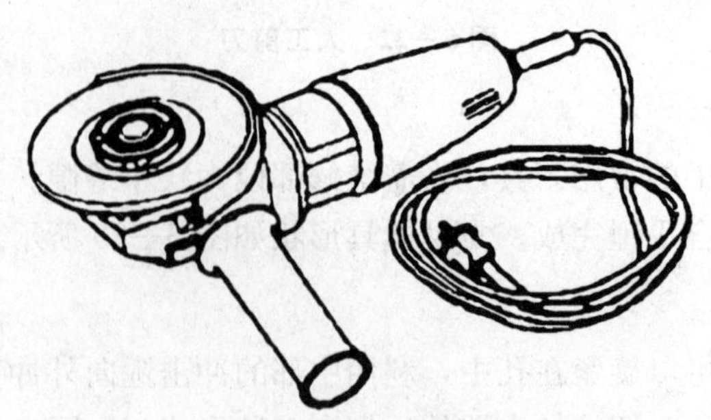

图 5—25 气动/电动钻

(八) 电动角磨砂轮机

电动角磨砂轮机主要用来磨削不易在固定砂轮机上磨削的零件，如发动机罩，驾驶室，翼子板及车身蒙皮等经过焊修的焊缝。图 5—26 所示为电动角磨砂轮机。

图 5—26 电动角磨砂轮机

(九) 夹具

夹具常用于板料折边或固定待焊零件等工作。常用形状夹具如图 5—27 所示。

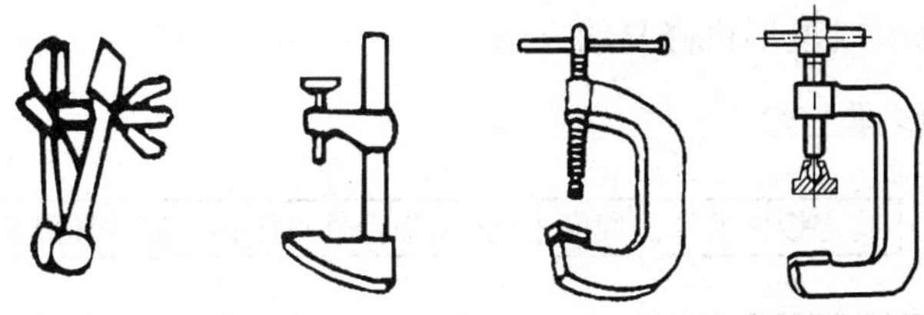

图 5—27 各类夹具

(十) 点焊去除器

点焊去除器常用于车身点焊部位的拆解工作，点焊去除器体积小，重量轻，操作灵活轻便，去除点焊后板件变形小。点焊去除器如图 5—28 所示。

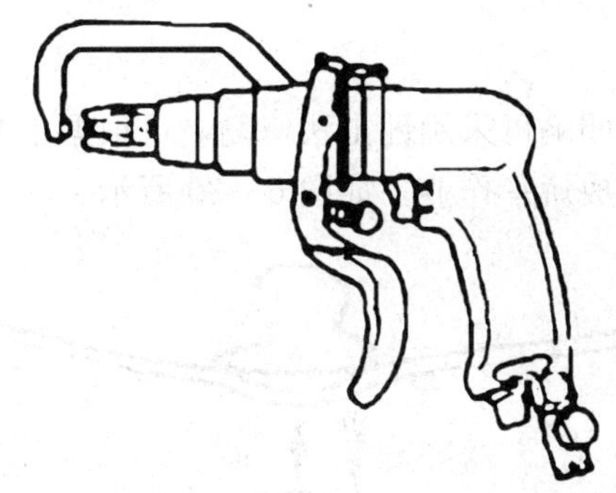

图 5—28 点焊去除器

(十一) 整形机

整形机是凹坑拉出器的换代产品，主要由惯性锤和主机组成。其方法是：先用电阻点焊方法将拉出器杆部点焊在钣金件上，再用惯性锤将凹陷拉出，组成如图 5—29 所示。

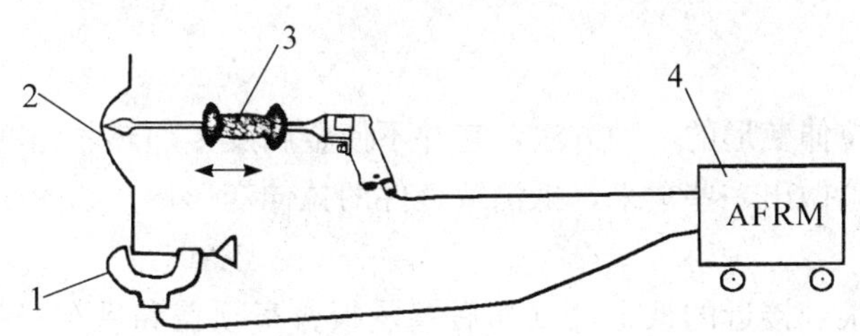

图 5—29 整形机示意图

1—搭铁线；2—受损钣金件；3—惯性锤；4—主机

二、钣金件局部损伤的修复方法

钣金件可以被焊接在一起，比如后翼子板、车顶盖和后车身板；或用螺栓固定，如发动机罩、行李箱盖、门板、翼子板等。不同损坏部位采取不同的维修方法。其维修难度及费用有较大差异。

对于轻微碰撞的可拆卸钣金件可使用手锤、垫块或匙形工具进行初步平复。不可拆卸钣金件可采取拉伸修复或整形机修复的方法。

（一）局部损伤修理工艺

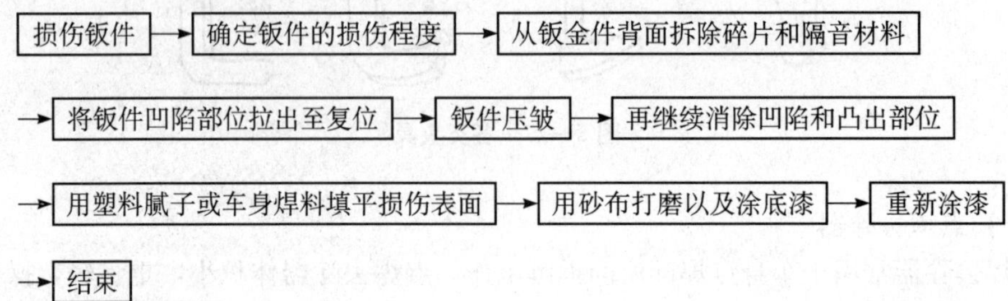

（二）钣金修复方法

1. 锤击修复法

对小范围的局部凸起、凹陷可采用锤击法修复，可根据不同的损伤部位，采用不同形状的垫块工具，配合手锤完成矫平作业，如图 5—30 所示。

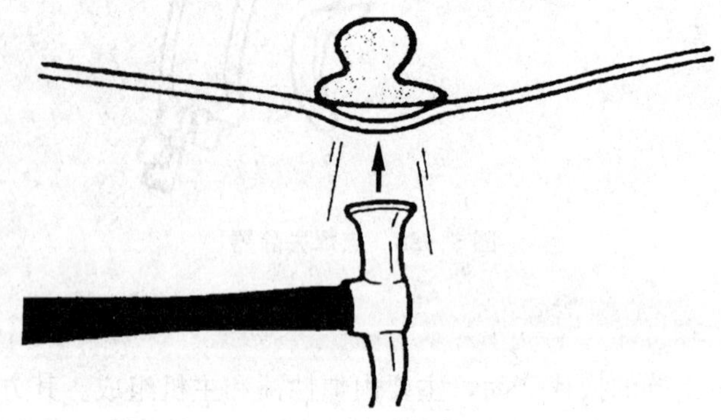

图 5—30　锤击修复法

2. 起褶法

起褶法是处理拉伸变形的一种方法，它并不使金属发生加热收缩变形，而是用手锤和垫铁在拉伸变形部位做出一些褶来，抵消钣金件的拉伸变形量，如图 5—31 所示。

3. 拉伸修复法

对于密封的或很难接近的钣金件（如后翼子板、车顶盖和后车身板），利用常用工具很难将其矫正，利用滑锤、或焊在表面的螺钉来进行拉拔处理效果较为理想，如图 5—32 所示，但这种维修方法效率低，对钣金件有损伤。

4. 整形机修复法

修复汽车车身的损伤时，除了采用锤击法外，还可以采用整形机去修复凹陷部位。连接好地线钳，用整形机将焊接头焊在车身凹陷部位（采用短路电流的方法），用惯性锤的力量将凹陷部位向外拉出复原，作业并不损伤车身表面，却达到了整形的目的。如果凹陷

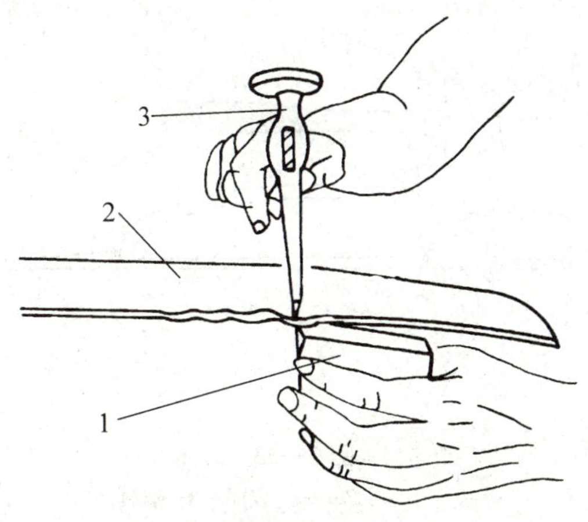

图 5—31　起褶法

1—垫铁；2—钣件；3—手锤

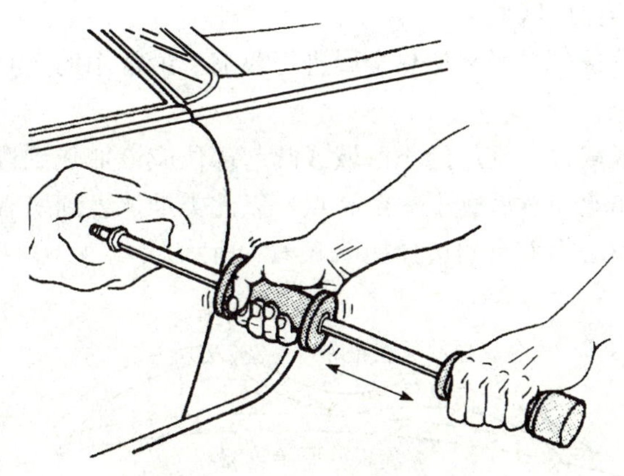

图 5—32　利用滑锤平复凹坑

变形部位大，可以在几个点重复以上的操作。

5. 垫撬法

根据车辆变形部位和程度，利用有效空间，借助邻近部件支撑，以杠杆原理进行整形修复的方法叫做垫撬法。

应用此法，钣件不需拆解，因而保持了原车安装质量，并提高了工作效率，但使用范围受到限制。如果越野车后轮胎罩外缘凹陷，可以借助轮胎的支撑作用，在撬杠下放一木块衬垫，将凹陷部分初步撬起，再用手锤、垫铁将折痕和凹凸不平处敲平。

车门表面局部凹陷，可通过车门窗口下沿的夹缝用撬具将凹陷撬起。在垫撬的同时，用锤轻击凹陷四周，以消除内力并尽快恢复原来形状。为保证车门在撬垫处不受损伤，可在支点处和敲击部位垫一块胶皮或木板，如图 5—33 所示。

6. 加热收缩法

在碰撞钣金件矫正时，在凹陷处的金属板件上常发生延展。在拉伸的过程中也可能出现延展。大多数的延展都发生在压棱、折皱或弯曲等直接损坏的部位。当一个区域的金属

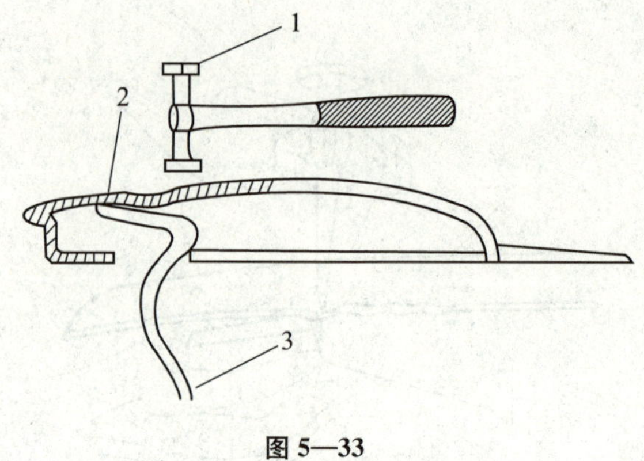

图 5—33

1—手锤；2—车门表面；3—撬具

发生延展时，金属晶粒之间的彼此距离将扩大，从而使金属变薄并硬化。收缩是使金属晶粒复位并使金属恢复原来的轮廓和厚度的方法。收缩的目标是只移动延展的金属而不破坏与之相邻的未受损坏的弹性区域。

不同种类的焊接设备可以用来加热金属进行收缩。最常用的工具是氧乙炔焊炬，利用气体焊炬进行收缩作业。

用焊炬收缩一个区域时，延展的小区域或凸起部位应该加热到樱桃红色。先在延展区域的最高点进行收缩作业，然后是下一个高点，以此类推，直到所有延展的区域都恢复到原来的位置。加热收缩法收缩点的选择如图 5—34 所示。

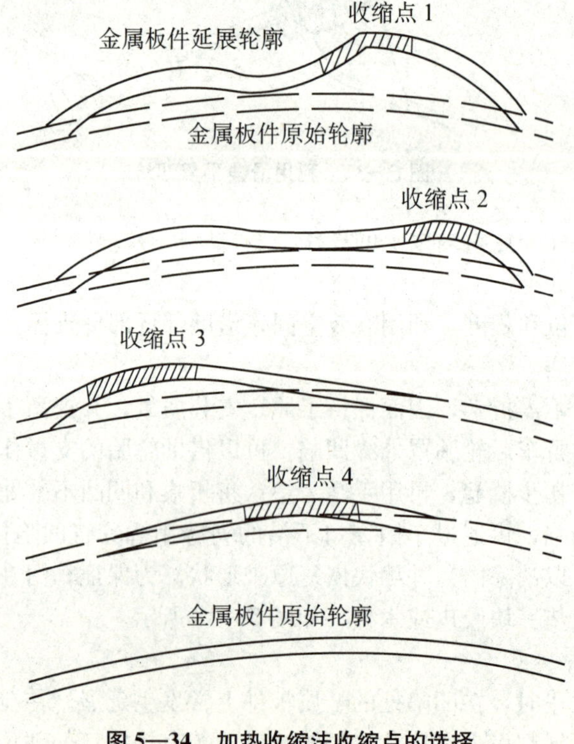

图 5—34　加热收缩法收缩点的选择

学习任务三　焊接工艺

学习目标：了解与车身维修相关的焊接工艺。

学习方法：本任务为实践技能学习，学生分组在实验室由实训指导教师指导来完成。

汽车上的零部件连接在一起的方法有三大类，即机械连接、焊接和粘接。在汽车钣金修理作业中，焊接占的比重最大。因此，了解各种焊接方式的特点、设备使用性能以及其适用的范围是十分必要的。

一、焊接种类

车身制造与修复时，按照焊接过程的物理特性不同，焊接方法可归纳为三大类：熔化焊、压力焊和钎焊，如表 5—1 所示。

表 5—1　　焊接分类

<table>
<tr><td rowspan="7">压力焊</td><td rowspan="3">电阻焊</td><td>电阻点焊</td></tr>
<tr><td>电阻凹焊</td></tr>
<tr><td>电阻缝焊</td></tr>
<tr><td colspan="2">超声波焊</td></tr>
<tr><td colspan="2">摩擦焊</td></tr>
<tr><td colspan="2">加压气焊</td></tr>
<tr><td colspan="2">爆炸焊</td></tr>
<tr><td rowspan="10">熔化焊</td><td colspan="2">电渣焊、等离子焊等</td></tr>
<tr><td rowspan="7">电弧焊</td><td>惰性气体保护焊</td></tr>
<tr><td>气体保护焊</td></tr>
<tr><td>埋弧焊</td></tr>
<tr><td>管状焊丝电弧焊</td></tr>
<tr><td>原子氢焊</td></tr>
<tr><td>等离子焊</td></tr>
<tr><td>电子束焊</td></tr>
<tr><td rowspan="2">气焊</td><td>氧乙炔焊</td></tr>
<tr><td>氢氧乙炔焊</td></tr>
<tr><td rowspan="2">钎焊</td><td colspan="2">软钎焊</td></tr>
<tr><td colspan="2">硬钎焊</td></tr>
</table>

（一）熔化焊

熔化焊是将被焊金属在焊接部位加热到熔化状态，并向焊接部位加入熔化状态的填充金属（焊条冷凝以后，两块被焊件即形成整体的焊接方法）。根据熔化方式不同，熔化焊又分成气焊、电弧焊、电渣焊、等离子焊、电子束焊、激光焊等。其中，气焊、电弧焊在汽车修理中使用最多。

（二）压力焊

压力焊是通过电极将金属板加热熔化，加压将金属板连接在一起的焊接方法。电阻点焊成本低、无毒无害、焊接强度高、金属不易变形，非常适合于对薄钢板的搭接焊，也是轿车车身制造及维修中最常用的一种焊接方法。

（三）钎焊

钎焊是采用熔点低于母材的钎焊填充材料加热熔化滴在焊接区域，将工件焊接成一体的焊接方法，如铜焊、锡焊。钎焊填料金属熔化温度低于母材熔化温度，焊接过程中金属板并没有熔化，不影响工件的整体形状，被广泛应用于对水箱、油箱等的修理作业中。

随着车身制造技术的发展。在现代轿车的修理中，传统的焊接工艺已经不能满足新的要求。例如，汽车上使用新型的合金钢、高强度钢、低合金钢的车身构件和加强筋，支架及底座等的焊接都不能用传统的电焊、气焊，而要采用气体保护焊。图 5—35 所示为车身各部位使用不同焊接方式的示意图。车身修理前，先要查阅汽车制造厂家提供的汽车维修说明书，了解各部位焊接的特点、各部件的材质。修理时要尽量采用汽车制造厂家提供的焊接方法，以免给车身造成维修损伤。

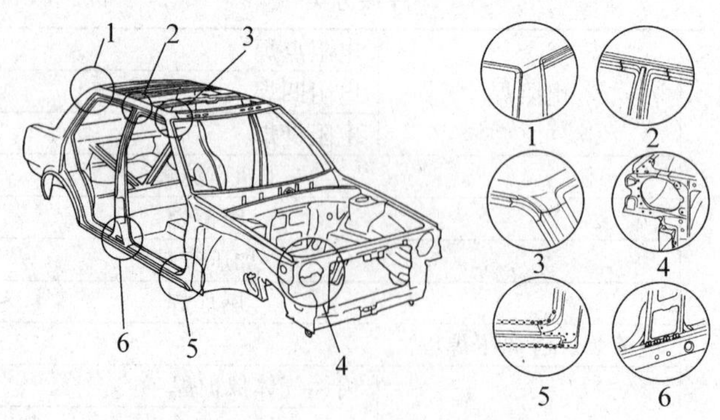

图 5—35　各种焊接方法在汽车车身焊接的应用

1～3—钎焊；4，5—电阻点焊；6—CO_2 气体保护焊

二、典型焊接方法简介

（一）惰性气体保护焊（MIG 焊）

MIG 焊采用短路电流的方法。MIG 焊焊接方法中，焊丝（电极）按一定的速度自动进给，在母材和焊丝间产生电弧，电弧产生热熔化焊丝，并将其与母材连接在一起。因为焊丝以一定的速度进给，所以这种焊接方法也叫半自动电弧焊接。这是一种独特的将熔化的金属液体滴到母材上的焊接方法。短路电弧方法用的电极很小，电压和电流也都很小，传到板件上的热量也很少，对母材的穿透性比较弱，母材变形小。如今广泛应用在薄壁高强度低合金钢、铝合金等的焊接中。它比氧气乙炔焊接更快速。MIG 焊机结构如图 5—36所示。

（二）电阻点焊

因电阻点焊具有不消耗填充熔丝、清洁、免打磨的优点，在汽车生产厂的装配线上，很多承载式车身焊接广泛采用电阻点焊。据估计工厂里 90％～95％的承载式车身焊接是点焊，近年来电阻点焊广泛应用于车身维修，因此修理专业人员及保险理赔人员有必要了解电阻点焊的相关知识。电阻点焊设备的结构如图 5—37 所示。

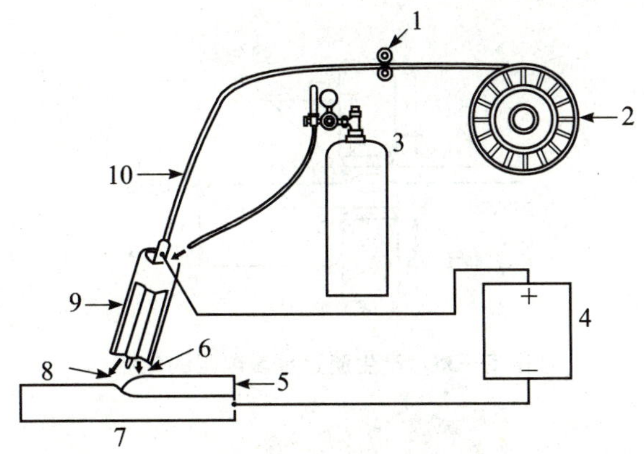

图 5—36　MIG 焊机结构

1—焊丝进给轮；2—焊丝线轴；3—保护气体汽缸；4—焊接电源；
5—焊接金属；6—保护气体；7—母材；8—电弧；9—焊枪嘴；10—焊丝

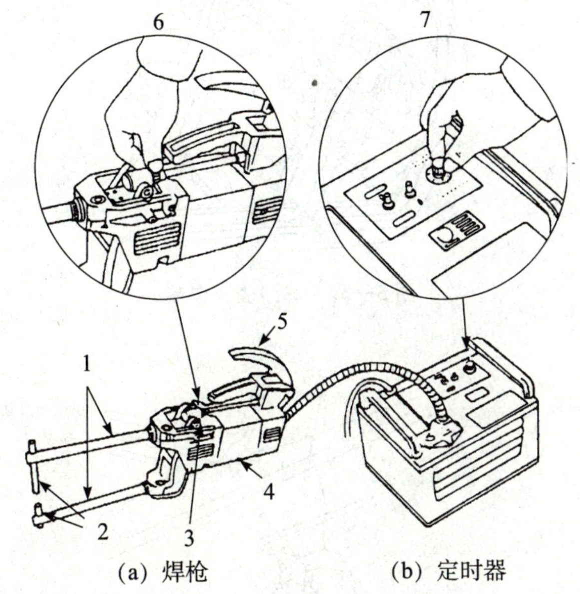

图 5—37　电阻点焊设备的结构

1—焊臂；2—焊头；3—压力调节旋钮；4—变压器；
5—压力手柄；6—压力调节；7—电流时间调节

1. 电阻点焊工作原理

电阻点焊靠通过两片重叠金属板的低压电流所产生的热引起金属熔化，然后熔合在一起实现连接，重叠的金属板被两个焊接电极紧紧压在一起，形成圆形牢固的焊点。对于不同厚度板件的焊接，可通过压力调节旋钮和电流时间调节来控制焊接强度，原理如图 5—38所示。

2. 电阻点焊在车身维修中的应用

车身维修中电阻电焊广泛应用于车门槛板、轮眉等薄件的焊接中，如图 5—39 及图 5—40 所示。

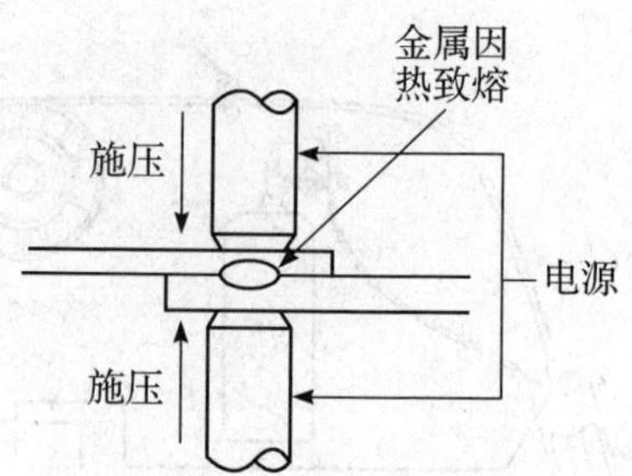

图 5—38　产生流过金属电阻的电流

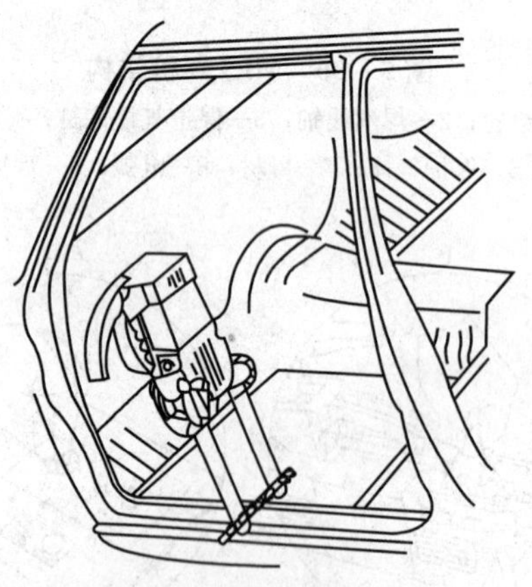

图 5—39　车门槛板焊接

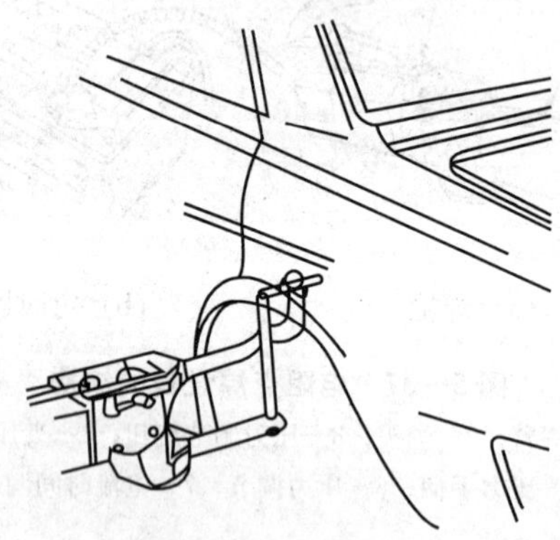

图 5—40　轮眉焊接

（三）氧气乙炔焊

氧气乙炔焊是利用乙炔和氧气在焊枪的混合气室内混合后，喷出并点燃产生高温，使焊条和母体金属熔化焊接在一起的焊接方法。气焊还可进行钢板切割、钢板的变形矫正及钎焊作业，但气焊对钢板的热影响太大容易引起零件变形，要谨慎使用。氧气乙炔焊的设备如图 5—41 所示。

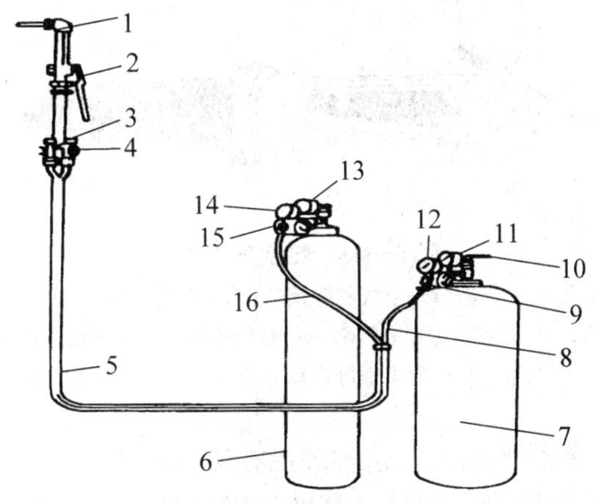

图 5—41 氧气乙炔焊

1—喷嘴；2—焰炬；3—乙炔管接嘴；4—氧气管接嘴；5—双软管；6—氧气瓶；7—乙炔瓶；8—乙炔软管；9—乙炔减压阀；10—乙炔阀门扳手；11—乙炔气瓶压力表；12—乙炔工作压力表；13—氧气气瓶压力表；14—氧气工作压力表；15—氧气减压阀；16—氧气软管

(四) 钎焊

气焊和电焊都是要将焊件材料加热到熔化状态，然后将焊丝（条）熔化滴入熔池，待冷却后形成焊缝，将被焊接件焊牢。钎焊则不同，只将焊件材料（母材）加热而不熔化，利用低熔点的钎材料填充在焊件衔接处，使被焊材料焊接在一起，钎焊的目的主要是密封，一般被广泛应用于水箱、冷凝器、暖风水箱等零件的焊接中。钎焊如图 5—42 所示。

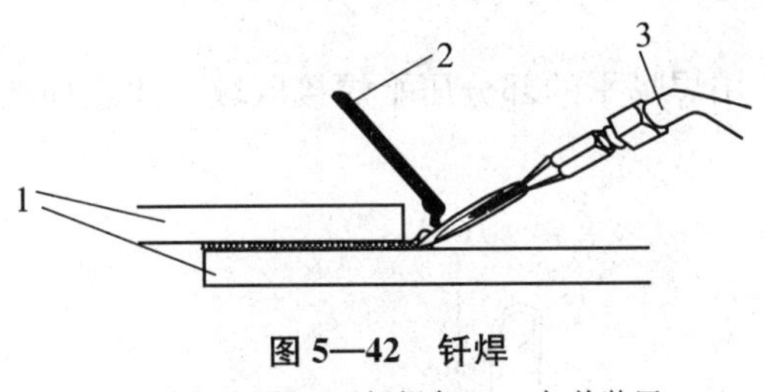

图 5—42 钎焊

1—底板金属；2—钎焊条；3—加热装置

三、非金属材料焊接

(一) 塑料焊接

塑料焊接主要有热空气焊接、无空气焊接和超声塑料焊接三种，常见方法为热空气焊接。热空气塑料焊接是利用热空气塑料焊枪产生的热空气来加热塑料接缝和塑料焊条，使其软化，同时将加热的塑料焊条压入接缝而进行的焊接。典型的热空气焊机如图 5—43 所示。热空气焊机采用陶瓷电热元件加热产生热空气，通过喷嘴喷到塑料上。空气由压缩机供给（切勿使用可燃气和氧气）。

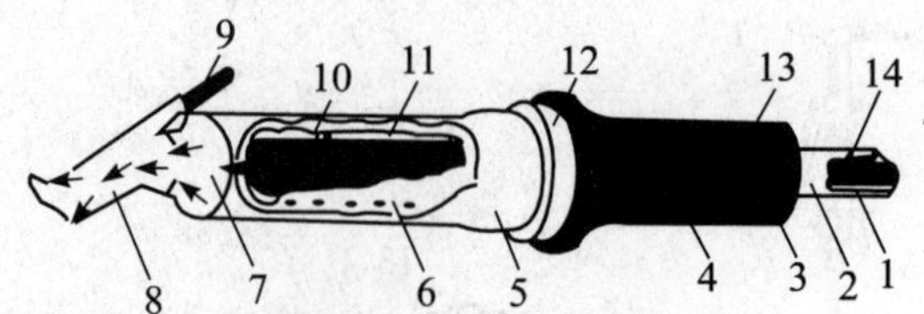

图 5—43　热空气焊机

1—压缩空气或惰性气体；2—空气软管接口；3—螺栓；4—手柄；5—外筒体；
6—内筒体；7—热空气；8—焊嘴；9—螺纹喷嘴；10—不锈钢电热元件；
11—加热室；12—扳手螺母；13—冷空气；14—交流电源线

热空气焊经常用在热塑性塑料上，这种焊接方法速度快，使用也方便。塑料焊接机只需要几分钟就可以达到工作温度，焊接、打磨后即可喷漆，而不必像很多粘合剂需要混合，且需要 30 分钟到几小时的干燥时间，可大大提高工作效率。具体焊接操作如图 5—44 所示，其方法和步骤如下：

（1）水清洗受损部件；

（2）吹干；

（3）用塑料清洁器清理受损部件；

（4）若是两面焊接要开至少 50％的 V 形沟槽；若是单面焊接要开至少 75％的 V 形沟槽；

（5）用＃60 或＃80 砂粒的砂轮在受损区域去除底漆并吹去灰尘；

（6）在达到适当的温度后开始焊接，慢慢地将焊接料进给到焊接管处；

（7）在焊头上轻度施加压力，使其缓慢进入焊接槽里；

（8）随着焊接材料的熔化，焊炬开始向焊接的方向移动。在行进过程中，用熔化的塑料把沟槽的边缘填平；

（9）在完成焊接后，用焊嘴平的部分压平焊接区域。注意加热与加压要适当，这样才能获得良好焊接质量。

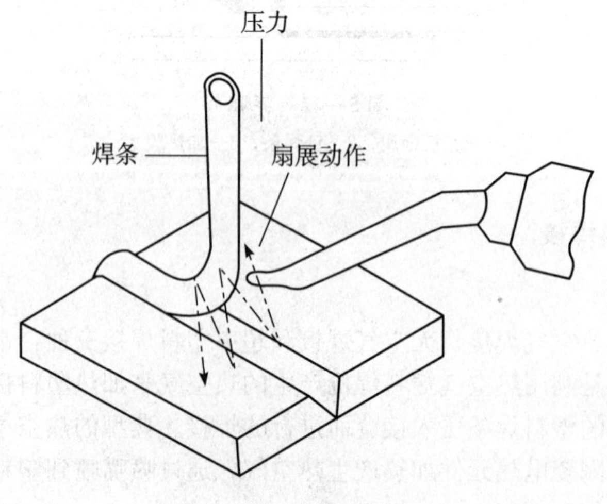

图 5—44　焊接操作方法

（二）塑料加热再成形

对于许多弯曲或变形的柔性保险杠面罩，可使用红外线灯加热使其变软，用柔性物对其周围进行矫平，剩余有微小变形，可配合适当填料填平，经打磨修整涂漆即可。

（三）汽车玻璃裂纹修补

裂缝或小损伤是汽车玻璃常见的损伤，汽车玻璃的修补剂是填补在裂缝中的液态胶质，所用的材料是一种透明度很高的液态胶质，靠紫外线加热可迅速凝固，强度可达原玻璃的 90%以上。用一抽真空器，将玻璃伤口内的空气抽掉，然后填以玻璃修补剂，再用紫外线灯上下左右各照射两分钟，让修补液凝固，经打磨抛光即能恢复原有的透明度。

（四）玻璃钢车身的修复

如果小面积的玻璃钢车身损伤，可对车身进行修复。用刷子蘸适量树脂和硬化剂的混合物将玻璃纤维布浸透，然后将它们胶粘到待修复的部位，用碘钨灯均匀地烘烤被修复部位，使树脂完全固化后，磨去玻璃纤维布的毛边及其高出车身的部分，然后进行涂漆作业。

学习任务四 涂装修理工艺

学习目标：了解涂装修理设备及工艺。

学习方法：本任务为实践技能学习，学生分组在实验室由实训指导教师指导完成。

随着汽车行业的快速发展，车身碰撞导致的车身维修工作也日益增多，所以涂装修理行业正在快速发展中，它已成为保险理赔行业必修的一门重要课程。

一、涂装修理设备

喷漆一般采用空气喷涂方法，空气喷涂系统由空气压缩机、储气罐、空气清洁器、喷枪、软管等组成，如图 5—45 所示。

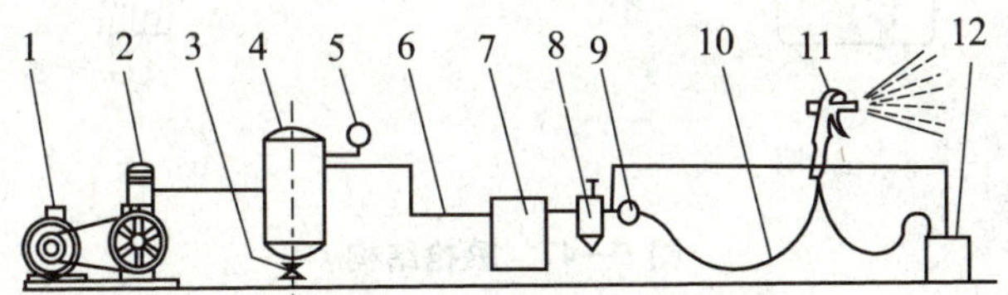

图 5—45 空气喷涂系统组成

1—电动机；2—空气压缩机；3—排污阀；4—储气罐；
5，9—气压表；6—输气管路；7—空气滤清器；8—减压阀；
10—软管；11—喷枪；12—供漆装置

（一）空气压缩机

空气压缩机多采用活塞式，主要作用是为喷涂施工中提供压力稳定的，且无水、无尘及干燥的空气，其结构如图 5—46 所示。

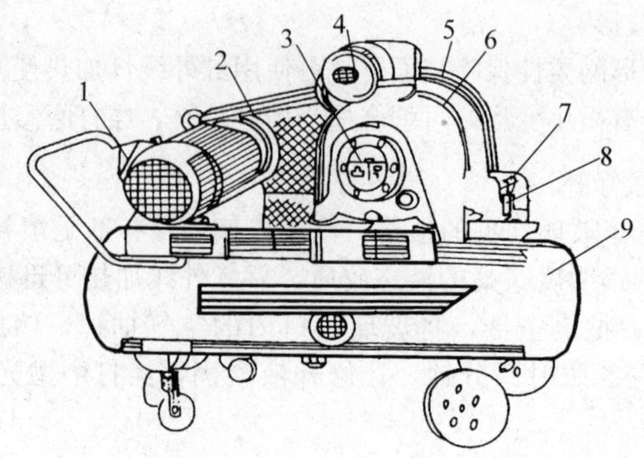

图 5—46　空气压缩机

1—电动机；2—V 形带；3—压缩机；4—消声器；5—排气管；
6—带轮；7—气压自动开关；8—安全阀；9—储气罐

（二）喷枪

喷枪是喷漆工艺体系的关键设备。虽然不同的喷枪有许多通用的零件，但每种类型或型号的喷枪只适用于一定的作业范围。选择合适的喷枪是以最短时间完成高质量作业的保证。

喷枪可分为吸上式和压下式，如图 5—47 所示。吸上式喷枪雾化性能好，但喷出量受黏度和密度影响较大。压下式喷枪喷出量大但雾化质量差。涂料罐可换成高位涂料槽，用软管与喷枪相连以实现大面积喷涂。

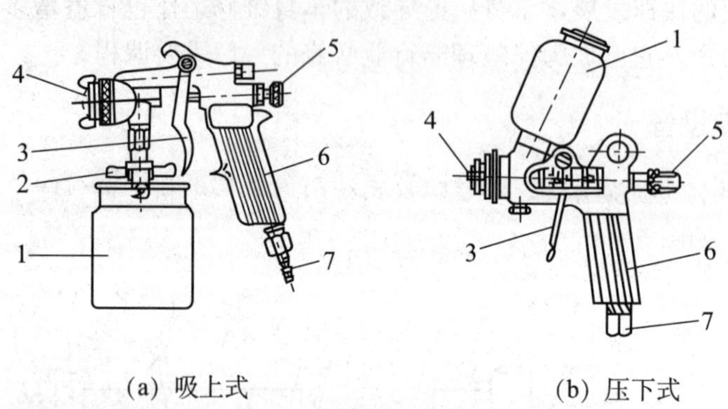

(a) 吸上式　　(b) 压下式

图 5—47　喷枪结构

1—涂料罐；2—压紧螺母；3—扳机；4—喷嘴；
5—空气调节阀；6—手柄；7—压缩空气入口

（三）喷漆烤漆房

1. 热空气对流式烤漆房

喷漆烤漆房，集喷漆与烤漆为一体，是采用高能钢组件式房体。无接缝式天花过滤棉，配合进风过滤系统确保进入房内的空气达 100%净化。全自动循环进风活门，使烤漆时的热空气以内循环方式在烤漆房循环，配备高效柴油加热器，升温迅速、保温效果好。烤漆房还采用无影灯式日光照明灯管，减少与太阳光线的色差，令颜色矫对更准确。全自动操控仪表台可自动设置适当的喷漆、烤烘、挥发、冷却等工序所需的时间及温度。加热空气从天花板送下，顺重力方向至地面，并被抽出，经水旋器分离出漆雾和空气，其中空气被净化后排出室外，可消除对大气的污染，结构如图 5—48 所示。

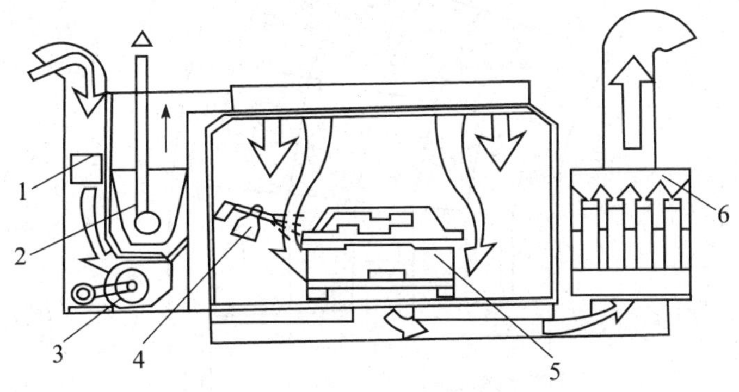

图 5—48 热空气对流式烤漆房

1—空气过滤器；2—加热器；3—鼓风机；4—喷枪；
5—车辆；6—漆雾过滤及排气装置

2. 红外线辐射式烤漆房

红外线辐射式烤漆房利用红外线的辐射，能直接加热涂层，是目前广泛应用的加热方式。红外线穿透能力强，可使涂层上下受热的效果均匀，结构如图 5—49 所示。

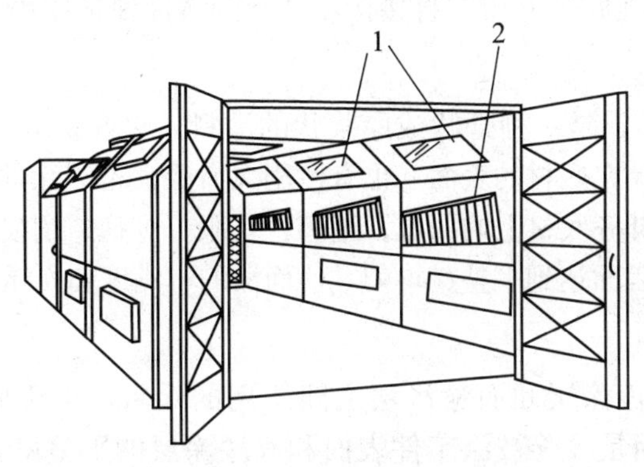

图 5—49 红外线辐射式烤漆房

1—照明灯；2—红外线加热器

3. 红外线辐射式烤漆架

车身局部烤漆时，可使用图 5—50 所示的红外线辐射式烤漆架。它使用灵活方便，被广泛应用于车身维修。

二、汽车修补用涂料

汽车修补用涂料包括涂装前处理用品、涂装修复用品、涂装后期处理用品和其他一些专门涂料等。

（一）底漆

底漆是直接涂布于物体表面的打底涂料，是被涂物表面与涂层之间的粘接层，使各涂

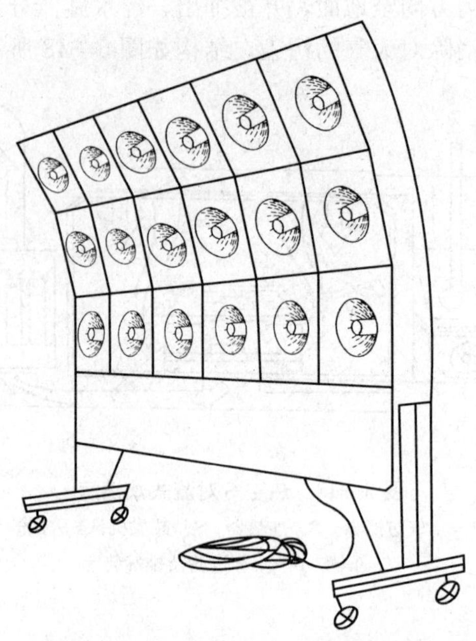

图 5—50　红外线辐射式烤漆架

层可以牢固地结合并覆盖在被涂物体上，同时，底漆在钢铁表面形成膜后，可以隔绝钢铁表面与空气、水分及其他腐蚀介质的直接接触，起到缓蚀保护作用。

（二）原子灰

原子灰俗称“腻子”，是一种膏状或厚浆状的涂料。它容易干燥，干后坚硬，耐砂磨。原子灰一般使用刮具刮涂在底材的表面（也有使用大口径喷枪喷涂的浆状原子灰，称为“喷涂原子灰”），用来填平补齐底材上的凹坑、缝隙、孔眼、焊疤、刮痕以及加工过程中所造成的表面缺陷等，使底材表面达到平整、均匀，使面漆的丰满度和光泽度等能够充分地显现。

（三）中涂漆

中涂漆是指介于底漆涂层和面漆涂层之间所用的涂料，也称底漆喷灰，俗称“二道浆”。中涂漆的主要功用是改善被涂工件表面和底漆涂层的平整度，为面漆层创造良好的基础，以提高面漆涂层的丰满度，提高整个涂层的装饰性和抗石击性。表面平整度较好，装饰性要求不太高的载货汽车和普通乘用轿车在制造和涂装修理时，有时不采用中涂漆；而对于装饰性要求很高的中、高级轿车，则大多采用中涂漆。

（四）面漆

面漆是涂装于被涂物面的最上层的涂料，主要作用是对被涂物体提供防护作用的同时，提高被涂物面的装饰效果。一种优良的面漆必须具备相当的保护性能和装饰性能，使被涂物体在一定使用寿命的时间内，以颜色的光泽条件来衡量它是否能保持装饰效果。汽车修补用面漆主要有素色面漆和金属面漆两大类型。

素色面漆俗称“瓷漆”，是将各种颜色的着色颜料研磨得非常细小，均匀地分散在树脂基料中而制成各种颜色的油漆。因为素色面漆本身就具有良好的光泽和鲜映性，在喷涂完毕后整个面漆层即告完成，所以又称“单工序面漆”。

金属面漆具有不同的名称，如“银粉漆”、“金属闪光漆”、“星粉漆”、“宝石漆”等。

不论何种名称，基本上都是以金属粉颗粒（以铝粉颗粒最为普遍）和普通着色颜料加入到树脂基料中制成。涂膜中金属粉的排列并不是有序的，所以对光线的反射角度不同，造成金属漆本身的无光效果。因此必须在金属漆上面再喷涂罩光清漆后才能显现出光泽度和鲜映性，其金属闪光效果才能充分发挥。由于金属面漆必须由两步工序完成，即金属漆层和清漆层，所以又称为双工序面漆。金属漆的喷涂成本高于素色漆。

三、车身涂装修理工艺

受损板件被整型或更换后，必须进行重新整修漆面。

（一）车身涂装修理工艺流程

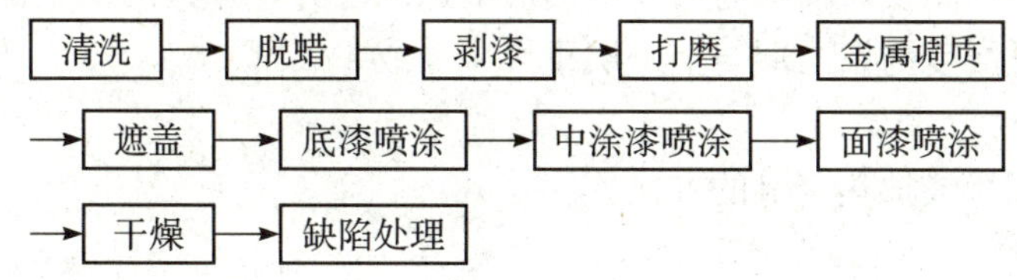

（二）流程分析

1. 清洗

清洗是整修漆面之前很重要的一道工序，目的是清洁整个修理过的板件，避免新漆层出现脏点。

2. 脱蜡

由于石蜡里含有硅元素，而硅元素在漆面上将产生一种叫“鱼眼”的缺陷。所以，在修理区域先利用工具和抹布清理石蜡，再用干净的布擦去板件上溶解的蜡，此过程为脱蜡。

3. 剥漆

剥漆是指将严重受损或老化的旧漆面清除掉，方法有化学方法或砂轮打磨法。

4. 打磨

由于破损漆的边缘部位必须进行处理，使其在很大程度上变薄，否则新漆和旧漆的交界处会产生凸棱。需要整修漆面的板件必须进行钣金修正、打磨腻子、研磨等工序，打磨过程要仔细认真，为下道工序打下良好基础。

5. 金属调质

由于裸露的金属很快就会落上灰尘。微小的灰尘晶粒必须用金属调质剂中和掉，否则灰尘会使新的漆层和金属底层结合遭到破坏，从而导致剥落。金属调质剂可以蚀刻金属表面，使漆料更好地与金属结合。在金属调质剂处理完裸露的金属后，应该在金属上喷一层底漆来密封隔绝灰尘。

6. 遮盖

在喷底漆或面漆层前，在玻璃和外部装饰上应该用胶带和纸覆盖，相邻的板件也应该覆盖上，以防止过度喷漆。

7. 底漆喷涂

汽车车身经过涂装前表面处理后，一般可以直接喷涂头道底漆，对经过酸洗除锈的金属表面，在粗糙处理后，可涂一层底漆，使金属表面与底漆之间增加附着力。

8. 中涂漆喷涂

中涂漆可分为单组分快干中涂漆和双组分中涂漆，一般按配套性原则进行选用。喷涂中涂层漆后，为了消除表面缺陷，可用填眼灰填补细小砂眼和微小缺陷，自然干燥 30～60min 后，用 400～500 号水磨砂纸打磨，磨光后再用水冲洗干净，使表面清洁、干燥后，可进行面漆喷涂。

9. 面漆喷涂

面漆喷涂方法有纵行重叠法、横行重叠法、纵横交替涂喷法。喷涂路线应按从高到低，从左到右，从上到下，先里后外顺序进行。在行程终点关闭喷枪，喷枪第二次单方向移动的行程与第一次相反，喷嘴与第一次形成的边缘平齐，雾型的上半部与第一次雾型的下半部重叠，重叠幅度为第二层与上一层重叠 1/3 或 1/2。

10. 干燥

可采取自然干燥或加热干燥的方法。

11. 缺陷处理

漆面干燥后进行缺陷检查，并进行相应处理，如抛光、修饰等作业。

四、划痕修补

对于因硬物刮擦，漆面产生浅划痕，未伤及底漆的浅划痕与伤及底漆的深划痕，维修方法略有不同。

（一）轻微漆面划痕的处理步骤

（1）洗车：清除车身外壳表面的污物、泥土等。

（2）开蜡：为确保抛光效果，必须开蜡。开蜡时要使用专用的开蜡水去除漆面上的蜡质层。

（3）漆面抛光：在研磨漆面抛光的作业中，应按照漆面的情况（质量、厚度、硬度、耐磨性等）选择合适的抛光剂。

（4）漆面还原和增艳：抛光作业尽管已经消除漆面上的浅划痕，但还会余留下一些发丝划痕、旋印等，这需要靠漆面还原作业来最后消除。

（5）漆面保护：在漆面上涂施保护剂，漆面保护剂分蜡质和釉质两大类，应根据具体应用场合来选用。

（二）漆面的深划痕处理

漆面的深划痕指深达底漆层的划痕。这种划痕的危害绝不只在于影响汽车的外观，而是容易对漆面造成腐蚀，损坏金属层。所以，漆面的深划痕必须及时处理。漆面深划痕处理的一般流程如下：

（1）表面处理。深划痕表面处理的过程如下：第一步，清洗和除油；第二步，除锈；第三步，去除两侧旧漆；第四步，将深划痕两侧砂光砂薄。

（2）上底漆和加腻子。如果在对划痕进行表面处理后，金属基材未外露，底漆层附着良好，可以在原底漆层上直接喷涂封闭底漆或中涂漆；如果金属基材已外露，就应刮腻子，再喷涂封闭底漆或中涂漆。

（3）喷涂面漆。

（三）漆面划痕处理的注意事项

（1）在进行漆面浅划痕处理前，待处理表面必须进行清洁和开蜡。

（2）抛光剂不允许直接涂在抛光盘上，而应用小毛巾均匀地涂抹在待处理的漆面上。

（3）抛光剂涂抹的面积要大小适中，既要便于抛光作业，又不使抛光剂中断。

（4）抛光动作的轻重快慢要恰当：碰到漆面缺陷多的，抛光要重、要慢；在着力过程中，去时重，来时轻；碰到有棱角边的，抛光要轻，来回要快。

（5）抛光中要经常用清水喷雾，避免水流冲掉抛光剂，影响抛光质量。

（6）要根据漆层的厚薄来掌握抛光着力的轻重，否则，会造成抛露面漆的后果。欧美产汽车面漆较厚，抛光着力可以重一点；日本、韩国和国产车则面漆较薄，抛光着力应该轻一点。

（7）用手工抛光时，要成环形运动，不要乱擦。往复运动要以车身纵向平行线为基准线。

学习任务五　常见涂装缺陷辨别

学习目标：了解常见涂装缺陷及补救方法。

学习方法：本任务属实践技能学习，学生分组在实验室由实训指导教师指导完成。

在实际涂装操作中，难免会出现缺陷，定损员要掌握分析缺陷的产生机理，并具备对各类缺陷进行补救的技能。涂装过程中常见缺陷有渗色、鼓泡、起云、开裂、灰尘、表面无光、起皱、咬底、流淌、砂纸痕、橘皮、塑料件脱漆和细裂纹等，其产生原因及修补方法见表5—2。

表5—2　　常见缺陷的产生原因及修补方法

常见病症	现象	产生原因	修补方法
渗色	漆膜表面变色，变色一般呈晕圈形式，严重时漆膜颜色完全改变，通常在红色、褐色漆表面喷涂时会发现此现象	底层油漆中的颜料被新漆层中的溶剂溶解并吸收	打磨到原漆膜，喷涂封闭底漆将原漆膜封闭，然后重新喷涂面漆
鼓泡	漆膜表面出现较大的圆形鼓泡或气泡，通常出现在接缝区域或死角处，或在原子灰较厚的表面	（1）由于底漆、原子灰等的施工不当； （2）漆膜连接处的羽状边（薄边）处理不当； （3）用劣质稀释剂或稀释剂不足、压缩空气的压力太高等； （4）漆膜盖在缝隙或死角上，使漆膜下面形成空隙； （5）没能正确地处理及封闭基材	根据气泡的深度将相应的漆膜全部磨掉，修补好下层缺陷后，重新补喷面漆

续前表

常见病症	现象	产生原因	修补方法
起云	常发生于金属色漆膜上。在喷涂后，颜色变得较白并成云团状，又被称为起斑及起雾等	(1) 采用不匹配的催干剂或稀释剂，特别是采用快干型稀释剂； (2) 喷枪调整不当； (3) 喷涂方法不对，漆膜太厚，漆膜挥发时间不足； (4) 基材表面温度太高或太低； (5) 干燥方法不当	若还没有喷涂清漆层，可再喷一层银粉漆盖住起云的部位，可适量添加缓干剂或改用慢干型稀释剂。最好能将涂膜重新强制干燥，再视情况进行抛光或重新喷涂
开裂	漆膜发生无规则的断裂或裂缝，通常发生在基材上被填补的缝隙或板的边缘附近。漆膜裂缝常形成三角形的星形。漆膜裂缝的深度不等，较严重的裂缝可直达基材。局部修补时，在羽状边刚刚喷上油漆后，可能会出现轻微裂纹	(1) 漆料混合不均匀，稀释剂不足或型号不对； (2) 基材表面处理不好，砂纸太粗、清洗不净或缝隙填补不当； (3) 压缩空气管中有油或水； (4) 漆膜太厚，各道漆膜之间的流平时间不够； (5) 喷漆时基材温度太高或太低； (6) 在未充分固化，或热塑性丙烯酸漆膜上喷涂了热固性油漆	若裂缝较轻微，只影响面漆层时，可用砂纸打磨裂纹直到露出完整表面，然后重新喷涂； 若裂缝穿透到底漆时，则应将缺陷区域的漆膜全部除去，并将基材缺陷彻底修复，然后重新喷涂
灰尘	用手摸上去感觉漆膜表面粗糙不平，像有许多杂质微粒陷在漆膜表面或被漆膜覆盖，又被称为颗粒、麻点等	(1) 基材表面处理不好； (2) 喷漆时或喷漆后不久，空气中漂浮的微粒落在并陷入漆膜中； (3) 盛油漆或稀释剂的容器敞口或生锈导致灰尘混入油漆中	先让漆膜完全固化。对于轻微的脏粒，可用砂纸打磨平，然后抛光。如果杂质颗粒陷得较深，需要将漆膜磨平，然后重新喷涂
表面无光	漆膜表面平整光滑，但缺少光泽，在显微镜下观察漆膜表面粗糙，又被称为异常失光	(1) 底漆附着力差，或底漆未彻底固化就在其上喷涂了面漆； (2) 使用的稀释剂质量太差或型号不对； (3) 油漆调配或喷涂方法不当； (4) 基材表面质量太差； (5) 由于湿度太大或温度太低，漆层干燥速度太慢； (6) 溶剂蒸气或汽车尾气侵入了漆膜表面； (7) 漆膜表面受到蜡、油脂、水等的污染	通常用粗蜡研磨表面然后进行抛光，即可恢复正常的光泽。如果失光严重，用以上方法仍得不到满意的效果，应将面漆层磨平，然后重新喷漆
起皱	漆膜上出现程度不同的隆起、起皱，又被称为咬起、烤漆起皱等	(1) 漆膜太厚； (2) 各道漆层间流平时间不足，强制性干燥，空气温度不均匀； (3) 油漆中使用的稀释剂型号不对或质量太差； (4) 干燥速度过快	首先让漆膜充分固化。对于轻微缺陷，将其打磨平，抛光即可。若缺陷严重，则需将漆膜打磨到基材，然后重新喷漆

续前表

常见病症	现象	产生原因	修补方法
咬底	漆膜表面会隆起或起皱，严重程度不同，常见于羽状边缘周围，下面的漆层可能破裂至最外层	由于在热塑性丙烯酸漆或自干型合成树脂漆上喷涂了硝基磁漆或热固性油漆，使得面漆与底漆发生了化学反应	将缺陷区域的漆膜打磨掉，打磨时注意不要露出可以引起同样问题的漆膜，将打磨后的表面封闭后，重新喷漆。缺陷特别严重时，则需将漆膜打磨至基材，然后重新喷漆
流淌	漆膜局部变厚，形状如同波浪线、浅滩或圆形的山脊，通常出现在倾斜角度大或竖直的表面上，又被称为流挂、垂流、滴下、流泪等	(1) 喷涂的漆膜太厚； (2) 使用的稀释剂型号不对或质量太差； (3) 漆的黏度不合适，稀料太多； (4) 空气或基材表面温度太低； (5) 底漆表面有油污； (6) 喷漆间光线太暗	等漆膜完全硬化后，除掉多余的油漆，将表面磨平，然后抛光，情况严重时，可以将表面磨平后重新喷漆
砂纸痕	透过面漆会出现打磨的痕迹，又被称为砂纸痕扩大、直线砂痕、打磨痕等	(1) 底漆表面处理不当； (2) 底漆没有充分硬化就喷涂了色漆层； (3) 漆膜厚度不够，或干燥速度太慢； (4) 油漆混合不均匀	打磨到平滑表面，喷涂适合的底漆，进行面漆重喷
橘皮	漆膜表面会呈疙瘩状、不平整，类似橘子皮的外观，又被称为流平不良、粗糙表面、平整不良等	(1) 喷涂方法不当； (2) 漆膜太厚或太薄； (3) 油漆混合不均匀； (4) 各漆层间的流平时间不足； (5) 环境温度或基材表面温度过高； (6) 干燥不当	将橘皮缺陷打磨平，然后抛光，情况严重时，要将缺陷部位打磨平后，重新喷漆
塑料件脱漆	漆层和聚合物（塑料）部件间失去附着性，该缺陷常发生在喷漆一段时间之后	(1) 清洁和准备不恰当； (2) 底材处理不适当； (3) 底材材质识别错误； (4) 没有使用正确的底漆； (5) 面漆使用不当	从底材上去除所有的原漆，按推荐的程序和针对相应底材的涂料再喷
细裂纹	裂纹为色漆层小的细密型裂纹，约 1.6～6.4mm	(1) 暴露于有害物质中； (2) 漆料搅拌不均匀； (3) 硬化剂使用不当； (4) 旧漆或以前修补处对新涂的色漆层有全面抗力； (5) 漆膜过厚	轻微的打磨或抛光仍不能使其恢复适当的色泽及平滑，就必须将受影响的表面砂磨打平，然后再重新喷漆。在情况极为严重之处，受影响的表面应打磨到底漆层

学习测试

测试 1：判断题

1. 一辆事故车修复后出现车轮定位失准，经查是下摆臂变形所致，因此保险公司应该追加定损。（　）

2. 车身刚度等级中刚度大的部分集中在车辆的前部和后部。（　）

3. 碰撞缓冲区的作用是在碰撞时，可以按照设计的方向产生变形，从而吸收碰撞能量，保护其他部位。（　）

4. 汽车发生正面碰撞时，在其他条件相同情况下，完全正面碰撞比偏置碰撞损失要小。（　）

5. 直接损伤是指车身与其他物体直接碰撞而导致的损坏。（　）

6. 在评估车身的损伤时通常要参照车身尺寸图对车身的特定点进行测量。（　）

7. 车辆发生事故后出现钣金件皱曲、漆面开裂和伸展、钣金件缝隙错位、接口撕裂、开焊等是由直接损伤造成的。（　）

8. 价值较高的塑料件，如保险杠裂纹小于 100mm、孔洞直径小于 30mm 可采取修补的方法维修。（　）

9. 车辆发生事故后出现钣金件皱曲、漆面开裂和伸展、钣金件缝隙错位、接口撕裂、开焊等是由间接损伤造成的。（　）

测试 2：选择题

1. 影响行车安全的零部件（　）。

A. 必须更换　B. 尽量修复　C. 可换可修　D. 以上均可

2. 钣金件弯曲变形（弹性变形），应进行（　）。

A. 修复　B. 更换　C. 焊接　D. 粘接

3. 涂装前表面预处理第一道流程是（　）。

A. 除锈　B. 清洗　C. 除油　D. 清除旧漆膜

4. 铝质发动机盖通常产生较大的塑性变形就需（　）。

A. 更换　B. 钣金　C. 焊接　D. 粘接

5. 前纵梁是前部最重要的结构件，发生碰撞出现弯曲，以拉伸校正为主。经拉伸后如严重开裂应进行（　）维修。

A. 更换　B. 焊接　C. 粘接　D. 搭接

6. 下面属于汽车用非金属材料的是（　）。

A. 车用塑料　B. 车用橡胶　C. 铝合金　D. 汽车用玻璃

7. 按碰撞损伤行为不同可分为（　）。

A. 直接损伤　B. 间接损伤　C. 责任损伤　D. 非责任损伤

8. 按车身损伤结果不同，碰撞损伤可分为（　）等。

A. 弯曲　B. 折皱　C. 压溃　D. 菱形和扭曲

9. 轻微漆面划痕的维修流程包括（　）。

A. 洗车　B. 开蜡　C. 漆面抛光　D. 漆面还原和增艳和漆面保护

10. 常用的涂装修理设备包括（　）。

A. 空气压缩机　B. 喷枪　　　C. 喷漆房　　　D. 烤漆房和烤漆架

测试 3：简答题

1. 车身锚固方法有几种？
2. 车身钣金件局部变形修复常用的方法有几种？
3. 车身前部测量包括哪些内容？
4. 简述火焰矫正（收火）的原理。
5. 对车身进行牵引时需要注意哪些问题？
6. 简述车身上哪些构件不能采用加热的方法进行矫正。
7. 前纵梁的局部更换宜采用哪种方式？
8. 简述电阻点焊在车身维修中的应用。
9. 汽车修补用涂料包括哪些？
10. 简述轻微漆面划痕的处理步骤。

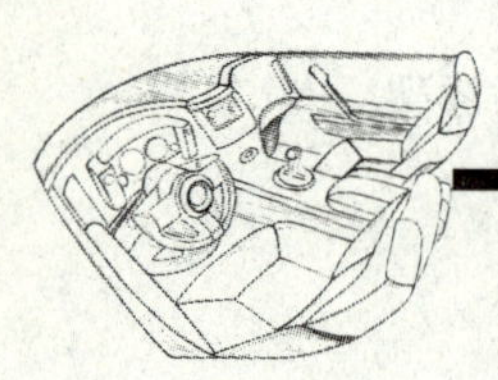

第六章

现场查勘技术

引言

现场查勘是车辆保险理赔过程中的一项重要程序，它不仅是理赔工作收集证据的重要手段，而且为查明碰撞原因、认定保险责任范围、准确及时立案等提供重要依据。同时，现场查勘工作直接影响到理赔证据的获取、保险责任范围的确定以及事故责任划分的准确性，特别是在双方或多方责任的损失赔偿理赔中占有非常重要的地位。

学习任务一 现场查勘概述

学习目标： 了解现场查勘内容及操作规范。

学习方法： 本任务为理论知识学习，采取教师讲解与学生讨论相结合来完成本学习任务。

一、现场查勘的重要性

（一）查明事故原因，获取第一手材料

通过现场调查可以查明事故的主、客观原因，通过对现场周围环境道路的查勘，对车、物等财产的拍摄以及对当事人的询问和其他知情人的调查访问，可以取得理赔工作的第一手材料。

（二）确定保险责任范围

通过现场查勘、调查、拍摄、记录等工作，用大量事实证明交通事故的性质、类型以及结果，以利于保险责任范围的确定。

（三）查明事故经过和避免扩大赔付范围

现场的各种痕迹、物证和现场人员证词，都可成为证明事故事实的证据，为认定各种物证之间的联系和确定各方车损损失部位和程度提供依据，从而可以查明发生事故的经过和排除车辆原有损失，避免扩大赔付范围。

（四）减少损失

通过协助客户拨打 120、119 等急救电话，对车辆、受伤人员实施有效救援，减少伤亡及财产损失。

二、事故现场分类

所有事故都会有出险现场存在，根据实际情况，一般分为原始现场、变动现场和恢复现场三类。

（一）原始现场

原始现场也称第一现场，是指现场的车辆和遗留下来的一切物体、痕迹，仍保持事故发生后的原始状态而没有任何改变和破坏的出险现场。原始现场是现场查勘最理想的出险现场。

（二）变动现场

变动现场也称移动现场，是指由于自然或人为的原因，致使出险现场的原始状态发生改变的事故现场。变动现场包括正常变动现场、伪造现场、逃逸现场等。

（三）恢复现场

恢复现场是指事故现场因某种原因撤离后，基于事故分析或复查案件的需要，为再现出险现场的面貌，根据现场调查记录资料重新布置恢复的现场。

三、现场查勘技术

现场查勘技术主要包括车辆查验技术、调查取证技术、现场照相技术等。

（一）车辆查验技术

1. 确认保险标的

主要通过比照行驶证正本上记载的车辆类型、型号、VIN 码与保单承保的车辆的类型、型号、VIN 码，以便查验出险车辆是否为保险公司承保的车辆。

2. 汽车的结构及配置检查

查验汽车的款式、车身内外颜色、方向盘左右形式、采用燃料的种类等是否符合该车的出厂规定或登记档案。

3. 车辆改装检查

汽车自行改装，有可能破坏了原有的性能，影响了行车的安全。严格说来，改装部位涉及行车安全的汽车，已经不再具有原承保车辆的合法意义了。故大多保险条款规定，因非法改装导致车辆危险程度增加而发生的保险事故，保险人不承担赔偿责任。

（1）汽车改装的相关规定。

2004 年颁布的《机动车登记规定》第十七条规定，有下列情形之一，在不影响安全和识别号牌的情况下，机动车所有人可以自行变更：

1）小型、微型载客汽车加装前后防撞装置。

2）货运机动车加装防风罩、水箱、工具箱、备胎架等。

3）机动车增加车内装饰等。

除此以外的其他项目均不允许改动。绝对不允许改动的项目为：汽车的外形、结构、颜色等。大多机动车辆保险条款都规定，在保险期限内，保险车辆改装导致保险车辆危险程度增加，应当及时书面通知保险人。否则，因保险车辆危险程度增加而发生的保险事故，保险人不承担赔偿责任。

（2）常见非法改装形式。

1）货车栏板加高，增加车厢长度或宽度；加大轮胎；增加钢板弹簧的片数或厚度。

货车栏板加高，增加车厢长度或宽度，加大了经常超载的可能性，极易造成车辆倾覆。加大轮胎，增加钢板弹簧的片数或厚度，车辆负荷能力加大，超载导致制动性能下降，极易引发交通事故。

2）轿车开天窗；乘用车安装行李架；非法加长婚车。

轿车开天窗、非法加长婚车，改变了车身强度。

4. 使用性质检查

现场查勘时，应该查验出险车辆的实际使用性质与保险单载明的使用性质是否一致。由于保险费的差异，营运客、货车按非营运投保或非营运车从事营业性运输的投保方式可以节省保费。

查勘时，可以从车辆的状况、车辆的行驶里程等辨别出它是否属于营运车辆（营运车辆行驶里程较长）。可通过调查取证驾驶员与被保险人，乘客与驾驶员的关系以及保险车辆行驶线路（营运车常在车站、码头、高校门口、商贸城门口等地方运行）等方式来获取从事营业性客运的依据。

5. 行驶证检查

检查行驶证自身的真伪；检验行驶证副页上合格章的真伪；行驶证的有效期；行驶证车主与保险单登记的是否相同，是否与出险车辆相符，如果不相同再了解行驶证车主与被保险人的关系，是否具备保险利益，是否有批改单；如果行驶证车主与保险单不符且无批改单，询问是否经保险人同意；如果行驶证车主与保险单不符且无批改单，也未经保险人同意，一般可认为被保险人对标的车已不具备保险利益。

6. 驾驶证检查

车辆出险后，查勘人员要尽快确定谁是真正的驾车人，人证是否相符，确定是否是合格的驾驶员；确定是否为被保险人允许的驾驶员；驾车人是否为酒后或服用违禁药物后驾驶；驾车人是否已具备上高速公路行驶的资格（如果事故发生地为高速公路）；检验驾驶证的真伪，如果怀疑驾驶证的真实性，可以通过姓名和证号查询。

7. 客货装载情况检查

检查是否有超载、超员等违规装载的现象。《中华人民共和国道路交通安全法实施条例》规定：

（1）机动车载物不得超过机动车行驶证上核定的装载质量。

（2）机动车载物装载长度、宽度不得超出车厢，并应当遵守下列规定：

1）重型、中型载货汽车、半挂车载物，高度从地面起不得超过 4 米；载运集装箱的车辆不得超过 4.2 米。

2）其他载货的机动车载物，高度从地面起不得超过 2.5 米。

3）摩托车载物，高度从地面起不得超过 1.5 米，长度不得超出车身 0.2 米。两轮摩托车载物宽度左右各不得超出车把 0.15 米，三轮摩托车载物宽度不得超过车身。

4）载客汽车除车身外部的行李架和内置的行李箱外，不得载货。载客汽车行李架载货，从车顶起高度不得超过 0.5 米，从地面起高度不得超过 4 米。

8. 违章检查

发生事故时，驾驶员是否有违章行车的行为等（涉及责任比率）。

（二）查勘取证技术

查勘的过程，实际上是一个损失原因、损失情况调查取证的过程。查勘人员到达事发现场以后，可以向当事人和目击者询问一系列的相关情况。重点对下面内容调查取证：

1. 出险时间

对于保险期限与事发时间非常接近的案件，出险时间非常重要，它关系到是否属于保险责任。对于有疑问的案件，应该仔细核对公安部门的证明与当事人的陈述时间是否一致，要详细了解车辆的启程时间、返回时间、行驶路线、伤者住院治疗时间、运单情况等。如果发现两者时间确实不一致，要及时去公安部门核实或者向当地群众了解。

2. 出险地点

确定出险地点的目的是为了确定车辆是否超出了保单所列明的行驶区域（如教练车行驶路线）；是否属于在责任免除地（如营业性修理场所、收费停车场等）发生的损失。

3. 出险原因

根据保险事故的一般界定，造成损失的原因必须是“近因”。近因原则是指造成保险标的损失的最直接、最有效的原因，这是保险理赔过程中必须遵循的原则，按照这一原则，当被保险人的损失是直接由保险责任范围内的事故造成的，保险人才予以赔偿。也就是说，保险事故的发生与损失事实的形成，两者之间必须有直接因果关系的存在，才能构成保险赔偿的条件。一般情况下，应该依据公安、消防部门的证明来认定出险原因。

4. 出险经过

叙述出险经过与原因时，原则上要求驾驶员本人填写（驾驶员本人不能填写的，要求被保险人或相关当事人填写），并将其填写的出险经过与公安交通部门的事故责任认定书进行对比，两者应基本一致。如出现不一致，原则上以公安部门的证明为依据。

5. 财产损失情况

财产损失包括以下四个方面：保险车辆车损情况；保险车辆车上物品损失；第三者车损情况；第三者物损。

6. 人员伤亡情况

查勘人员伤亡情况时，首先要明确本车伤亡人员的相关信息：姓名、性别、年龄、与被保险人之间的关系、与驾驶员之间的关系、受伤人员的受伤程度。其次要明确对方车上伤亡人员的相关信息：姓名、性别、年龄、受伤人员的受伤程度。这些信息将为医疗核损人员查勘、核损时提供有利的原始依据。

7. 施救费用。

施救费用是指当被保险标的遭遇保险责任范围内的灾害事故时，被保险人或其代理人为了减少事故损失而采取适当措施抢救保险标的时支出的额外费用。所以，施救费用是用一个相对较小的费用支出来控制损失的扩大。但某些案例的施救费用可能极高，如：在山区行驶的车辆翻入山沟后的施救费用；私家车自驾游被困森林，人逃出，车被困，重返事发地的施救费用。查勘人员应该在施救结束后及时了解这笔费用实际发生的额度及其合理性。

（1）合理的施救费用。

1）他人非专业消防单位的消防设备，施救保险车辆所消耗的合理费用及设备损失。

2）将失去正常行驶能力的出险车辆吊装、拖运到修理厂的合理费用（保险人应按当地物价部门核准的收费标准予以负责）。

3）在抢救过程中，因抢救而损坏他人的财产，如果应由被保险人赔偿的，可予以赔偿。

4）抢救车辆在拖运受损保险车辆途中，发生意外事故造成保险车辆的损失扩大部分和费用支出增加部分，如果该抢救车辆是被保险人自己或他人义务派来抢救的，应予赔偿。

5）保险人只对保险车辆的施救保护费用负责。保险车辆发生保险事故后，需要施救的受损财产可能不仅局限于保险标的，但是，保险公司只对保险标的施救费用负责。所以，在这种情况下，施救费用应按照获救价值进行分摊。如果施救对象为受损保险车辆及其所装载货物，且施救费用无法区分，则应按保险车辆与货物的获救价值进行比例分摊，机动车辆保险人仅负责保险车辆应分摊的部分。

6）因当地确实不能修理，经保险人同意后去外地修理的移送费，可予适当负责。但护送保险车辆者的工资和差旅费，不予负责。

（2）不合理的施救费用。

1）对倾覆车辆在吊装过程中未合理固定，造成二次倾覆的、起吊中未对车身合理保护，致车身大面积损伤的，保险人不予负责。

2）对拖移车辆未进行检查，造成车辆机械损坏的（例如：不解除制动硬拖造成制动器烧损的、轮胎缺气或转向失灵硬拖硬磨造成轮胎损坏的），保险人不予负责。

3）在分解施救过程中拆卸不当，造成车辆零部件损坏或丢失的，保险人不予负责。

4）保险车辆出险后，被保险人或其允许的驾驶员，或其代表奔赴肇事现场处理所支出的费用，不予负责。

5）保险车辆发生保险事故后，对其停车费、保管费、扣车费及各种罚款，保险人不予负责。

6）受雇车辆在拖运受损保险车辆途中，发生意外事故造成保险车辆的损失扩大部分和费用支出增加部分，保险人不予负责。

7）抢救过程中抢救人员个人物品的丢失，不予赔偿。

8. 酒后驾车的问题

对于一些特定的时间、特定的驾驶群体出险以后应该考虑是否存在酒后驾车的问题，应设法与公安人员一起取证。

查勘人员要仔细观察车辆及周围情况，将自己所看到、听到、嗅到、观察到的各种现象，进行认真的分析，通过各种现象的相互佐证，运用自己的专业知识，分析出眼前事故的真实原因，减少骗保案件的发生。

（三）现场照相技术

交通事故照相是根据交通事故现场查勘以及保险理赔工作的要求，逐渐发展成为一种专用技术手段。与普通照相的区别在于，交通事故照相必须真实记录事故状态，真实反映交通事故发生原因和车辆损伤程度。通过对事故现场、对事故车辆的损坏情况照相，为分析研究事故现场提供可靠的依据；为技术检验鉴定提供感性材料；为车辆的理赔工作提供依据。现场拍摄的照片不仅是赔款案件的第一手资料，而且也是查勘报告的旁证材料，应予以充分的重视，防止出现技术失误。

1. 现场照相的基本要求

因为现场照片要作为公正客观地认定事故责任的依据，或者作为刑事、民事诉讼的依据，或者作为车辆理赔的依据，因此，对现场拍照要有具体要求：

(1) 现场照相的内容应当与道路交通事故现场查勘笔录和现场测绘图的有关记录相互印证、相互补充，形成一条完整的证据链。

(2) 现场照相不得有艺术夸张，要客观、真实、全面地反映被摄对象。照片影像完整清晰，层次分明，客观反映现场的原始状态及物体的本来面貌。

(3) 严格遵守《道路交通事故勘验照相》的相关规定。

2. 现场照相器材要求

(1) 需配备功能齐全、携带方便、性能可靠的照相机。现代照相机有数码照相机和光学照相机，数码照相机拍摄的照片便于计算机管理，便于网上传输，成像快，在车险理赔当中广泛使用，其缺点是易被修改、伪造，光学照相机正好相反。

(2) 拍摄时要求使用标准镜头，以增强真实感。

(3) 辅助器材，应配备近摄装置（近摄接圈、近摄镜等）和各色滤色镜。

(4) 照明工具，应配备小型发电机及查勘照明灯。对于夜间事故查勘，良好的照明设备尤为重要，特别对于提高照片质量，减少技术失误非常重要。

(5) 其他设备，还应配备三脚支架、测光表等设备。

3. 现场照相步骤

交通事故现场状况千差万别，可以说没有完全相同的现场，因此，现场查勘的程序决定了不同的照相方法及步骤。但不管现场有多少差别，照相的基本顺序是，先拍摄现场的方位，其次拍摄现场概貌，再拍摄现场重点部位，最后拍摄现场细微之处。另外，根据交通事故现场的特点，在拍摄时应掌握下列原则：先拍摄原始状况，后拍摄变动状况；先拍摄现场路面痕迹，后拍摄车、物痕迹；先拍摄易破坏、易消失的痕迹，后拍摄不易破坏和消失的痕迹。在实际拍摄过程中，要根据现场情况灵活掌握，注意现场照片的彼此联系，相互印证。拍摄事故车辆损失情况的照片时，应注意真实性和完整性。

4. 现场照相方式

(1) 方位照相。

从远距离采用俯视角度拍摄交通事故发生地周围环境特征和现场所处位置的照相方式。视角应覆盖整个现场范围，一张照片无法包括的，可以使用回转连续拍摄法或者平行连续拍摄法拍照。事故现场的全貌一般采用此种照相方法。

(2) 概貌照相。

从中远距离采用平视角度拍摄交通事故现场有关车辆、尸体、物体的位置及相互间关系的照相方式。以现场中心物体为基点，沿现场道路走向的相对两向位或者多向位分别拍摄。现场概貌照片应能反映出现场范围的大小，现场物体的种类和数量，道路宽度和路面性质，还能反映事故形态和事故损害后果情况。与现场方位照相相比，仅限于事故现场的车、物，范围比较小。根据实际情况现场概貌拍摄方法有如下几种：

1) 相向拍摄法。以被摄对象为中心，从相对的两个方向由外侧拍向现场中心，着重反映现场环境与物体痕迹的相互关系。如现场车辆、尸体与两侧路面上的各种痕迹物证。

2）多向拍摄法。以被摄对象为中心，从多个方向向现场中心拍摄。如对一些重大交通事故，现场痕迹物证散布比较分散的情况。

3）侧向位拍摄法。当事故现场范围较大时，即使使用广角镜头也不能拍摄现场全貌，可远距离架好相机，采用平行回转连续照相法拍摄现场全貌。

（3）中心照相。

在较近距离拍摄交通事故现场中心。照片主要反映现场的主要物体、重要接触部位、制动痕迹的位置及有关物体之间的联系。

（4）细目照相。

采用近距或微距拍摄交通事故现场路面、车辆、人体上的痕迹及有关物体特征的照相方式。照相机镜头主光轴与被摄痕迹面相垂直。视角应当覆盖整个痕迹，一张照片无法覆盖的，可以分段拍摄。有时为了有效地表示痕迹的长度，在被摄物体一侧同一平面放置比例尺或卷尺。细目照相包括：

1）碰撞痕迹照相。客体碰撞痕迹表现为凹陷、隆起、变形、断裂、穿孔、破裂等特征，拍摄时应根据情况而定。拍摄断裂痕迹时，应区别是撞击断裂还是疲劳断裂。拍摄破碎痕迹时，应注意拍摄碎片在现场上的原始状态，以帮助分析确认碰撞接触点。拍摄凹陷、隆起痕迹时，照片应能清楚地表现痕迹的形状、大小、深浅、受力方向、颜色、质感、位置等特征。

2）刮擦痕迹照相。刮擦痕迹是平面痕迹，没有明显的客体变形。拍摄时光照应均匀，对反差微弱的痕迹，应用弱光或反射光拍摄。可以采用滤色镜突出物体的色调，加强照片的反差。

3）拍摄路面痕迹。路面痕迹是证明车辆、人员在事故中的运动轨迹和状态的可靠证据。拍摄路面痕迹时，要注意拍摄痕迹在路面上的特定位置和起止点到路边的距离，拍摄痕迹的形态、深浅、受力方向及其与造成客体痕迹的相互位置。拍摄路面痕迹时，运用现场中心照相方式，选择合适的拍摄位置，合理构图，清楚表达两客体的相互位置关系。

5.现场照相技巧

（1）现场照相的取景。所谓取景，就是根据照相的目的和要求，确定照相范围、照相重点，选择照相角度、距离的过程。照相的取景，必须突出主体物，且能充分地反映照相目的和要求。

（2）接片技术。在现场照相中的应用由于受到拍摄距离和相机视角的限制，一次照相不能全部摄入被拍物，可采用把被拍摄物体分为几段，几次拍摄，然后把印好的照片拼接在一起，组成一幅照片，表现所需拍摄的景物，这就叫做接片。

四、查勘评估顺序

（一）查勘评估一般原则

车损评估中一套系统的勘查模式或顺序是非常重要的。碰撞损坏可能非常复杂，尤其是严重损坏的车辆。如果采用粗心大意、随意的检验方法，则评估过程将变得非常混乱，并且会不可避免地出现遗漏。有序的检验可以最大限度地减少损坏零件漏检的可能性，同时避免在修理过程中遗漏必须拆卸和更换的零件，大大减少待定项目。

（二）查勘评估方法

车损评估应逐区仔细地检查损坏车辆，并按顺序记录损坏零件及损坏程度。应按下列方法进行：

（1）检查应从车前到车后（在追尾碰撞的情况下，从车后到车前）。

（2）检查应从车外到车里。

（3）首先列出主要总成，然后列出比较小的部件以及未包含在总成里的附件。

五、现场查勘报告填写

根据现场查勘情况，填写《机动车辆理赔现场查勘记录》。现场查勘报告基本形式和内容见表 6—1。

表 6—1　　**车险理赔现场查勘报告**

被保险人：　　　　　　保单号码：　　　　　　赔案编号：

<table>
<tr><td rowspan="6">保险车辆</td><td colspan="5">号牌号码：　　　　是否与底单相符：</td><td>车架号码（VIN）：
是否与底单相符：</td></tr>
<tr><td>厂牌型号：</td><td colspan="2">车辆类型：</td><td colspan="2">是否与底单相符：</td><td>检验合格至：</td></tr>
<tr><td>初次登记年月 ：</td><td colspan="4">使用性质：是否与底单相符：</td><td>漆色及种类：</td></tr>
<tr><td>行驶证车主：</td><td colspan="2">是否与底单相符：</td><td colspan="2">行驶里程：</td><td>燃料种类：</td></tr>
<tr><td>方向形式：</td><td colspan="2">变速器类型：</td><td colspan="2">驱动形式：</td><td>损失程度：□无损失
□部分损失□全部损失</td></tr>
<tr><td>是否改装：</td><td colspan="4">是否具有合法的保险利益：</td><td>是否违反装载规定：</td></tr>
<tr><td rowspan="3">驾驶员</td><td>姓名：</td><td colspan="2">证号：</td><td colspan="2">领证时间：</td><td>审验合格至：</td></tr>
<tr><td>准驾车型：</td><td colspan="3">是否是被保险人允许的驾驶员：
□是 □否</td><td colspan="2">是否是约定的驾驶员：□是□否
□合同未约定 □不详</td></tr>
<tr><td colspan="4">是否酒后：□是 □否 □未确定</td><td colspan="2">其他情况：</td></tr>
<tr><td>查勘时间</td><td colspan="2">（1）是否第一现场：</td><td colspan="3">（2）</td><td>（3）</td></tr>
<tr><td>查勘地点</td><td colspan="2">（1）</td><td colspan="3">（2）</td><td>（3）</td></tr>
<tr><td colspan="3">出险时间：</td><td colspan="3">保险期限：</td><td>出险地点：</td></tr>
<tr><td colspan="7">出险原因：□碰撞 □倾覆 □火灾 □自然 □外界物体倒塌、坠落 □自然灾害 □其他（　）</td></tr>
<tr><td colspan="7">事故原因：□疏忽、措施不当 □机械事故 □违法装载 □其他（　）</td></tr>
<tr><td colspan="7">事故涉及险种：□车辆损失险 □第三者责任险 □附加险（　　）</td></tr>
<tr><td colspan="7">专用车、特种车是否有有效操作证：□有 □无</td></tr>
<tr><td colspan="7">营业性客车有无有效的资格证书：□有 □无</td></tr>
<tr><td colspan="7">事故车辆的损失痕迹与事故现场的痕迹是否吻合：□是 □否</td></tr>
<tr><td colspan="7">事故为：□单方事故 □双方事故 □多方事故
保险车辆车上人员伤亡情况：□无 □有 伤　人；亡　人
第三者人员伤亡情况：□无 □有 伤　人；亡　人
第三者财产损失情况：□无 □有 □车辆损失 号牌号码 车辆型号 非车辆损失（　　）</td></tr>
<tr><td colspan="7">事故经过：</td></tr>
<tr><td colspan="7">施救情况：</td></tr>
<tr><td colspan="7">备注说明：</td></tr>
</table>

被保险人签字：　　　　　　　　　　查勘员签字：

六、事故车辆的查勘定损方法

车险一直是理赔中的老大难问题，在理赔工作时保险公司、维修厂、被保险人为各自的利益争执不休。被保险人或维修厂与保险人在零部件更换与价格上存在严重分歧，被保险人总希望能得到高的赔付价格，而保险人则正好相反。为此，为避免上述情况发生，专业定损人员以及汽车估损师应切实履行“公平公正”、“实事求是”的原则，掌握正确的定损方法。

（一）确认出险车辆是否为保险标的

根据有关机动车辆保险条款的解释及事故现场的情况，验明出险车辆号牌、发动机号、车架号是否与车辆行驶证及保险单登记信息相符；验明驾驶员身份，驾驶证准驾车型是否与所驾车型相符；如驾驶出租车是否有行业主管部门核发的出租车准驾证；通过相关检查确认出险车辆是否在保险赔付范围。

（二）对现场及损伤部位照相

按事故查勘照相的要求，对现场及车辆损伤部位拍照，必须清晰、客观、真实地表现出事故的结果和车辆的损伤部位。

（三）覆盖件损伤程度确定

在对外部损伤部位照相的基础上，对车辆损伤部位进行细致查勘，对损伤零件逐个进行检查，以确定损伤情况。如对车身及覆盖件查验时，应注意检查损伤面积、塑性变形量、凹陷深度、撕裂伤痕的大小。必要时应测量、检查车身及车架的变形，以此确定零件是否需更换或进行修理及所需工时费用。还应对汽车的使用功能进行检查，确定其损坏情况，以便确定其是否需更换或修理，最终确定维修费用。

（四）零部件拆检

当车辆发生强度较大的正面碰撞时，在撞击力的作用下，除车身及外覆盖件被撞损坏以外，同时会造成一些内部被包围件的损坏。如转向机构、暖风及空气调节装置等的损坏，就需要解体检查。所以发生碰撞事故后，应根据实际情况确定是否需要解体检查，以确认被包围件的损伤情况。

（五）零部件损伤原因分析

零部件及总成损伤形成的原因，可以由事故引起，也可能是其他原因，不能一概而论。因此，在定损过程中，一定要根据其损伤的特征，结合检测仪器的数据，正确区分造成损伤的原因，准确认定赔付范围。

（六）定损基本原则

在对车损现场进行查勘、定损时，应该考虑到一个总体目标：兼顾到车主、汽车维修厂、保险公司三方面的利益，定损工作才能顺利进行。

1. 有利于车主

保险的查勘、定损、理赔，要使车主的合理索赔要求能够得到满足，及时解除其后顾之忧，达到投保的真正目的，树立保险公司在其客户心中的良好形象。

2. 有利于汽车修理厂

汽车修理厂的愿望在于能够从保险公司获得维修任务、得到较高的定损估价以及快速的划款，保险公司对汽车修理厂合理要求要给予满足。

3. 有利于保险公司

在兼顾车主与修理厂的利益的同时，作为保险公司的查勘定损人员要以相关条款为基准最大限度地维护保险公司的利益。

七、现场查勘服务规范

（一）基本服务流程

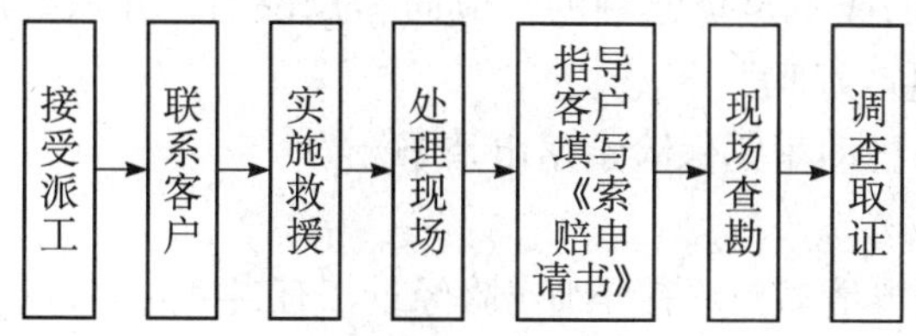

（二）基本内容和要求

1. 接受派工

(1) 工作内容。

接受电话中心坐席派工，了解案件是否存在异常情况，有条件时须打印《索赔申请书》；优先处理异地委托查勘案件。

(2) 服务要求。

服务态度要好，接到坐席派工时，不准以“我现在正忙”、“没空”、“我不去”或以其他借口拒绝派工；也不准说：“让客户跟我联系”。

2. 联系客户

(1) 工作内容。

接到派工电话以后 5 分钟内联系客户，了解案情、告知客户注意事项和预计到达时间，并按时赶赴约定地点；若有特殊原因不能按承诺的时间到达时，须提前向客户解释迟到原因和预计到达的时间。

(2) 服务要求。

承诺到达时间应适当留有余地，以免多次推迟时间，造成客户反感。要求话术：“您好，请问是×××先生/女士吗？我是×××保险公司查勘员，负责您这次事故的查勘定损工作，请问您的车目前在什么地方？我目前在×××地点（或我正在处理一个事故），估计要×××点才能赶到，请不要移动现场好吗”；如无法按时赶到要做好解释工作，如：“我正在赶往去您那儿的途中，由于×××原因，估计要×××时间才能赶到您那儿，请您稍等”；“请问您是×××先生/女士吗？不好意思，让您久等了”。

3. 实施救援

(1) 工作内容。

对车辆、受伤人员实施救援。

（2）服务要求。

协助客户拨打 120 急救电话，实施人伤救助；协助客户拨打×××救援中心电话坐席，为客户安排车辆救援。要求话术：“我公司可以提供救援服务，您是否需要我们安排救援”。

4. 处理现场

（1）工作内容。

按照公司车险理赔运作规范要求处理现场，根据车辆受损程度大小对司机和伤者表示关切。

（2）服务要求。

明显不属保险责任的或不足免赔额的，应向客户说明，并做好解释工作。要求话术：“请您描述一下出险经过，好吗”。

5. 指导客户填写《机动车辆保险索赔申请书》

（1）工作内容。

《机动车辆保险索赔申请书》须有详细出险经过，有当事人亲自签名、联系电话、日期，如被保险人为单位客户，则需要一联单位盖章。同时，将《索赔须知》（如有）等材料交给客户，并详细告知索赔流程、所需单证、索赔注意事项。赔款支付方式确认。转账支付的，要求提供被保险人身份证复印件、存折复印件、被保险人签章的赔款收据等资料。

（2）服务要求。

指导客户详细填写《机动车辆保险索赔申请书》，要求客户签章确认。要求话术“这是您的《索赔申请书》，请逐项填写，有不清楚的地方，我可以向您解释”；“这是《索赔须知》，请按照《索赔须知》要求在交警结案 10 天内或×××时间内携带须知要求的材料到我公司办理理赔手续。如有疑问可随时拨打×××电话咨询”；“我公司可提供转账支付，只需您把账号告诉我，赔款能够直接打到您的账户上”。

6. 现场查勘

（1）工作内容。

按照公司车险理赔运作规范的要求进行现场查勘。

（2）服务要求。

核实出险标的是否是承保标的，核对驾驶员情况，判断现场和损失情况与客户所描述的出险经过是否相符，发现有疑点时应查清事故真相。多方事故须根据当地交警事故处理规定预估客户应承担的事故责任，交警的责任认定明显有误时，应根据掌握的证据，协助客户与之交涉。要求话术：“根据您的事故成因分析，您在这个事故中应该无责或者最多承担次要责任。您对责任认定有异议时，请及时向上一级公安机关申请复议”。

7. 调查取证

（1）工作内容。

发现重大疑点时，按照公司车险理赔运作规范的要求调查取证，必要时须做当事人询问笔录或转大案调查组处理。

（2）服务要求。

发现疑点时，须在尽量不惊动客户情况下侧面了解真实情况。记录现场情况，收集线索和证据。要求话术："由于××原因，此案需要报警（交警或公安消防等）"。

学习任务二 车辆碰撞现场查勘

学习目标：了解车辆碰撞事故的现场查勘流程。

学习方法：本任务为理论学习，采取教师讲解与学生讨论相结合来完成。

机动车碰撞案件在整个理赔案件中的比重较大，查勘及定损难度大，是车险理赔工作的重点。具体工作如下：

一、派工受理

查勘定损人员应无条件服从公司报案中心坐席的调度，做到24小时有现场必查，严禁拖延推脱，接到派工后，应尽快与客户联系，大概了解事故现场情况、问明事故地点、明确告知自己现在所在位置、大约多长时间能到达现场；对于坐席的派工调度如认为不妥或有特殊原因不能受理，应与总调度沟通，在未经总调度改派之前，查勘人员不得消极怠慢、拒绝执行坐席的派工，应及时赶到查勘现场，查勘时必须保持良好的服务态度。

二、事故现场查勘

（1）到达现场后，如果事故尚未控制或保险车辆及财产尚处于危险状态时，查勘定损人员应主动帮助客户与查勘救援服务中心联系进行施救，积极采取施救措施保护现场、消除危险因素。危险解除后，协助客户及有关人员向事故处理机关报案。

（2）了解车辆的承保情况，客户现场无法提供保单或保险卡时，应及时向电话中心询问。现场核实出险车辆的年审情况，核实车牌号、发动机号、车架号或车辆识别编码，特别注意车架号（或VIN码）是否与保单相符，确认出险车辆是否为承保标的，并用数码相机拍摄车架号（必须清除灰尘及油泥后拍照）；若出险车辆为非承保标的，或明显不属于保险责任范围，应及时调查取证，必要时现场向报案人（或被保险人）做问询笔录并由当事人签名确认。

（3）指导客户填写《机动车辆保险简易案件审批表》或《机动车辆保险索赔申请书》，要求司机填写详细的出险经过。

三、拍摄事故现场照片

（一）定损核价照相内容

（1）现场方位、概览、中心（重点）、细目照相。

（2）现场环境、痕迹勘验、人体（伤痕）照相。

（3）道路及交通设施、地形、地物照相。

（4）分离痕迹、表面痕迹、路面痕迹、衣着痕迹、遗留物、受损物照相。

（5）VIN码、两证检验照相。

（二）定损核价照相步骤

现场方位→现场概貌→重点部位→损失细目→VIN码→两证，这六个步骤的照片，要彼此联系、相互印证。图 6—1 所示是一组小事故的照片供大家参考。

图 6—1　轻微损伤照片

（三）定损核价照片要求

（1）数码相机、胶片相机的日期顺序调整为年、月、日，照片显示日期必须与拍摄日期一致，严禁以各种理由调整相机后备日期。

（2）照相机的焦距应调整准确，光线应适用得当，数码相机像素调整为 480×640。

（3）准确全面地反映保险责任及事故车的受损范围和程度，尽量避免使用立式拍摄，严禁使用对角拍摄。

（4）在车场或现场对事故车定损拍照时，先拍整车（能反映车牌号码 45 度方向拍摄），以判断标的出险行驶方向和碰撞着力点和碰撞走向；车牌脱离车体时，用粉笔标记车号，严禁单独拍摄车牌及损失部位。

（5）第一现场（包括补勘第一现场）照片能够反映出事故现场的全貌，有明显的参照标志物，如路标、建筑物等，以便于确定大致地位；顺车辆运动方向（包括刹车痕迹），拍摄事故撞击点。

（6）对受损部位整体相向拍照，凡需要更换或修理的部件、部位均必须进行局部特写拍照，以确定碰撞痕迹和损失范围。

（7）内部损失解体后，必须对事故部位补拍照片，若照片不能反映出的变形，如事故造成轴、孔损伤等，一定要有实测尺寸照片。

（8）对照片不能反映出的裂纹（如发动机汽缸体、变速器外壳、主要减速器外壳发生裂纹）直接拍摄无法反映出裂纹的，可以先在裂纹处涂抹柴油，再用滑石粉或粉笔末撒在油上用小锤敲击裂纹附近，形成一条线后再进行拍摄。

（9）拍摄玻璃照片时注意玻璃的光线反光，如果所拍照片不明显时，应先拍一张照片，再击打玻璃受损处使损伤扩大明显后，再拍一张照片。

(10) 一张照片已能反映出多个部件、部位受损真实情况的不需单个或重复拍照，但重大配件或价格较贵的配件必须有能反映损伤、型号规格或配件编码的单独照片。

(11) 局部拍照时，需持稳相机，同时相机要聚焦，照片要求清晰并有辅助照片反映受损零件所处部位。总成或高价值的零部件一定要拍摄照片，小的损失、低值零件视情拍摄。

(12) 照片应能够反映出财产损失的全貌及损失部位，多处受损应分别拍摄；受损的带包装的物品应将包装拆下后拍摄，并注意拍摄包装物上的数量、类型、型号、重量等；价值较高的货物在分类后单独编号拍摄。

(13) 照片应能够反映路面痕迹的特定位置和起止距离、痕迹形态、深浅、受力方向、痕迹的相互位置等。

(14) 照片应能够反映人体衣着痕迹的形状、大小、受力方向等。

(15) 照片应能够反映遗留物的形状、体积特征、原始位置。

(16) 照片网上传送时，应按先全貌后配件、先远后近、先外后内、顺序摆放传送。同时注意每张照片必须加以注释，说明其反映出的情况。

四、现场调查取证

(1) 询问并记录报案人姓名、与被保险人的关系、电话等信息，听取并记录报案人叙述事故经过。

(2) 核对出险车辆驾驶员的信息，主要包括姓名、年龄、性别、驾驶证号、准驾车型、年审有效期等，并做好记录。若发现异常时，应在查勘记录中进行说明。

若存在酒后驾车或无照驾驶，以及执照的准驾车型与实际车型不符等情况时，应立即通知公安交警部门。

(3) 核实出险车辆信息。

1) 核实出险车辆的使用性质与承保时是否相符，在查勘记录中说明。

2) 核实出险车辆的装载情况是否符合要求，如载客人数、货物重量、高度及车辆营运情况等。

(4) 检查事故车辆的接触点或撞击部位，查找现场遗留物，询问当事人或目击人；对存在疑点或报案不符的事项做重点调查。

(5) 分析出险原因，判断保险责任。

(6) 按险别分别记录损失项目和预计损失金额，要求项目要齐全，预计损失金额尽量趋于准确，特殊情况做说明。

1) 对事故中伤亡的人员，主要记录姓名、性别、年龄、所在医院、伤情等。

2) 对事故中受损的财产，按《机动车辆保险物损清单》的要求，详细记录名称、类型、数量、重量等。

3) 对车辆全损或推定全损案件，要记录车辆购置时间、价格、渠道等情况，了解车辆购置的发票或其他证明是否齐全。

(7) 记录事故现场情况，主要包括事故现场的道路、方位、车辆位置、肇事各方行驶路线、外界因素等情况。

(8) 单方事故现场取证及处理。对于单方事故，勘查人员应尽快赶到第一现场勘查，按照上述要求详细了解出险经过，重点核查事故真实性。

1）核实事故当事人是否为被保险人允许的合格驾驶员。

2）核实事故当事人是否存在酒后驾驶或其他故意行为。

3）若事故不属于保险责任范围，应立即进行现场取证、向现场有关人员做问询笔录并由被问询人签名确认，情节严重应报公安、交警对现场取证做记录。

4）对于未在第一现场查勘定损的，必须认真查勘事故车辆受损部位及损失程度，与报案人叙述的事故原因经过进行核对分析，若有疑问，则应立即与当事人到事故发生地进行第一现场补勘，根据承保及出险情况确定事故是否属于保险责任范围的事故。

五、告知客户索赔事项

（一）索赔书的填写

勘查定损人员现场查勘，将《机动车辆保险索赔书》交给保险人及其授权代表填写及确认；若保险车辆属单位所有，《机动车辆保险索赔书》、《赔款收据及权益转让书》、《委托书》需要盖公章，要求报案人带回单位盖章后与索赔资料一起交回。

（二）告知理赔流程

查勘定损人员根据承保信息及事故损失情况，确定赔付险别，将索赔须知及所需单证清单、《赔款收据及权益转让书》、《委托书》等资料交给报案人，详细告知理赔流程、所需单证及其他注意事项，并请客户签收。

（三）赔付与事故责任的关系

交警立案处理的案件，除完成上述两项工作外，应向客户说明交通事故处理流程，重点说明对于事故损失，保险人是按责任比例赔付，事故损失以修复为主的原则下由保险人根据维修市场行情合理核定，对损失鉴定价格有异议的，被保险人有权申请复议。

六、损失项目确定

损失确定包括车辆损失、人身伤亡费用、其他财产损失等内容。车辆损失主要是确定维修项目的工时费和配件费；人身伤亡费用按道路交通事故的相关规定进行计算；其他财产损失一般按实际损失与被保险人协商确定。

（一）定点维修

现场调查取证后，与客户协商事故车辆维修厂的选择，如客户委托保险定点维修厂维修时，现场尽量将损失部位拍摄完全，对有可能隐藏的损失部位和零件，做好待查零件的标记工作并及时到维修厂查勘定损。

（二）自行维修

客户决定自行维修事故车辆时，简易案件应尽量现场定损核价并出据《事故车辆定损报告》，现场由当事人或被保险人签名确认，一般案件或超权限案件应尽量在现场将损失拍摄下来，尽可能将看到的损失项目列出来，注明有可能隐藏的损失和部位，做好待查零件的标记工作并及时到维修厂查勘定损。

七、定损核价典型问题解决方法

在保险理赔工作中，常会在车主、保险公司、维修厂三者之间因各自的利益产生各种矛盾，解决问题的关键在于有效的沟通。

（一）配件修复、更换与客户有意见分歧的

定损过程中遇到配件修复、更换与客户有意见分歧的，如部分客户，不论车损大小，对于损伤的配件一律要求更换。

话术："您的心情我能理解，但是根据保险合同规定，车险定损遵循以修为主的原则。×××配件是可以修复的，修复后的配件在外观和使用性能上都能满足车辆安全行驶的要求。"

（二）客户不在合作修理厂维修的

首先，不能让客户有保险公司强行派修的感觉，然后积极推荐合作修理厂。

话术："您的车通常在哪里维修，本次事故您仍然可以自由选择修理厂，我公司也有一些资质好的不同类型合作修理厂供您选择。"

（三）客户坚持去特约服务站维修的

部分客户，不论何种车辆一律要求到特约服务站维修。

话术："您可以自由地选择修理厂，但希望您能了解，我们定损是按照维修行业标准确定的合理修理金额，也是经得起公估公司检验的。从维修市场行情看，由于进货渠道不同等原因，特约服务站修理价格很可能会高于我们的定损金额，超出部分我公司是不能承担的。况且公司合作修理厂的维修技术绝对不低于特约服务站。"

（四）客户或者修理厂提出配件价格疑义的

话术："我们的报价是按照市场行情确定的合理价格，保证有价有市。希望您能再了解一下配件价格，如果实在买不到，我们可以提供供货服务。"

如果修理厂提出异议，应单独与修理厂协商，以减少和消除客户因修理价格差异而产生的忧虑心理，同时，避免修理厂纵容客户要求我公司按修理厂确定的修理标准理赔。

（五）车主要求到异地定损、修理的

首先了解事故地的维修能力和费用标准，如当地没有维修能力的，应同意客户的要求，否则要提前向客户说明。

话术："经调查您的车辆当地有维修能力，如果您要求到异地修理及定损所产生的拖车费我公司是不能承担的；其次车辆必须经过我公司定损才能进行维修。"

（六）车损较大，短时间无法完成定损核价的

可先确定修理工时费用，并向客户和修理厂解释。

话术："您的车损失较大，我们必须对您负责，保证报价会有价有市。为了不影响车辆的修理进度，您的车可先做钣金维修，我们会尽快核定价格。"

（七）客户对定损产生抱怨的

客户对定损产生抱怨并扬言要"退保"时，要认真倾听客户的讲述，不要中途打断，

更不能指责客户。

话术："选择保险公司是您的自由，但我相信您会选择像我们这样处事公平、操作规范的公司。"

（八）非保险责任范围内的损失

由于部分车主不熟悉保险条款，误将非保险责任范围内的损失归结到本次事故一并维修。

话术："您的×××损失不属于保险责任范围，因此，以上部分的损失不能与本次事故合并处理。"

八、事故车辆的定损注意事项

（1）查勘定损人员在规定的时间内会同被保险人一起对事故车辆核定损失，确定修理价格。事故车辆坚持"以修为主"的原则，同时注意区分本次事故和非本次事故的损失、事故损失和正常磨损；对被保险人擅自送修的，定损核价人员应重新核定修理费用。

（2）事故车辆的定损坚持"以我为主"，严禁交由维修厂定损和抄录维修厂修车明细。但实际定损当中，个别定损员为了自己方便，或由于专业技能的欠缺，将定损工作交由维修厂负责或抄录维修厂修车明细，使保险公司处于被动地位，赔付金额大幅提高。

（3）大多保险公司对定损员规定查勘权限，超出勘查定损人员查勘权限案件，应及时登录网上车险理赔系统上传案件定损明细，经分公司核损中心核损后，打印事故车辆定损报告，作为事故车辆修理价格的依据。

学习任务三　机动车盗抢查勘

学习目标：了解盗抢案件的现场查勘理赔流程。

学习方法：本任务为理论学习，采取教师讲解与学生讨论相结合来完成本学习任务。

汽车被盗后保险公司会给车主赔付车价款的80%，其余20%的车价款及车辆购置税、上牌费、装饰费等费用则由车主自己来承担，以20万价值的车辆为例，车主要损失6万元～7万元。从经济和精神的角度，自己心爱的汽车丢了，无论保险公司的赔付金额有多少，都对车主造成极大打击，机动车盗抢案件查勘与理赔显得尤为重要。

一、汽车盗抢险条款的解读

部分车主投保汽车盗抢险后，错误的将零件丢失也归结为保险索赔范围。例如，某车主丢失车轮后要求保险公司理赔，对于定损员的拒赔决定不能理解。所以，充分了解保险公司的汽车盗抢险条款，对车主和查勘理赔人员都很重要。

（一）保险责任

（1）保险车辆（含投保的挂车）全车被盗窃、被抢劫、被抢夺，经县级以上公安刑侦部门立案证实，满三个月未查明下落的。

（2）保险车辆全车被抢劫、被抢夺过程中发生事故造成保险车辆损失需要修复的合理费用。

（3）保险车辆在被盗窃、被抢劫、被抢夺后受到损坏或车上零部件、附属设备丢失需要修复的合理费用。

（二）责任免除

（1）非全车遭盗抢，仅车上零部件或附属设备被盗窃、被抢劫、被抢夺。

（2）保险车辆被盗窃未遂造成保险车辆的损失。

（3）保险车辆被诈骗、罚没、扣押造成的全车或部分损失。

（4）全车被盗窃、被抢劫、被抢夺后，保险车辆肇事导致第三者人员伤亡或财产损失。

（5）保险车辆与驾驶员同时失踪。

（6）被保险人因民事、经济纠纷而导致保险车辆被抢劫、抢夺。

二、现场查勘

接到调度后，调查人员应立即赶赴第一现场查勘，对当事人进行询问并做好询问笔录，进行现场拍照并检查现场有无盗抢痕迹，有无遗留作案工具。注意调查报案人所言有无自相矛盾之处，如停车场周围环境、当时的天气等有无可疑之处。

三、走访、调查

如果发现案件中存在某些疑点，应走访、调查现场有关人员，调查车辆停放、保管、被盗抢的情况，做好询问笔录。对车辆在收费停车场被盗的，要求取证停车记录及停车场看车人员的有关书面材料，特别注意停车场收费情况，要求被保险人提供停车收费凭证。如丢失地点为物业小区，应向保安、管理人员或物业了解情况，要求其出具相关证明并写明收费看管情况（由被保险人协助办理），如牵涉到经济纠纷、非法营运等行为，应作进一步调查，取得可靠证据。

（一）具体调查内容

（1）当事司机与被保险人关系。

（2）保险车辆丢失或被抢的详细经过。

（3）是否存在营运行为或经济纠纷以及这两种情况是否与此车被盗（抢）有直接联系。

（4）该车手续是否齐全。

（5）丢车地点是否有人看管收费，有无收费票据。

（6）是否进行过钥匙匹配，是否进行过修理。

（7）对被保险人的财务状况进行调查，被保险人有无财务状况恶化情况。

（8）调查被盗抢车辆的购置、入户上牌及过户等情况，如被盗抢车辆发生转让，应请被保险人及时提供有关转让证明。

（9）到公安车辆管理部门，核实档案记载的车牌号、车型、生产及上牌时间、车架及发动机号码等资料，核对被盗抢车辆是否已经挂失、封存档案。

（10）走访接报案公安部门的值勤民警，了解、记录接报案的详细情况。

（11）调查人员应经常与公安机关刑侦部门联系，积极协助破案。在保险车辆被盗抢三个月后，应及时了解被盗抢车辆的侦破情况。

（二）盗抢骗赔特征

走访、调查案件中如存在下述某些疑点，应仔细走访、调查现场有关人员，必要时请求公安配合调查，及时锁定证据，防止盗抢骗赔案件的发生。

（1）盗抢发生在一个不寻常的地方，环境、时间似乎没有发生盗抢的可能。

（2）行驶证上车主与被保险人、使用人不一致。

（3）单位车辆按私人投保或私人车辆按单位投保。

（4）被保险人财务状况恶化。

（5）与起保日期或保险终止日期相近，投保金额异常高。

（6）报称车辆所有证件一起被盗抢。

（7）交上来的车钥匙有配过痕迹或钥匙不齐。

（8）当事人反对某种调查、行动反常、叙述与已知的事实不相符，或证词相互矛盾。

四、车主的索赔

汽车在保险公司投保了盗抢险，应该可以在经济方面获得保险公司的赔付。无论是作为车主还是保险公司的查勘理赔人员，都需要事先在熟知盗抢险条款的基础上，了解保险公司关于盗抢险的理赔流程，以便更好地完成查勘理赔工作。

（一）索赔流程

保险车辆被盗、被抢或被劫以后，车主应在 24 小时内尽快向公安部门报案，并告知保险公司丢车的日期、时间、地点、车内财物、行驶里程数等。

如果被盗抢的汽车在 3 个月以内未追回，保户即可向保险公司索赔。保户获得赔偿后，若被盗抢的车找回，保险公司可将车辆折旧给保户，并收回相应赔款。如保户不愿收回原车，则车辆所有权归保险公司所有。

（二）索赔时须提交的单证

（1）由保险公司提供的出险通知书，由保户填写（公车须盖章，私车须签字）。

（2）保险单原件。

（3）《机动车行驶证》原件。

（4）购车发票原件。

（5）购置费缴费凭证和收据原件。

（6）由保险公司提供的权益转让书。公车须盖章，私车须签字。

（7）由公安局提供的机动车丢失证明原件。

（8）汽车钥匙。

（9）由交通局提供的机动车停驶证明。

（10）车主证件：车主是单位的须提供营业执照，是个人的须提供身份证。

（11）养路费收据原件。

（12）赔款结算单：保险公司提供。公车须盖章，私车须签字。

如果保户自公安部门出具被盗抢证明之日起 3 个月内不提交上述单证，保险公司即视为保户自愿放弃权益。

对于不能提交上述全部单证的，保险公司会增加一定的免赔率，车主应积极补办丢失的单证，减少损失。

学习任务四　水灾现场查勘

学习目标：了解水灾的现场查勘流程。

学习方法：本任务为理论知识学习，采取教师讲解与学生讨论相结合的方法学习。

保险条款规定，保险车辆在水淹中启动或水淹后操作不当致使发动机损坏，保险人不承担保险责任。对非保险责任造成的发动机损坏鉴定变得非常重要，非保险责任鉴定如证据不足常会造成保险索赔纠纷，甚至产生民事诉讼。另外由于汽车水灾损失通常是众多标的同时受损，在短时间内要对众多车型、不同受损程度的汽车进行较科学的损失评估，往往使一般车险评估人员感觉到棘手，为做好汽车水灾理赔工作必须了解与水灾相关的基本知识。

一、水灾损失现场查勘要点

（一）水损时的车辆状态

在遇到暴雨或洪水时，一些经验不够丰富的驾驶员、一些处理水灾受损汽车经验不多的查勘人员，往往不知所措，因所采取的措施不当，扩大了汽车的损失。如：在汽车被淹熄火以后，大部分驾驶员会条件反射式地二次启动发动机，试图尽快脱离险境，结果加重了汽车的损坏；个别救援人员因所采用的施救措施不当，扩大了汽车的损坏；一些查勘定损人员无法界定自然损失与人为扩大损失的区别。与碰撞损失现场查勘不同，查勘汽车水灾损失应注意汽车水灾状态。水灾损失时汽车处于行驶状态还是处于停置状态，这是区别是否是保险责任的前提。

（二）是否二次启动

汽车是处于停置状态受损，此时发动机不运转，如果发动机内部机件产生机械性损伤，如连杆打弯、活塞打碎，可以定为措施不当，造成的损失定性为扩大损失，保险人不承担保险责任。

汽车处于行驶状态，如果水位低于发动机进气口，通常不会造成发动机损伤，但这不是绝对的，当其他车辆行驶时也会造成水面高低变化，甚至会造成水花飞溅，飞溅的水花也会被其他汽车吸入汽缸，造成发动机机件严重受损。

（三）水淹程度确定的参数

水的种类，水淹时间，水淹高度都是确定水淹损失程度的重要参数，不同的水质、水淹时间、水淹高度对汽车的损伤各不相同，必须在现场查勘时仔细检查，并作明确记录。

二、被淹汽车的施救

如果查勘人员到现场时汽车仍处水淹状态，则必须对水淹汽车进行施救，在对进水汽车进行施救时，一定要遵循“及时、科学”的原则，既保证进水汽车能够得到及时救援，又避免汽车损失的进一步扩大。施救汽车时的注意事项如下：

（一）早断电

在汽车被水淹的情况下，驾驶员有条件应立即断开电瓶线，抓紧时间将车推离险境，及时拨打保险公司的报案电话，或者同时拨打救援组织的电话，等待拖车救援。

（二）科学拖车

在对水淹汽车进行施救时，一般应采用硬牵引方式拖车，或将汽车前驱动轮托起后进行牵引，一般不要采用软牵引的方式。如果采用软牵引方式拖车，一旦前车减速，被拖汽车往往只有选择挂挡、利用发动机制动的方式进行减速。这样一来，就会导致被拖汽车发动机的转动，最终导致发动机机械损坏。如果能将汽车前驱动轮托起后牵引，可以避免因误挂挡而引起的发动机损坏。对于自动变速器的汽车，注意不能长距离的被拖曳（通常不易超过20～30km），以免损伤变速器。

（三）谨慎启动

汽车因进水熄火以后，驾驶人绝对不能抱着侥幸心理贸然启动汽车，否则会造成发动机或电器系统严重损坏。在未对汽车进行排水处理前，严禁采用启动机、人力推车或拖车方式启动被淹汽车的发动机。只有在对被淹发动机进行了彻底的排水处理，并进行了相应的润滑处理，易受损的电器彻底烘干后才能进行启动尝试。

三、排水处理

（一）电器排水

容易受损的电器（如各类电脑模块、仪表、继电器、电动机等）应尽快从车上拆下，进行排水清洁，电子元件用无水酒精清洗并晾干，避免因进水引起电路某些价值昂贵的电器设备报废。

汽车电脑最严重的损坏形式就是芯片损坏，尤其是装有电喷发动机的汽车，其控制电脑更是害怕受潮。应及时对进水电脑进行晾晒烘干处理。

安全气囊的碰撞传感器有时与气囊电脑做成一体，维修时只要更换了安全气囊电脑，就无需再额外更换碰撞传感器。安全气囊系统插头可用无水酒精擦洗，再用高压空气吹干的方法维修。

对于可以拆解的电动机，可以采用“拆解→清洗→烘干→润滑→装配”的流程进行处理，如启动机、天线电动机、步进电动机、风扇电动机、座位调节电动机等。对于无法拆解的电动机，如雨刷电动机、喷水电动机、玻璃升降电动机、后视镜电动机、鼓风机电动机、隐藏式前照灯电动机等，则无法按上述办法进行，进水后即使当时检查是好的，使用一段时间后也可能会发生故障，一般应考虑一定的损失率，损失率通常在20%～40%。

（二）汽车机械系统及内饰排水

1. 检查汽缸是否进水

汽车从水中施救出来以后，首先检查发动机汽缸有没有进水。将发动机上的火花塞全部拆下，转动曲轴，把水从火花塞螺孔处排出。如果用手转动曲轴时感到异常阻力，说明发动机内部可能存在某种程度的损坏，不要借助外力强制转动，要查明原因，排除故障，以免引起损坏的进一步扩大。

2. 检查机油里是否进水

将发动机机油尺抽出，查看油尺上润滑油的颜色，如果油尺上的油呈乳白色或有水珠，就要将润滑油全部放掉，在清洗发动机后，更换新的润滑油。

如果通过检查未发现发动机机械部分有异常现象，可以从火花塞螺孔处加入少量的机油，用手转动曲轴数次，使整个汽缸壁都涂一层油膜，以起到防锈、密封的作用，同时也有利于发动机的启动。

3. 检查变速箱、主减速器

查看变速箱、主减速器是否进水，如果上述部位进了水，会使其内的齿轮油变质，造成齿轮早期磨损。对于采用自动变速箱的汽车，还要检查 ATF 是否进水。

4. 检查制动系统

对于水位超过制动油壶的，应更换全车制动液，制动油壶里进水会使制动油变质，致使制动效能下降，甚至失灵。

5. 检查排气管

如果排气管进了水，要尽快地把积水排除，以免水中的杂质堵塞三元催化器和损坏氧传感器。

6. 清洗、脱水、晾晒、消毒及美容内饰

如果车内因潮湿而出现霉味，除了在阴凉处打开车门，让车内水汽充分散发，消除车内的潮气和异味外，还需对汽车内部进行大扫除，要注意换上新的或晾晒后的地毯及座套。还要注意车内生锈的痕迹检查，查看一下车门的铰链部分，行李箱地毯之下、座位下的钢铁部分以及备用轮胎的固定锁部位有没有生锈的痕迹。

7. 保养汽车

如果汽车整体被水浸泡，除按以上排水方法进行处理外，还要及时擦洗外表，防止酸性雨水腐蚀车体。最好对全车进行一次二级维护，全面检查、清理进水部位，通过清洁、除水、除锈、润滑等方式，恢复汽车的性能。

四、汽车的配置情况检查

要对被淹汽车的配置情况进行认真记录，特别注意电子器件的配置情况，如 ABS、ASR、SRS、PTS、AT、CVT、CCS、CD、GPS 等，对水灾可能造成的受损部件一定要做到心中有数。另外，要对真皮坐椅、高档音响、车载 DVD 及影视设备等配置是否为原车配置进行确认，是否以新增设备进行投保，是否属于保险标的。

五、汽车水损影响因素

汽车水损影响因素包括水质、水淹时间、水淹高度等。水损级别如图 6—2 所示。水损范围见表 6—2 所示。

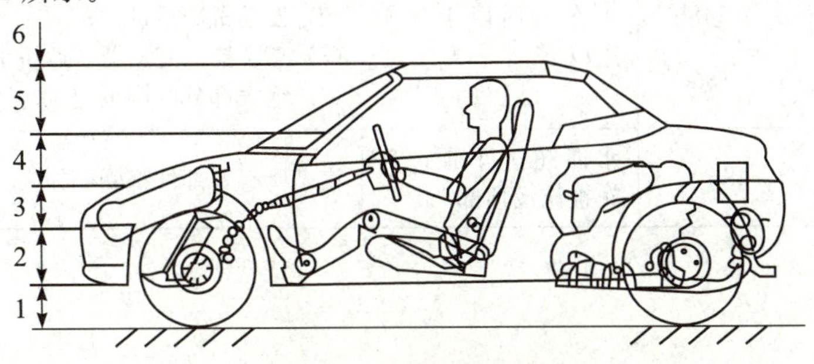

图 6—2　水损高度示意图

表 6—2　　汽车水损后的损失评估表

水损程度等级			水损分析
	水淹时间	水淹高度	
一级	$t \leqslant 1h$	制动盘和制动鼓下沿以上，车身地板以下，乘员仓未进水	可能造成的受损零部件主要是制动盘和制动鼓。损坏形式主要是生锈，生锈的程度主要取决于水淹时间的长短以及水质
二级	$1h < t \leqslant 4h$	车身地板以上，乘员仓进水，而水面在驾驶员坐椅坐垫以下	除一级损失外，还会造成以下损失： （1）四轮轴承进水； （2）全车悬架下部连接处因进水而生锈； （3）配有 ABS 的汽车的轮速传感器失准； （4）地板进水后车身地板如果防腐层和油漆层本身有损伤就会造成锈蚀； （5）部分控制模块水淹后会失效
三级	$4h < t \leqslant 12h$	乘员仓进水，水面在驾驶员坐椅坐垫面以上，仪表工作台以下	除二级损失外，还会造成以下损失： （1）坐椅潮湿和污染； （2）部分内饰的潮湿和污染； （3）真皮坐椅和内饰损伤，桃木内饰板会分层开裂； （4）车门电机进水； （5）变速器、主减速器及差速器可能进水； （6）部分控制模块被水淹； （7）启动机被水淹； （8）中高档车行李仓中 CD 换片机、音响功放被水淹
四级	$12h < t \leqslant 24h$	乘员仓进水，水面至仪表工作台中部	除三级损失外，还可能造成以下损失： （1）发动机进水； （2）仪表台中部分音响控制设备、CD 机、空调控制面板受损； （3）蓄电池放电、进水； （4）大部分坐椅及内饰被水淹； （5）各种继电器、保险丝盒可能进水； （6）大量控制模块被水淹
五级	$24h < t \leqslant 48h$	乘员仓进水，仪表工作台面以上，顶篷以下	除四级损失外，还可能造成以下损失： （1）全部电器装置被水泡； （2）发动机严重进水； （3）离合器、变速器、后桥可能进水； （4）绝大部分内饰被泡
六级	$t > 48h$	水面超过车顶，汽车被淹没顶部	汽车所有零部件都受到损失

六、动态进水损坏分析

目前的汽车，大多采用的是四冲程发动机，包括进气行程、压缩行程、做功行程、排气行程，如图 6—3 所示，根据四冲程活塞发动机的工作原理，如果汽车进了水，水就有可能通过进气门进入汽缸，这会导致在发动机的压缩行程中，活塞在上行压缩时，所遇到的不再只是混合气，还有水，而水是不可压缩的，那么曲轴和连杆所承受的负荷就要极大地增加，有可能造成连杆弯曲、活塞损坏，在随后的持续运转过程中就有可能导致进一步的弯曲、断裂，甚至打坏汽缸。

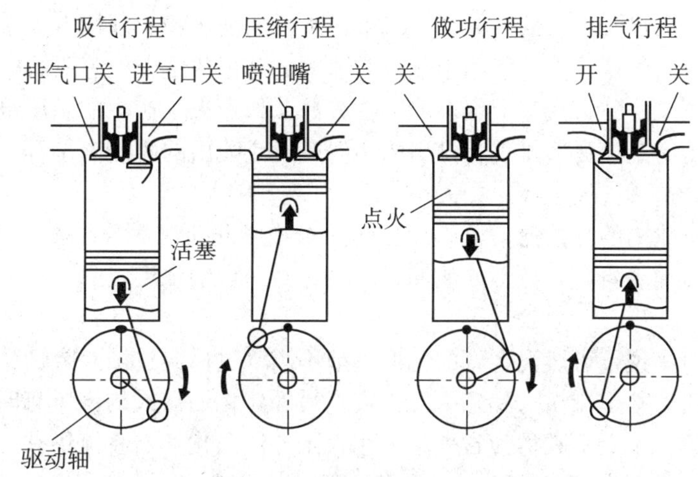

图 6—3　四冲程发动机的工作原理

需要说明的是，同样是动态条件下的损坏，由于发动机转速高低不同、车速快慢不等、发动机进气管口安装位置不一、吸入水量多少等，所造成的损坏程度自然也就有所不同。

如果发动机在较高转速条件下直接吸入了水，完全有可能导致连杆折断、活塞破碎、缸体被严重捣坏等故障。如果发动机二次启动，因发动机转速较低，造成的损伤相对较小。

学习任务五　火灾现场查勘

学习目标：了解火灾事故的现场查勘流程。

学习方法：本任务为理论知识学习，采取教师讲解与学生讨论相结合的方法。

汽车火灾损失令人触目惊心，无论是什么原因导致的起火燃烧，都会使车主及周边之人措手不及。即使扑救及时，汽车也会被烧得满目沧桑。如扑救不及时，整个汽车转眼之间就会化为灰烬。若在行驶中起火，还会给驾乘者造成严重的人身伤害。汽车起火原因很多，所以理赔过程和结果也不同。掌握避免火灾的方法及扑救措施，了解汽车火灾损失的理赔规则，无论对车主还是对保险公司的查勘定损人员，都具有十分积极的意义。

一、汽车火灾的分类

按照起火原因，汽车火灾可以分为自燃、引燃、碰撞起火、雷击和爆炸五种类型。

（一）自燃

自燃是指在没有外界火源的情况下，由本车电器、线路、供油、机械系统等车辆自身故障或所载货物起火燃烧。汽车自燃的可能原因有：

1. 供油系统

严重的汽车自燃一般都是燃油系统出现问题，燃油的泄漏可以说是引发严重汽车自燃的罪魁祸首，油箱中泄漏出来的汽油是汽车上最可怕的助燃物。漏油点大多集中在管件接头处、油管与车身易摩擦处、油管固定部位与非固定部位的结合处等薄弱地方。

无论是行进还是停驶，汽车上都可能存在火源，如点火系产生的高压电火花、蓄电池外部短路时产生的高温电弧、排气管排出的高温废气或喷出的积碳火星等，当泄漏的燃油遇到了火花，就会造成火灾。

安装于发动机舱内的汽油滤清器，距缸体及分电器很近，因汽油滤清器要经常更换，接头处极易出现泄漏现象，一旦燃油泄漏混合气达到一定的浓度，只要有明火出现，自燃事故将不可避免。

对汽油发动机来说，可燃混合气的比例调节不当（过稀或过浓）会产生化油器回火或排气管放炮的现象，甚至排出火星，引发火灾。另外，化油器式的汽车有时会出现供油系统工作不良的现象。个别驾驶员为省事，采用人工方法向化油器直流供油。此时一旦发生化油器回火，势必导致汽车起火。

电喷发动机喷油器清洗后密封圈必须更换，个别维修厂为微小的利益重复使用喷油器密封圈，常常引发汽车火灾。

采用柴油发动机的汽车，有时冬季会出现供油管路挂蜡的现象，为了解决该问题，某些驾驶员会在油箱外用明火烘烤，极易引起火灾。

2. 电器系统

（1）高压漏电。

发动机工作时，点火线圈自身温度很高，有可能使高压线绝缘老化、龟裂，导致高压漏电。另外，高压线脱落引起跳火也是高压漏电的一种常见形式，由于高压漏电是对准某一特定部件持续进行的，必然引发漏电处的温度升高，遭遇油泥等可燃物就会引发火灾，定期清洁发动机可有效预防此类火灾发生。

（2）低压短路。

低压线路老化、过载或磨损搭铁漏电是引发汽车自燃事故的另一主要原因。由于搭铁处会产生大量的热能，如果与易燃物接触，会导致起火。

私自改装导致个别线路用电负荷加大。如加装高档音响、增加通信设备、加装电动门窗、添加空调等，如未对整车线路布置进行分析及功率复核，火灾在所难免。

（3）接触电阻过大。

线路接点不牢或触点式开关接触电阻过大等，会使局部电阻加大，长时间大电流通电时发热引起可燃材料起火，电瓶火线与启动机的连接螺丝松动极易发生发动机火灾。

（4）点火顺序错乱。

点火提前角过早过晚或者点火顺序错乱会造成车辆加速无力，如急剧加油则会出现回火、放炮现象，有时会造成汽车火灾。

（5）加大保险丝容量。

在汽车电路维修中，有随意加大保险丝容量的现象，更有甚者用铜线代替保险丝，看似简单的问题，有时会酿成大祸。由于保险丝无法断开，线路短路引发火灾，在所难免。

3. 机械系统

汽车的相关部件因汽车超载而处于过度疲劳和过热状态，一旦超过疲劳极限，就有可能发生自燃。

制动系统工作时，制动蹄片上的摩擦片与制动鼓或制动盘之间的摩擦产生大量的热量。如果汽车超载行驶，频繁的制动会使产生热量更多。聚集的热量就会将黄甘油或刹车油点燃。另外，长时间高强度的制动，也会造成制动鼓过热，制动鼓随之又将热量传导到附近可燃物（轮胎），增加了自燃的可能性。

近年来高速路上轮胎过热起火现象较为常见。轮胎摩擦过热有几种情况：一是气压不足，二是超载，三是气压不足与超载的综合效应。这些情况都会造成轮胎的侧壁弯曲。轮胎弯曲所产生热量的速度要比机动车行驶中散发热量的速度快得多，其结果是侧壁的温度升高。将侧壁纤维与橡胶材料的轮结破坏，所形成的分离又加剧了松散线绳与橡胶间的摩擦，从而产生了更多的热量。聚积的热量会很快使侧壁的温度上升而造成自燃。轮胎起火以在高速公路上行驶的超载大货车辆居多。对于卡车或拖挂车上的双轮胎来说，则危险性更大。当两个轮胎中有一个气压不足时就会发生这种现象，原因是：由于相邻的轮胎承受了双倍载荷而形成过载，因此导致了轮胎的摩擦过热。

4. 其他

排气管上的三元催化反应器温度很高，且安装位置较低。如果停车时恰巧将其停在麦秆等易燃物附近，会引燃可燃物。

如果驾驶员夏季将汽车长时间地停放在太阳下曝晒，会将车内习惯性放置在前窗玻璃下的一次性打火机晒爆，如果车内恰巧有火花（如吸烟、正在工作的电器设备产生的电火花、爆炸打破的仪表火线等），就会引燃车内的饰品。

（二）引燃

引燃是指汽车被其自身以外的火源引发的燃烧。建筑物起火引燃、周边可燃物起火引燃、其他车辆起火引燃、被人为纵火烧毁等，都属于汽车被引燃的范畴。

（三）碰撞起火

当汽车发生追尾或迎面撞击时，由于基本不具备起火的条件，一般情况下不会起火。只有当撞击后导致易燃物（如汽油）泄漏且与火源接触时，才会导致起火。如果一辆发动机前置的汽车发生了较为严重的正面碰撞，水箱的后移有可能使油管破裂，由于此时发动机尚处于运转状态，一旦高压线因脱落或漏电引起跳火，发生火灾的可能性就很大。

当汽车因碰撞或其他原因导致翻滚倾覆时，极易发生油箱泄漏事件，一旦遇上电火花或摩擦产生的火花，就会起火爆炸。

（四）雷击

在雷雨天气里，露天停放的汽车有可能遭遇雷击。由于雷击的电压非常高，完全可以将正在流着雨水的车体与地面之间构成回路，从而将汽车上的某些电气设备击穿（如车用电脑），严重者可以引起汽车起火。

（五）爆炸

车内违规搭载的爆炸物品（如雷管、炸药、鞭炮）极易引发爆炸及火灾。

二、起火后的施救方法

汽车起火以后，驾乘人员应头脑清醒，切忌惊慌失措。首先将车停靠路边后，取出灭火器，准备灭火。要记住不能先打开发动机上盖，因为此时火势仍然控制在发动机盖下燃烧，因为缺氧，火势燃烧较为缓慢，对扑救有利，这符合“先控制、后消灭”的消防灭火作战原则。

（一）自行灭火

首先可用随车灭火器，由发动机盖缝隙处，对准起火部位喷射灭火，火势减小后两人协同灭火，可由一人手持灭火器，另一人打开发动机盖，在发动机盖打开的一刹那，对准起火部位猛喷。如果只有驾驶员一人灭火，应该一手持灭火器，一手去开发动机盖，发动机盖打开后迅速喷射，或者将灭火器放在身边，待车盖打开后立即拿起来喷射。

有些发动机的舱盖开启时需要把手探到里面打开锁销，为避免烫伤应戴好手套，如果火势较大，灭火器不够用时，可用沙土或棉被覆盖。若火势危及车载易燃物时，应先将其卸下。油料着火时，严禁泼水扑救，但酒精类着火时，可用水泼救。电器短路火灾先断开电瓶线。

（二）报警求救

如果火势很大，或者经过初步施救后，仍然无法将火扑灭，则应尽快远离现场并及时拨打119报警。此时，不要急着抢救车内的财物，防止被意外烧伤。

三、常见火灾车损的赔偿与责任免除

（一）承担赔偿责任（已投保车损险、自燃损失险）

（1）车辆因自身电器线路老化、过载、短路所致，或由于供油、货物原因起火。

（2）发生交通事故时，与外界碰撞后起火、燃烧。

（3）外部火源引发保险车辆起火等。

（二）不承担赔偿责任（投保车损险，未保自燃损失险）

（1）车辆因自身电器线路老化、过载、短路所致或由于供油、货物原因起火。

（2）不正确修理引发保险车辆起火等。

（3）利用残旧车辆高额投保骗赔放火等。

四、火灾查勘流程

（一）派工受理

现场查勘人员接到坐席派工后，5分钟内与事故现场报案人员电话联系，大概了解事故现场情况，明确告知自己现在所在位置，大约多长时间能到达现场；对于坐席的派工调度如认为不妥或有特殊原因不能受理，应与总调度沟通，在未经总调度改派之前，查勘人员不得消极怠慢，拒绝执行坐席的派工。

（二）现场查勘及调查

1. 现场查勘，分析车辆起火原因

判断是碰撞事故引起燃烧还是车辆自燃引起燃烧；标的是动态状态下起火还是静态状态下起火；检查车辆燃烧痕迹，判断燃烧起火点及火源。

2. 现场查勘重点

（1）碰撞车辆着火查勘。

首先对路面原始状态进行查看、拍照，并做好各项记录。施救后用清洁水将路面油污、污物冲洗干净，待暴露印痕的原状再详细勘查。方法是以车辆为中心向双方车辆驶来方向的路面寻查制动拖印、挫划印痕，通过测量刹车起始点至停车位的距离及各种印痕的形态来判断汽车的运动状态、速度等。

其次通过查勘着火车辆在路面上散落的各种物品、伤亡人员、被撞飞的车体部件等与中心现场的距离，推算着火车辆行驶速度。

最后通过车体燃烧痕迹寻找车辆上的起火点，分析起火原因。碰撞车辆着火的一般规律是将外溢的汽油点燃，查勘重点是汽油箱金属外壳表层有无碰撞损伤。车体被燃烧后的接触部位痕迹容易受到破坏，查勘时可根据残留痕的凹陷程度进行分析，以求判断碰撞力大小、方向、速度、角度等。

（2）车辆行驶状态自燃查勘。

车辆行驶状态自燃主要是由电器、线路、漏油原因造成，火势向行驶反方向蔓延。火源大部分分布在发动机舱和车内仪表台附近。车体无碰撞损伤痕迹，但驾驶员由于慌乱可能出现紧急制动、停车不正、行车道停车等现象。

（3）静态下车辆火灾查勘。

静态下车辆着火，重点要注意检查现场有无遗留维修、作案工具，有无外来火种、外来可燃物或助燃物等，有无目击者，同时调查报案人所言有无自相矛盾之处，如事故现场周围环境、天气等有无火灾引发条件。

3. 现场调查访问重点

（1）车辆碰撞或翻车的具体情节及造成着火的原因。

（2）车辆起火和燃烧的具体情节及后果。

（3）车辆起火后驾驶员采取了哪些灭火及抢救的措施。

（4）当事司机与被保险人关系，车辆为何由当事司机使用。

（5）是否进行过修理，最近一次在哪家修理厂维修的。

（6）事故地周围有无异常物，如车上配件、维修工具等。

（三）确认投保险种

“车辆损失险”，“车辆自燃损失险”所涵盖的责任范围大不相同。例如，碰撞引起标的着火燃烧是属“车辆损失险”责任范围，而自燃引起标的损失是属“车辆自燃损失险”责任范围，人为失火（如不正当修理引发火灾）引起火灾不属于保险责任。对于不属于保险责任的，一定要取得公安消防部门关于车辆火灾原因分析报告或车辆火灾原因相关证明后，会同查勘、调查取证形成的书面材料，上报分公司车险部审核后向被保险人下达拒赔通知，严禁通过主观判断就口头告知被保险人不属于保险责任或拒赔。

（四）火灾事故拍照

1. 火灾现场照相的分类

火灾现场照相分为现场方位照相、现场全貌照相、现场中心照相和现场痕迹物证照相四种。

（1）现场方位照相。拍摄点要选择较高较远的位置进行俯摄，尽量用一个镜头反映全景。在摄影构图时要把现场安排在中心或前景位置，照片尽量选择某些有永久性定位标志的山头、路标、里程碑、建筑物作为背景，以便了解焚车现场的具体方位。

（2）现场全貌照相。拍全貌照片构图时，要把现场中心部位和勘验的主要对象置于画面的中心部位。照片要完整的记录焚车现场的全貌。即使是最简单的现场，也要至少从相对方面拍照两张，较复杂的现场更要多角度、全方位，或十字交叉，或分段拍摄。

（3）现场中心照相，较近距离拍摄焚车现场中心、重要局部的照片，在整套现场照相中占有重要位置。由于它照相拍摄记录的范围小，拍照的距离近，要求清晰度高、真实感强。拍照时应选择不同角度，尽量使用标准镜头，均匀配光，适当取景，准确调焦，正确曝光，将复杂的焚车现场上的重点部位或重点物品逐一拍照，以便锁定保险欺诈骗局的重要证据。

（4）现场痕迹物证照相。采用近距离或微距拍照细目照片，要让痕迹物品的影像基本上占满画面，照相机镜头主光轴与被摄痕迹面垂直，拍出的照片具有立体感、真实质感，客观准确地反映痕迹的真实面目。

2. 火灾现场照相方法

火灾现场照相方法一般有相向照相法、多向拍照法、分段连续照相法和回转连续拍照法等。

（1）相向照相法。以拍摄对象为中心，从两个相对的方向对作为拍摄对象的焚车现场中某一地区或某个物体进行拍照。

（2）多向拍照法。以拍摄对象为中心，从三个或三个以上不同方向对现场中某一地区或某个物体交叉进行拍照。

（3）回转连续拍照法。将照相机固定在一个拍照点上，只转动镜头改变拍照角度，不改变相机的位置，将现场分段连续拍照后拼接成一张完整的相片。

（4）分段连续照相法。将现场中较为狭长的被拍地段或物体分为若干段进行连续拍照，然后把拍得的数张照片拼接成一张完整的照片，以反映现场或痕迹物体全段。

3. 现场照片的编辑

现场照片编辑包括照片筛选、照片编排、标记和文字说明。

（1）照片筛选。根据已掌握的案情和现场查勘需要反映的内容，对影像清晰、层次分明、主题突出、说明问题的照片挑选出来。通过照片使没去过现场的人，能够一目了然地知道现场在哪里，发生了什么事，烧毁了什么车，拍照的主要痕迹物证有哪些，它们之间的关系是什么，说明什么问题，从而对焚车赔案有一个概括的了解和认识。

（2）照片编排。照片编排顺序应与勘验笔录记载的顺序相一致。一般排列的方法有：按照现场照相的分类顺序排列；按照现场勘验的先后顺序排列。

（3）标记和文字说明。对部分照片附上标记和文字说明来加强照片的反映内容。

（五）调查取证

1. 焚车骗赔的特征

焚车骗赔者要想达到骗取巨额赔偿金的目的，总要挖空心思地在投保、焚车、报险、索赔等各个环节进行欺骗和伪造。如果发现案件中存在某些疑点、牵涉到故意行为或人为纵火情况，立即请求公安消防部门介入，进一步了解案件性质，确定着火原因，同时积极向有关的个人或单位了解情况，为公安消防部门破案提供有力证据。一般说来焚车骗赔行为有以下特征：

（1）有几个起火点，火势突然而且过分猛烈似乎没有合理的起火原因，汽车的烧损程度非常严重，整车呈现出面目全非的概貌，甚至出现不止一处的严重烧损地方，令人难以判断出最初的起火位置，不符合汽车自燃的一般规律。

（2）从车辆本身看，被焚车辆多为个体运输的轿、客、货车，获得保险利益者多为个人；个别车辆为廉价收购的进口车、接近报废年限的车。从车况看，车辆焚毁前多为破旧不堪，却低值高保、一车多保或巨额投保。

（3）汽车起火的季节看，不是发生在夏天，而是在其他季节。虽然从理论上来说，任何一个季节都有发生自燃的可能性，但是，根据火灾实际发生的情况统计，汽车夏季自燃的发生概率远远大于其他季节。这是因为夏季气温高，油气蒸发多，汽车的散热条件又相对困难，在同等条件下，更容易发生自燃。

（4）焚车地点相对偏僻，人迹稀少，时间多在不利有关人员及时到场查勘和进行现场救援的夜晚（夜晚9点至次日凌晨5点之间）、恶劣天气、节假日。

（5）当事人行为反常，反对某种调查或表现特别冷静，叙述经过与已知的事实不相符，或证词相互矛盾，驾驶人神态自然，没有遭遇突发事件后的紧张、焦虑、恐怖神情。

（6）从车上物品情况看，焚车时车上一般无货，或者驾乘人员的个人物品，尤其是贵重物品无重大损失。

（7）车主或驾驶员对赔付规定和索赔流程基本熟悉，焚车后急迫索赔，给保险公司索赔的资料基本齐全，索赔过程中对知情人威胁恐吓，对保险理赔人员殷勤倍至，伺机请客送礼。

（8）汽车起火以后，车主或驾驶员先选择向投保的保险公司报案，延迟拨打110或119求救电话请求救援，有违常规。多数人发现火灾险情以后，会向110或119报警求救。

2. 焚车赔案的调查内容

焚车赔案的现场调查要求本着发动群众、科学查勘的原则。现场查勘通常有两个主要的获取鉴定线索证据的来源和途径：现场勘验和现场调查。前者是以焚车现场为对象的调查，要求快捷、科学、谨慎。后者是以与出险事故有关的人为对象的调查，实际上就是发动和依靠群众、走群众路线的过程。很多成功案例告诉我们，讲科学与走群众路线相结合是焚烧机动车辆欺诈骗赔案成功破获的法宝。具体要做如下工作：

（1）灵活运用科学检测技术。

随着科技的发展及物证鉴定技术的进步，很多焚车骗赔案件得以破获。针对不同案件的不同症结，围绕关键情节，抓住要害问题，运用不同门类的技术手段核实、鉴别案情的真伪，及时发现破绽，突破疑难案件。

物证鉴定要在全面了解出险经过、掌握第一手现场情况的基础上，针对谎报出险、先险后保、虚假理赔、低险高赔、假险假赔等案件的不同特点，灵活采用多种专门技术手段收集、审查、鉴别有关证据材料。如通过金相分析，判断现场物证受热时的燃烧强度和持续时间；通过热分析，确定起火部位；通过气相色谱分析，判定有无汽油助燃；通过文检鉴定，鉴别单证材料真伪；通过识别编号检验，判断车辆来源等。

进行检验鉴定时一定要遵守操作规程、掌握要领、讲究方法。例如，在检验利用更改报废黑车识别标志后焚车骗赔案件时要注意，由于制造厂铭牌识别编号与车辆底盘识别编号两者相同，所以犯罪分子在改动车辆底盘识别编号的同时，也要将车辆制造厂铭牌标志揭掉，因此被改动或锉掉了识别编号的机动车辆多无制造厂铭牌标志，而仅剩下另一类发动机编号。更改好的识别编号在字体、位数、笔画、粗细凹陷度、间距、倾斜角度上均会有差异；改动部位无防锈底漆，其油漆表面光亮度、质感和颜色也有差异；由于承受客体原有编号部位被破坏，故被打磨加工的部位表面粗糙，擦划痕迹杂乱。若将车辆识别编号用细砂纸磨光，借助不同角度的光线可以观察到被打磨掉的原号码。对打磨较深的车辆，可采用化学腐蚀法来显现被打磨掉的号码。

（2）走访调查。

1）到车辆管理所核对车辆档案，查实档案记载的车型、牌照、制造年份、发动机号、车架号等与被保险人所述是否一致；查实车辆转让记录、年审记录。

2）对被保险人经济状况、是否赌博等进行调查，了解被保险人是否有因经济困难等情况铤而走险的可能。

3）到公安消防部门调查火灾原因，与自己通过查勘、访问分析得出的火灾原因进行比较分析，发现疑问要及时沟通，提出自己的观点，与公安消防部门一起确认火灾原因。

4）对燃烧车辆的购买情况进行调查，将购车发票复印留存；到当地较大的车行了解被烧车型的新车购置价，取得新车购置价证明。通过对保险金额、购买价和市场价的对比，分析被保险人有无利用价差进行欺诈的可能。

5）到火烧车辆进行最后一次修车的维修厂调查，了解车辆维修情况及车辆的实际车况。

6）调阅投保档案，查看验车照片，向验车人了解投保验车时车辆的实际状况。

（六）定损核价、预估事故损失、缮制查勘报告及立案

（1）根据查勘和调查取证情况，判定事故责任，推定全损时根据市场调查的车辆价值推算着火车辆现在实际价值，按照投保情况和免赔率，预估事故损失进行立案处理。

（2）着火车辆发生部分损失时应立即进行定损核价，定损核价实际操作中特别注意的是：火烧车辆定损时一定要分析着火源、燃烧范围、热传导范围，对燃烧范围和热传导范围的金属薄壳件、塑料件、密封件、电器、线路、油液类要进行重点检查，对因高温引起的变形、变质件一定要予以更换。

（3）查勘人员根据现场查勘及案件调查情况，缮制《火烧车案件查勘报告》，及时在网上查勘平台进行查勘信息录入，在规定时间内及时立案。

（七）履行告知

1．火灾证明

被保险人或当事人应及时向公安消防部门报案，要求相关技术人员对火灾现场勘查、

调查、取证，必要时提取检验，应取得县级以上公安消防部门出具的火灾原因分析报告或火灾原因证明。

2. 索赔材料及单证

详细告知保户索赔时所需材料及单证，驾驶证、行驶证在火灾中烧失无法提供复印件的，需到车辆管理所查抄驾驶员、车辆登记底档。送交客户索赔单证一览表，并由被保险人签收。

学习测试

测试 1：判断题

1. 报案受理的内容包括核实客户身份、记录报案信息、初步分析保险责任、给客户提供索赔指引等。（　　）

2. 查勘定损的内容有现场查勘定损、保险责任判定、损失预估 。（　　）

3. 作为一名查勘定损员，要协调好车主、维修厂、第三者之间关系。（　　）

4. 查勘与车损评估的常用工具有数码相机、移动电话、照明设备和相关单证。（　　）

5. 事故现场可分为原始现场和伪造现场 。（　　）

6. 施救被淹车辆时应注意的事项有早断电、科学拖车、尽快启动 。（　　）

7. 水损车辆定损的及时原则是指快速清洗、快速拆检、快速定损、快速烘干修理。（　　）

8. 有多个起火点，火势突然而且过分猛烈似乎没有合理的起火原因是焚车骗赔的特征之一。（　　）

9. 静态下车辆着火，重点要注意检查现场有无遗留维修、作案工具，有无外来火种、外来可燃物或助燃物等。（　　）

10. 定损人员以及汽车估损师应切实履行“公平公正”、“实事求是”原则。（　　）

测试 2：选择题

1. 下面为轿车非法改装的是（　　）。

A. 加长婚车　　B. 音响改装　　C. 倒车雷达　　D. 加装减震

2. 重型、中型载货汽车、半挂车载物，高度从地面起不得超过（　　）米。

A. 4　　B. 3　　C. 5　　D. 6

3. 载客汽车行李架载货，从车顶起高度不得超过（　　）米。

A. 0.5　　B. 0.3　　C. 0.2　　D. 4

4. 事故车辆维修坚持（　　）的原则，同时注意区分本次事故和非本次事故的损失、事故损失和正常磨损。

A. 以修为主　　B. 以换为主　　C. 安全为主　　D. 经济为主

5. 事故车辆的定损坚持（　　），严禁交由维修厂定损和抄录维修厂修车明细。

A. 以我为主　　B. 维修厂定损为主

C. 车主建议为主　　D. 修理工建议为主

6. 水损车辆定损的原则是（　　）。

A. 快速清洗　　B. 快速拆检　　C. 快速定损　　D. 快速烘干修理

7. 所有事故都会有出险现场存在，根据实际情况，一般分为（　　）。

A. 原始现场　　B. 变动现场　　C. 恢复现场　　D. 伪造现场

8. 变动现场也称移动现场，是指由于自然或人为的原因，致使出险现场的原始状态发生改变的事故现场，包括（　　）等。

A. 正常变动现场　B. 伪造现场　　C. 逃逸现场　　D. 自然现场

9. 保险车辆发生保险事故后，对其（　　）保险人不予负责。

A. 停车费　　B. 保管费　　C. 扣车费　　D. 各种罚款

10. 现场照相的内容包括与道路交通事故现场查勘笔录和现场测绘图有关的（　　）。

A. 相互印证　　B. 相互补充

C. 形成一条完整的证据链　　D. 没有相互关系

测试 3：简答题

1. 事故车辆检查的内容有哪些？

2. 常见非法改装的形式有哪些？

3. 查勘定损应遵循什么原则？

4. 如何理解定损工作中以我为主的原则？

5. 列举几种非保险责任的发动机损伤，并分析原因。

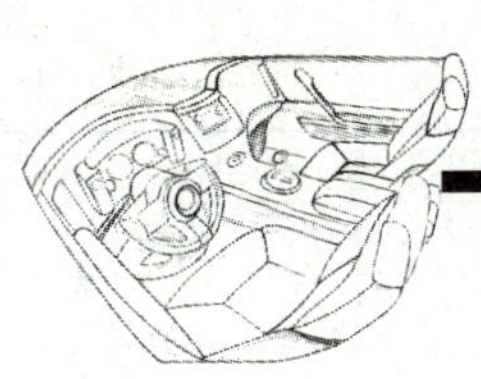

第七章

车损报告编制

引言

事故车辆的修复，最终都要依靠汽车修理厂去完成。对于不同资质的汽车修理厂，他们所能够提供的维修服务和达到的维修质量标准各不相同，所收取的服务价格也有较大差别。定损员要掌握目前配件市场定价、维修厂资质和维修工时定额等相关内容，才能编制一份让当事各方满意的车损报告。

学习任务一　报告编写基本要求

学习目标：了解车损评估单的编写原则和内容。

学习方法：本任务为理论知识学习，教师可结合实际案例教学。

一、车损报告的编制原则

（1）事故车基本信息齐全准确。

（2）以汽车受损查勘记录表为基准，同时参照拆解中心对已损坏零件的确定，进行分项编制。在重大事故报告编制时，可采取文字记录与拍照结合的方法。

（3）相关零件的名称准确、规范。

（4）准确掌握损伤零件修与换的尺度。

二、车损报告的编制内容

现场查勘完毕后准确地填写汽车受损记录表，按照要求编写报告。车损报告的编制内容包括事故车基本信息、损伤零件编号或名称、数量、修理方式、材料费、维修工时及残值等相关信息。其中修理方式、维修费用的确定较为复杂，也是编制车损报告的关键内容。若事故重大的评估报告，也可采取分类、逐项进行编制，这样会使车损报告更完整准确。修理方式、维修费用的确定方法将在之后的学习任务中详细介绍。

三、车损报告基本形式

各地区或各保险公司车损评估报告编写形式有所不同，但基本形式如表 7—1 所示。

表 7—1　　车损评估报告基本形式

<table>
<tr><td colspan="3">车主：×××</td><td colspan="2">牌照号码：辽 A××××</td><td colspan="2">事故日期：20080515</td></tr>
<tr><td colspan="3">厂牌型号：上海大众 SVW7180GL1</td><td colspan="2">车辆类型：轿车</td><td colspan="2">结构特征：承载式车身</td></tr>
<tr><td colspan="3">颜色、漆种：红、双涂层烤漆</td><td colspan="4">VIN：WVW77733ZTW＊000000＊</td></tr>
<tr><td>序号</td><td>损失项目
（零件编号、名称）</td><td>数量</td><td>修理方式</td><td>材料费</td><td>工时费</td><td>备注</td></tr>
<tr><td>0101</td><td>前保险杠</td><td>1</td><td>更换</td><td>340</td><td rowspan="2">0.5×80</td><td></td></tr>
<tr><td>0102</td><td>前保险杠骨架</td><td>1</td><td>更换</td><td>90</td><td></td></tr>
<tr><td>0201</td><td>前护栅</td><td>1</td><td>更换</td><td>60</td><td rowspan="2">0.2×80</td><td></td></tr>
<tr><td>0202</td><td>前徽标</td><td>1</td><td>更换</td><td>13</td><td></td></tr>
<tr><td>0301</td><td>事故处</td><td>$0.2m^2$</td><td>喷涂</td><td></td><td>0.2×400</td><td></td></tr>
<tr><td colspan="2">材料费合计：503</td><td colspan="3">材料管理费合计（12%）：60</td><td colspan="2">工时费合计：136</td></tr>
<tr><td colspan="2">涂饰费：80（含税）</td><td colspan="2">外加工费：0</td><td>税金：104</td><td colspan="2">修理工期：</td></tr>
<tr><td colspan="4">修理费总计（RMB）：捌佰捌拾叁元整</td><td colspan="3">残值：伍元</td></tr>
</table>

注：材料费来自当地配件市场零售价（正厂件）；材料管理费、税费率来当地《汽车修理工时定额与收费标准》；残值来自当地废旧材料市场报价；工时及工时单价以当地《汽车修理工时定额与收费标准》为基准，参考当地维修行业平均水平合理确定；修理工期只有在承保了车辆停驶损失险时加以确定。

四、编制车损报告时应注意的问题

在实际定损过程中，理赔定损人员将会遇到各种复杂情况和矛盾，如何解决好这些问题，化解矛盾，维护事故车辆定损的准确、合理性，则要求定损人员不但要掌握上述基本定损方法，而且要掌握各种复杂情况和矛盾的处理方法。

（一）维修厂与保险公司在工时定额上存在分歧

修理厂考虑到自身的经济效益，总是希望价格定得越高越好，有时修理厂为了拉车源，往往同意保户的某些不合理要求。例如：个别保户希望从修理厂提取部分现金或给修理厂交修车款时，免交保险公司事故责任免赔部分，所以，估价中修理厂有意抬高车辆估损价格，而保险公司从自身利益考虑，总是希望支付的赔款较少为好，所以，在确定工时费用时要处理好与修理厂的矛盾。当维修厂与保险公司在工时定额上出现分歧时，定损员应采取如下方法：

1. 确定工时在先、拆解车辆在后

在初步拟订修理方案后，对工时费用部分应实行包干。因为一般大事故，往往需要分解检查后，才可能拿出准确的定损价格。遇此情况，不宜先分解，后定价，而应先与修理厂谈妥修理工时费用后，再对事故车辆进行分解。若盲目分解，一旦在工时费用方面与修理厂方无法达成一致，则给后期变更修理厂家等工作带来被动。

2. 逐项核定工时，减少定价随意性

在与修理厂谈判工时费用时，可对事故车辆的作业项目按部位、项目进行工时分解，并逐项核定，减少确定工时的随意性，使工时核定更合理。

3. 加强更换零件的核损工作

在与修理厂谈定工时费用后，要对事故车辆进行分解确定更换项目，对于价值较高的零件的更换，要加强监督检查，必要时运用检测设备，准确定损，减少定损的随意性。

(二) 在确定更换配件时应处理好与保户的关系

大多数保户在车辆出险后，对于损坏的零部件不论损坏程度轻重，不论是否达到更换程度，都要求更换。解决好此类问题的基本方法和原则是：

(1) 按损坏的零部件在车辆结构上所起的作用，以及修复后，对汽车原有技术性能及外观的影响进行说服工作。

(2) 避重就轻策略。即对配件价值较大的，可换可不换的，则说服不予更换，对配件价值较低的，则可考虑照顾保户情绪，同意更换。

(3) 加强零件的科学检测，减少定损的盲目性，以科学的检测数据来说服保户和修理厂。

(三) 对重大事故及特殊车型定损时要认真谨慎

对于重大事故，保险公司尽可能安排在定点修理厂。避免在分解过程中有弄虚作假、以次充好，以及在分解过程中，有意扩大损坏部位，加大损坏程度等现象的发生。对其他修理厂则在工时费用包干前提下，由定损人员现场监督分解，并尽快确定更换配件项目。对维修过程加以监督，加强对更换零件的复勘检查。

对于特殊车型、配件奇缺的车辆，可在确定更换配件项目的前提下，先行安排其他项目的修复，避免因配件价格无法确定而延迟出单，延长修理时间。在车辆修复的同时，积极联系采购配件。对部分奇缺零件根本无法买到的，可采用加工制作方法解决。

(四) 异地查勘定损工作存在困难

赴外地查勘定损（尤其是在估价定损方面）往往相对困难，故派往外地的查勘定损人员必须具有丰富的定损估价经验，以应付各种困难局面。要注意下面几点：

(1) 去外地查勘定损时估价留有余地，修理厂对外地车辆往往有哄抬价格现象，在估价时留一定余地以利于定损的顺利进行。

(2) 工时费尽可能包干，配件中不能留待查项目，对确实无法判断的可现场分解，及时定损。

(3) 对事故车辆修理价格与修理厂无法达成共识时，亦可请当地保险公司参与协助招标工作。

学习任务二　维修方式的选择

学习目标： 了解零部件更换与修理的原则。

学习方法： 本任务为实践技能学习，教师通过 PPT 等多媒体方法及维修厂实训来完成本学习任务。

一、汽车零部件修与换总原则

汽车零部件种类繁多，维修方法不尽相同。但事故车辆维修应掌握“以修为主、能修不换”的总原则，在实际定损过程中应灵活运用以下具体原则：

(1) 影响行车安全的零件必须更换。为了保证汽车的使用安全，某些特定部件，如行驶系的车桥、悬架；转向系的所有零部件；制动系的所有零部件；安全气囊的所有部件等。这类部件在受到明显的机械性损伤后，从安全的角度出发，基本上都不允许再使用。

（2）工艺上不可修复的零部件必须更换。汽车上的某些零件，由于在工艺设计上存在着不可修复后再使用的特点，如胶贴的各种饰条、胶贴的风挡玻璃饰条、胶贴的门饰条、翼子板饰条等，这些零部件一旦被损坏或者拆卸后，往往就无法再使用。

（3）结构上无法修复的零部件必须更换。汽车的某些零件，由于所采用原材料的缘故，发生碰撞故障后，一旦造成破损，一般无法进行维修，只能进行更换。脆性材料的零件，一般都具有这一特性，如汽车灯具的严重损毁，汽车玻璃的破碎等。

（4）无修复价值的零件必须更换。汽车发生事故后，从经济学的角度考虑，存在着一些基本没有修复价值的零部件，即修复费用接近或超过零部件原价值的零部件。一般价值较低的，修理费用应不高于新件价格的30％；中等价值的，一般修理费用应不高于新件价格的50％；总成的修理费用，不可大于新件价格的80％。

（5）不能重复使用的零件必须更换。如油封、密封垫等拆解后必修更换。

（6）所有更换件定损规格不得高于原车事故前装配的品牌、规格。

（7）修理后零、部件的使用寿命应能达到新件使用寿命的80％以上，且应能与整车的使用寿命相匹配。

以上原则要灵活掌握，例如，对大保户单位的车，考虑到扩展业务的需要，对外观部件可适当放宽换件标准。

二、修换原则在具体定损中的应用

（一）钣金件的修与换

钣金件损坏以弯曲变形为主就进行修复；损坏以折曲变形为主就进行更换。

1. 钣金件损坏类型

（1）弯曲变形（弹性变形）。损伤部位与非损伤部位的过渡平滑、连续，可通过拉拔矫正使其恢复到事故前的形状，而不会留下永久性的变形。

（2）折曲变形（塑性变形）。弯曲变形剧烈，曲率半径小于3mm，通常在很短的长度上弯曲90度以上，矫正后，零件上仍有明显的裂纹和开裂，或者出现永久变形带，不经高温加热处理不能恢复到事故前的形状。

2. 折曲变形（塑性变形）更换原则

（1）如果损伤发生在平面内，则矫正工作比棱角处的严重起皱和折曲可能容易得多，但在轮廓分明的棱角处发生了折曲变形，则只能采取更换的方法，如车门玻璃框折曲。

（2）如果损伤部位处于纵梁的端部附近，而且压偏区并未受到影响或变形的范围影响不大，通过拉拔即可矫正的，则必须修复；如果压偏区（吸收冲击力的压溃区）已出现折曲，并将碰撞力传递到后部，造成后部也变形，则必须予以更换。

（3）如果损伤位置在发动机或转向器安装位置附近，重复性载荷会造成疲劳破坏（重复振动力或应力会加重并产生二次变形），这些安装位置发生折曲变形后，则必须更换；如紧抱转向器的广州本田前桥发生折曲变形。

（4）由于严重冷作硬化而造成的严重折叠起皱变形，则必须更换。

（5）在修复面中如果只有一个不能完全修复的轻微折曲变形，应采取挖补法修复。

（6）如果已经更换某个配件一部分，那么决定再稍微多更换一点，将其连接的相邻部分也更换掉，在比较容易、费用也不大情况下，允许予以更换。

(7) 在将变形周围部分均矫正到适当尺寸，剩下折曲变形部分确实无法矫正好，而且这部分形状复杂，无法采用挖补法修复的，则该部件应予以更换。

3. 常见覆盖钣金件修换原则

(1) 前翼子板。

1) 损伤程度没有达到必须将其从车上拆下来才能修复，如整体形状还在，只是中部的局部凹陷，一般不考虑更换。

2) 损伤程度达到必须将其从车上拆下来才能修复，并且前翼子板的材料价格低廉、供应流畅，材料价格达到或接近整形修复的工时费，应考虑更换。

3) 如果每米长度超过3个折曲、破裂变形或已无基准形状，应考虑更换。

4) 如果每米长度不足3个折曲变形，且基准形状还在，应考虑整形修复。

(2) 车门。

1) 如果门框产生塑性变形，一般来说是无法修复的，应考虑更换。

2) 许多汽车的车门面板是作为单独零件供应的，损坏后可单独更换，不必更换总成。

3) 如果车门锁块或铰链处产生塑性变形，由于有车门定位的要求，一般来说是无法修复的，应考虑更换。

(3) 发动机罩和行李箱盖。

绝大多数汽车发动机罩和行李箱盖，是用两个冲压成形的冷轧钢板经翻边胶粘制而成的。判断碰撞损伤变形的发动机罩或行李箱盖，是否要将两层分开进行修理，如果不需将两层分开也能修理，则应考虑维修；若需将两层分开整形修理，应首先考虑工时费加辅料与其价值的关系，如果工时费加辅料接近或超过其价值，则不应考虑修理，反之，应考虑修复。

(4) 后翼子板。

碰撞损伤的汽车中最常见的不可拆卸件就是三厢车的后翼子板。由于更换需从车身上将其切割下来，如果汽车修理厂在切割和焊接上，满足不了制造厂提出的工艺要求，就会造成车身结构方面新的修理损伤。所以，在设备和工艺水平有限的条件下，后翼子板只要有修理的可能性都建议采取修理的方法修复，而不应像前翼子板一样存在值不值得修理的问题。如果汽车修理厂在切割和焊接上，能够满足制造厂提出的工艺要求，对于严重损坏的后翼子板采取切割更换的维修方法，会大大节省工时。

(二) 塑料件的修与换

(1) 价值较低的塑料件破损以更换为主。

(2) 价值较高的塑料件，如保险杠裂纹小于100mm、孔洞直径小于30mm可采取修补的方法维修。

(3) 塑料油箱损坏由于影响安全必须更换。

(4) 整体破碎以更换为主。

(5) 尺寸较大的基础零件，受损以划痕、微裂、穿孔为主，且拆装困难，更换成本高的以修理为主。

(6) 表面无漆面，且不能使用氰基丙烯酸酯粘接修理的塑料零件，如果表面光洁度要求高，一般以更换为主。

（三）机械零件的修与换

基本原则：超过配合尺寸，通过加工也无法得到装配技术要求，或变形通过矫正无法保证使用性能和安全技术要求，或断裂无法焊接或焊接后无法保证使用性能和安全技术要求，或维修成本接近零件价值，原则上必须更换。

1. 发动机损伤的确定

（1）事故碰撞造成发动机缸体、缸盖的外部损伤。

发动机缸体、缸盖常用的材料为铸铁或铸铝，这些材料目前在许多机械专业加工厂均可焊接，定损时主要查看其损伤部位及损伤程度。如果只是表面裂纹、或裂纹只延伸至发动机冷却水道边等，通过焊接工艺可以恢复正常使用；发动机冷却水道与油道间损伤、发动机冷却水道或油道与缸筒（气门座）间损伤、外部裂纹延伸至缸筒（气门座）等处，通常应更换缸体或缸盖。

（2）事故引发的发动机内部损伤。

柴油发动机因事故翻车机油倒灌燃烧室会造成“飞车”事故，最终导致抱瓦、拉缸。曲轴可以通过修理尺寸法按级磨曲轴，并给予更换加大尺寸轴瓦即可；拉缸则通过修理尺寸法加大缸筒、活塞，更换活塞及活塞环即可。

发动机因翻车机油倒灌燃烧室或发动机吸水引发“顶缸”事故。活塞、连杆以更换为主，曲轴根据变形量采取矫正或磨削修理。

（3）事故导致发动机分解。

维修涉及的密封垫、油封等不可重复使用的零件必须更换。

2. 悬架损伤的确定

由于悬架零件外形的不规则性，其变形量很难检测。悬架零件的变形与车身、车架变形，胶套的磨损同样会造成车轮定位的变化。如果定位数据不对，首先分析是否因碰撞造成，由于碰撞事故不可能造成轮胎的不均匀磨损，可通过检查轮胎的磨损是否一致，初步判断事故前的车轮定位情况。例如桑塔纳的车轮外倾角，下摆臂橡胶套的磨损、锁板固定螺栓的松动，都会造成车轮外倾角的变化。其次检查车身定位尺寸，在消除了诸如摆臂胶套的磨损等原因，矫正好车身，使相关定位尺寸正确后，再做车轮定位检测。

由于悬挂系统中的零件都属于安全部件，而价格又较高，所以评估核价时要仔细认真，重点检查内容有：

（1）仔细研究碰撞着力点位置、碰撞力传递方向、注意可能被碰撞损坏零件。

（2）仔细研究悬架各连接点松动量磨损情况，判断松动是自然磨损引起还是碰撞引起，从而推断碰撞力传导距离。

（3）注意连接点有无变形（大多变形部位伴有爆漆现象）夹紧，有变形夹紧则碰撞力有可能通过该连接点传导引起相连件损坏，应重点检查。连接点变形与悬架零件变形同样会造成车轮定位失准。

（4）检查减振器有无漏油，区分事故造成漏油还是机件磨损渗油（通过查看油痕迹即可区分，旧油泥为机件磨损渗油，新油为事故造成漏油），事故造成漏油，则应更换；拆下减振器，检查有无变形、弯曲，有则予以更换；用手握住减振器两端，将其拉伸和压缩，若拉伸或压缩时用力都极小，表明减振器功能减退，与事故损坏无关。

（四）电子元件的修与换

电子元件在汽车上的应用越来越广泛，由于价值高、检测技术含量高，已成为定损工作的又一难点，振动、热辐射、潮湿均会造成电器元件损坏，定损中要注意以下内容：

（1）车辆上除安全气囊控制单元外，其他电子元件、控制单元事故受损均必须有明显被撞击痕迹或因撞击造成烧蚀（注意区分事故与非事故引起的烧蚀）、水损受潮等，才可以更换。

（2）外表轻微损伤的控制单元、电子元件定损，如无法从外观上判断损坏，必须经过专用检测仪确定损坏才可以更换。

（3）所有伤、断线路均采取对接锡焊法修复。

（4）外装碰撞传感器式安全气囊系统控制电脑一般通过解码可重复使用 3 至 4 次；内置碰撞传感器控制电脑一定要整体更换。

（5）对于无条件检测的，可采取新件替换法确定故障元件。

（五）内饰的修与换

1. 仪表台

仪表台整体变形在弹性限度内，可矫正骨架后重新装回即可。折皱或开裂以更换为主。固定爪破损以焊接维修为主。通风孔、杂物箱、左右饰框等小件破损以更换为主。

2. 其他饰件

ABC 柱、门槛、车顶饰件破损以更换为主。

（六）易耗材料的修与换

（1）油脂类（如机油）和工作液类（如制动液、蓄电池液、冷却液等）具有润滑、冷却、防锈等作用，与发动机、变速箱、离合器、制动装置、蓄电池的正常运行息息相关。这些油液在使用过程中会渐少和氧化，从而降低汽车配件的性能并可导致发动机和其他装置产生烧蚀、不良运行等故障。定（核）损中要严格区分是事故造成损耗还是原车自然损少。填补以上工作液时要注意工作液的类型、化学性质，不同性质的工作液混加会产生化学反应，降低其性能。

（2）汽车上的各种橡胶皮带均与行车的安全性密切相关。正时皮带、转向助力泵皮带、冷却风扇皮带、制动软管和散热器软管等均以橡胶制成，但橡胶会随着使用时间的延长而逐步老化。当皮带龟裂甚至断裂时，会导致配件受损或方向盘沉重等。定损中要重点检查是保养不善龟裂、磨损等情况引起损坏，还是事故直接造成损坏。

（3）汽车中的制动摩擦片、制动蹄片、离合器片、轮胎等零件由于工作中的不断磨损，本身有一定的使用寿命。事故中造成损坏，核价时应折旧。

（4）使用超过设计寿命极限的配件不仅会引发故障，也有可能导致交通事故。因此定损过程中要重点检查，要剔除。

学习任务三 维修费用的确定

学习目标： 了解维修费用的确定方法。

学习方法： 本任务为理论知识学习，教师通过理论讲解方法来完成。

事故车辆修复费用包括事故损失部分维修工时费、事故损失部分需更换的配件费（包含管理费）和残值。对于国内不同地区的同一款汽车零件来说，虽然因为各地采购途径不尽相同，价格可能略有差异，但总体差异不大，差异较大的是各地的维修工时费标准。

一、事故损失部分维修工时费组成

事故损失部分维修工时费包括事故相关部件拆装工时费、事故部分钣金修复工时费（包括辅助材料费）、事故相关的机电维修工时费（含外加工费）、事故部分喷漆费（包含原材料费用）等。

（一）事故相关部件拆装工时费

事故相关部件拆装工时费包括事故造成零件更换的工时费；为完成相关作业，必须拆装某些并没有损伤的零部件或总成所发生的工时费（如严重变形的前纵梁矫正必须拆装发动机、副梁等零件）。在对被评估汽车拆装项目的确定有疑问时，可查阅相关的维修手册和零部件目录。拆装工时费标准可参考当地交通主管部门关于拆装工时费的相关标准，也可以查阅汽车制造厂规定的工时定额。

早期出台的工时费标准，已不适合当今维修行业的现实情况。根据多家维修站的报价统计，书末附录列举了各档次车型肇事后，常拆零件的拆装工时费，定损时可以参考该表所列举金额结合当地维修行情，对车辆的拆装金额作出合理估算。

（二）事故部分钣金修复工时费（包括辅助材料费）

1. 钣金修复工时费的影响因素

（1）零件价格差异的影响。

零件的价格决定着零件修理工时的上限，不同的汽车上的同样一个名称的零件价格差距甚远，从而造成修理工时差距非常大。

（2）损伤位置的影响。

与平面部位损伤相比，车身腰线、棱角部位的损伤，钣金工时会略有提高。

（3）维修设备差异的影响。

对不可拆卸的后翼子板来说，利用整形机维修会收到事半功倍的效果。

2. 常见钣金修复工时费计算

钣金工时费的估算是定损工作的又一难题，根据多家维修站的报价统计，书末附录列举了各档次车型肇事后，钣金修复每一项的最高限额。每个价位的车只列举一个车型，定损时可以参考该表所列举金额结合当地维修行情，根据车辆损伤程度，对车辆受损程度做出具体的钣金修复金额。另外，肇事较重车辆在修复过程中，很多钣金工作都是起连带作用的，在定损时应考虑车辆的整体钣金金额，不要做重复的定价，例如：车门、车顶维修时需有内饰及附件拆装工时费；后侧翼子板重大变形维修与更换隐含拆装后风挡玻璃。

（三）事故相关的机电维修工时费（含外加工费项目）

汽车零件修理工时的确定非常复杂，其主要影响因素包括零件价格差异、地域差异及维修设备差异等。零件的价格决定着零件修理工时的上限，同样一个名称的零件，在不同的汽车上价格差距甚远，从而造成同样一个名称的零件修理工时差距非常大。地域的差异是指同样一个零件在甲地市场的价格是100元，在乙地市场的价格是200元；同样的损失程度，在乙地被认为应该修理，而在甲地则认为已不值得修理。所以，同样一个零件在甲地的修理工时范围可能是1～2小时，而在乙地的修理工时范围可能是1～4小时。最后，维修设备的差异也影响零件修理工时，如桑塔纳普通型汽车的发动机缸盖因碰撞造成的发电机支架处断裂，按正常的修理工艺是可以采取亚弧焊工艺焊接的，但是，实际评估时会发现某地根本就没有亚弧焊制备，如果送到有亚弧焊设备的地方加工，往往因时间、运费等原因又不现实。由于上述客观原因的存在，造成汽车零件修理工时定额的制定相当困难，评估人员应当根据自己的理论知识和实践经验，结合当地的《汽车维修工时定额及收费标准》灵活掌握。

工时费＝工时定额×工时单价＋外加工费

1. 工时定额

机电维修工时定额的确定，应以当地的《汽车维修工时定额及收费标准》为基准，结合评估人员自己的理论知识和实践经验，考虑本地实际情况灵活掌握，但要注意下面的情况：

（1）机修：独立式前悬挂只有事故损坏更换上、下悬挂、拉杆等相关附件才需电脑前轮定位（注意：不是四轮定位）；刹车只有拆装或更换油管路件才需系统排气；吊装发动机工时已包含了拆装与发动机相连的散热系统、变速箱及传动系统工时；发动机只有更换汽缸体才可定损大修工时（内部磨损件需更换非保险责任，为配合原部件需对气缸体加工属保险责任）；更换新汽缸盖隐含铰削气门座和研磨气门工时、气门导管拆装工时。

（2）电工：更换前大灯隐含调整灯光工时；空调系统中更换任何涉及冷媒泄漏件均需查漏、抽真空、加补冷媒工时；更换电控系统电脑、部分传感器（如节气门体）需解码仪检测解码。

（3）其他：所有维修工时费均包含辅助材料费（消耗材料费、电工焊接材料费）和管理费（利润、税金）。

2. 工时单价

工时单价指维修事故车辆单位工作时间的维修成本费用、税金和利润之和。工时单价随地区等级变化，一般以二类地区价格为基础，在二类地区营业的一类维修企业最高限价为80元/小时，二类维修企业最高限价为60元/小时，三类维修企业最高限价为40元/小时。

3. 外加工费

如曲轴的变形矫正及磨削、缸筒维修、断螺丝的取出及加工等，大多在专业的维修公司进行，定损时要考虑外加工费。索赔时可直接提供外加工费发票，本厂不得再加收管理费；凡是已含在维修工时定额范围内的外加工费，不得另行列项，重复收费。

（四）事故部分喷漆费

各地喷漆费用的计算方法各不相同，有以面积乘以单价的计算方法和以常见覆盖件单件计算方法。喷漆工时费应包含喷漆需要的原子灰、漆料、油料、辅助添加剂等材料费。

1. 喷漆面积的确定

局部喷漆范围以最小范围喷漆为原则（即以该部位最近的接缝、明显棱边为断缝收边），如翼子板腰线上部损伤以腰线以上的面积计算，而不是整个翼子板全喷面积。

2. 喷漆单价的确定

常见的面漆大多以进口或合资品牌为主，如杜邦、新劲、PPG等品牌。面漆的种类与名称繁多，但大致可归结为喷漆和瓷漆。漆种的鉴别也较为简单，可用原车加油口盖直接通过电脑分析判断汽车原面漆的种类。也可以现场用蘸有硝基漆稀释剂（香蕉水）的白布摩擦漆膜，观察漆膜的溶解度。如果漆膜溶解，并在白布上留下印迹，则是喷漆，反之则为瓷器。如果是瓷漆，再用砂纸在损伤部位的漆面轻轻打磨几下，鉴别是否漆了透明漆层，如果砂纸磨出白灰，就是透明漆层，如果砂纸磨出颜色，就是单级有色漆层，最后借光线的变化，用肉眼看一看颜色有无变化，如果有变化为变色漆。通过上述方法，我们可以将汽车面漆分四类：硝基喷漆、单涂层烤漆、双涂层烤漆、变色烤漆等四类。

虽然各地喷漆费用的计算方法各不相同，但单位面积的涂饰费用基本相同，结合沈阳4S店的定价标准，提供各漆种收费参考价格，如表7—2所示。

表7—2　　各漆种收费参考价格

项目	轿车喷漆单价（元）					客车喷漆单价（元）		货车喷漆单价（元）	
	微型	普通型	中级	中高级	高级	普通	豪华	车厢	驾驶室
硝基喷漆（m^2）						100		50	100
单涂层烤漆（m^2）	200	250	300	400	500	200	300		200
双涂层烤漆（m^2）	300	350	400	500	600		450		
变色烤漆（m^2）			550	650	750				

3．常见覆盖件的喷漆费

在实际定损工作中，常以覆盖件单件计算方法确定喷漆费用。书末附录列举了部分车型常见覆盖件的喷漆费用，定损时可以根据定损车辆的类型、价位选择合适的喷漆标准。车身划痕险全车喷漆在不同修理厂对应的金额基础上适当下调（约7%）。

二、事故损失部分需要更换的配件费（包含管理费）

（一）配件价格形式

（1）由汽车生产厂家对其特约售后服务站规定的配件销售价格，即厂家指导价。

（2）当地大型配件交易市场上销售的原装零配件价格，即市场零售价。

（3）符合国家及汽车厂家质量标准，合法生产及销售的装车件、配套件（OEM）价格，即生产厂价格。

（二）配件管理费

保险公司确定事故车辆修复中需更换的配件价格一般采用市场零售价为基础，再加一定的管理费为原则。配件管理费是指保险公司针对保险车辆发生保险责任事故时，保险人对维修企业因维修需更换的配件在采购过程中发生的采购、装卸、运输、保管、损耗等费用以及维修企业应得的利润和出具发票应缴的税金而给出的综合性补偿费用。

（三）配件报价与核价

汽车配件价格信息掌握的准确度对降低赔款有着举足轻重的作用。由于零配件的生产厂家众多，因此零配件市场价格差异较大。另外，由于生产厂家的生产调整、市场供求变化、地域的差别等多种原因也会造成零配件价格不稳定，处于时刻的波动状态，特别是进口汽车零部件缺乏统一的价格标准，其价格差异更大。

为此，保险公司认识到必须建立一套完整、准确、动态的询报价体系，在这方面，大的保险公司，如人保（中国人民保险集团公司）建立了独立的报价系统《事故车辆定损系统》，该系统使得定损人员在定损过程中能够争取主动，保证定出的零配件价格“有价有市”。但零配件报价中常出现一些问题：

（1）询价单中车型信息不准确、不齐全，甚至互相矛盾，造成无法核定车型，更无法确定配件，导致报价部门不能顺利报价。针对这种情况，一般要求准确填写标的的详细信息。

（2）不规范使用配件名称，导致核价困难。针对这种情况，一般要求选择准确的配件名称，或通过零件编码、零件照片加以确认。

（3）有单个配件而报套件。针对这种情况，一般要求定损人员必须熟悉车辆结构、向多家配件商咨询，了解零配件市场供给情况。

（4）对老旧、稀有车型的配件报价，应准确核对车型，扩大核价渠道及供货渠道，积极寻找通用互换件，减少客户待修时间。

（5）报价的时效性。市场上货源紧张时价格上涨，所以报价、供货时间要快，避免涨价或缺货，一般为3～7天。

（6）无现货而必须订货的，原则上按海运价报价。

（7）部分查勘定损人员缺乏维修技能及配件相关知识，导致核价困难。针对这种情况，应加强对机构查勘定损人员进行维修技能及配件价知识培训。

（四）待查配件的确定

在车险查勘定损工作中，一些事故零件，很难用肉眼和经验判断其是否受损、是否达到需要更换的程度，甚至在车辆未修复前，个别单独的零件用仪器都无法检测。例如转向节壁、悬架下摆臂、副车架等，这些零件在定损工作中常被列为“待查项目”。然而，实践证明，这些“待查项目”在汽车修理厂进行车辆修理后，大都变成了更换项目。“待查项目”到底有多少确实需要更换？又确实更换了多少？这里到底有多少道德风险？这些问题始终困扰保险公司的理赔定损人员。减少“待查项目”中大量道德风险的方法及步骤如下：

1. 拍照备查

对于暂时无法确定损坏程度，确定需要待查的零件，查勘定损人员要在其上做上记号，并拍照备查，同时告之被保险人和承修的汽车修理厂。如对方在维修时进行了更换，应拿出做了记号的零件作证。

2. 加强零件检测，减少“待查项目”

认真检验车辆可能受损的零部件，尽量减少“待查项目”。例如，发动机皮带轮可通过旋转时的摆差来判断其变形量。用这种方法，可以解决空调压缩机、转向机助力泵、水泵等带轮的类似问题；电控元件可通过万用表、解码器、示波器等检测设备确认故障。

3. 跟踪维修

对于价值较高的待查零件，必须参与对“待查项目”的检验、调试、确认等全过程。例如，转向节待查，汽车经过初步的车身修理后，安装上悬挂等零部件后做四轮定位检验，假如四轮定位检验不合格，并且超过调整极限，修理厂会提出要求更换转向节，于是保险公司的理赔定损人员一般也就会同意更换转向节。至于更换转向节后，四轮定位检验是否合格，是否是汽车车身矫正不到位等其他原因，保险公司的理赔定损人员往往不再深究。实际上，四轮定位完全可能是车身矫正不到位等其他原因引起的，无需更换转向节。

4. 回收旧件

如果“待查项目”确实损坏需要更换，保险公司的理赔人员必须将做有记号的“待查项目”零件从汽车修理厂带回，以免汽车修理厂将“待查项目”零件留待下一次定损时更换使用。

上述方法解决“待查项目”的问题，汽车修理厂将无法获得额外利益，遵循了财产保险的补偿原则，最大限度地杜绝了“待查项目”中的道德风险。

（五）配件费计算：

1. 计算公式

配件费＝配件进货价×（1＋管理费比例）－残值

2. 配件进货价

配件进货价以该配件的市场零售价为准；老旧车型更换配件以换型替代件或通过与被保险人协商按照拆车件价格定价；原车损坏时是副厂件按副厂件价格定价。

3. 配件管理费确定的原则

配件管理费根据维修厂技术类别、专修车型综合考虑进行确定。

4. 残值处理

车辆因事故遭受损失后残余部分或损坏维修更换下来的配件，只需经再加工就可产生再利用的价值，由此，保险人对因事故遭受损失后残余部分或维修后更换下来的损坏件，按照维修行业惯例和废旧物资市场行情估算出这部分价值，这部分价值称为残值。

残值处理是指保险公司根据保险合同履行了赔偿并取得对于受损标的所有权后，对于这些受损标的的处理。在通常情况下，对于残值的处理均采用协商作价折归被保险人并在保险赔款中予以扣除的做法。但在协商不成的情况下，保险公司应将已经赔偿的受损物资收回。这些受损物资可以委托有关部门进行拍卖处理，处理所得款项应当充减赔款。一时无法处理的，则应交保险公司的损余物资管理部门收回。

知识与能力拓展

老旧车型定损

（一）常见老旧车型

对于1990年至1995年生产的车型，例如日本车系：凌志400（UCF10）、公爵王（Y31）、蓝鸟（U11）；美国车系：林肯城市、卡迪弗利特伍德、福特水星、道奇公羊、克莱斯勒；欧洲车型：奔驰140、宝马728i、奥迪V6，还有韩国大宇王子等老旧车型，定损员在定损这类车型时较费脑筋，特别是保户强调要换原厂配件时，甚是棘手。怎样能够说服保户，既能在定损时降低配件价格（争取换副厂件），又不会引起客户的反感，又能够让修配厂接受呢？了解配件及修配厂的修理工艺很重要。

（二）老旧车型常见维修方法

对于进口老旧车型，修配厂为了利益想尽办法刁难客户、刁难保险公司，明明买不到原厂配件也告诉保户让保险公司赔付正厂配件，针对这种情况查勘员首先应了解进口车的修理工艺及配件的供应情况等。大多维修厂是以修为主，然后报给保险公司说很多配件都需换掉，从中牟取暴利。

1. 电器维修

电器件基本以修为主，比如复勘时不易检查的车身线束，很容易找几根导线将其连接好埋在车内。

2. 底盘配件

一般修配厂会以修理及副厂件相结合的办法修理，客户及理赔人员很容易看到的外表件，例如副车架、悬挂支臂、后桥等，修配厂往往换上品质较好些的副厂件，而在里面看不到的半轴、球笼、减振器不是修理就是更换副厂件，所以在定损这些配件时，一定要认真核对。

3. 对于老旧的国产车型，例如 20 世纪 90 年代的化油器车：老普桑、奥迪 100 虽说有很多配件是原厂件，往往修配厂也不会更换原厂配件，多数是以次充好、以假乱真，所以在定损时要抓住修配厂心理，在定损副厂配件的基础上适当给予保户或是修配厂以补偿。但也要分情况，如果受损车辆损坏配件皆是副厂件，在定损时就要掌握尺度，不但不能给予补偿，反而在修理时要看紧修理过程，避免不必要的配件损失，特别要看守住拆车过程，此次事故不可能造成的配件损失坚决不予承担。

（三）老款车型定损原则

针对不同年款的车型、不同诚信度的修配厂，要有不同的定损原则，很好地监控修配厂的修理过程、修理工艺，会使得定损达到良好的效果，这样能很快提高查勘员的定损技能。在定损时抓住修配厂与车主的心理，在定损副厂配件的基础上适当给予保户或是修配厂以补偿，达成三方一致，以达到最佳定损效果。

学习测试

测试 1：判断题

1. 钣金件若损坏以弯曲变形（弹性变形）为主，则进行修复；若损坏以折曲变形（塑性变形）为主，则进行更换。（　　）

2. 机电维修工时费＝工时定额×工时单价＋外加工费。（　　）

3. 喷漆工时费＝喷漆体积×喷漆单价。（　　）

4. 登记损坏零件顺序是由前至后，由左至右，由外至内，内按总成分，适当灵活。（　　）

5. 塑料件修换原则是热塑性塑料件以更换为主，热固性塑料件以修复为主。（　　）

测试 2：选择题

1. 前翼子板损伤程度没有达到必须将其从车上拆下来才能修复，如整体形状还在，只是中部的局部凹陷，一般应（　　）。

A. 维修　　B. 更换　　C. 焊接　　D. 粘接

2. 前翼子板损伤程度如果每米长度超过（　　）个折曲、破裂变形或已无基准形状，应考虑更换。

A. 2　　B. 4　　C. 3　　D. 5

3. 价值较低的塑料件破损以（　　）为主。

A. 维修　　B. 更换　　C. 焊接　　D. 粘接

4. 车损报告的编制内容包括（　　）等相关信息。

A. 事故车基本信息　　B. 材料费、维修工时

C. 残值　　D. 损伤零件编号或名称、数量、修理方式

5. 事故车辆的定损原则是（　　）。

A. 与被保险人协商原则　　B. 尽量修复原则

C. 以我为主原则　　D. 定损权限原则

测试 3：简答题

1. 简述损伤车辆修复中如何把握零配件的修与换。

2. 简单说明车辆维修费用包括哪几部分。

3. 维修工时主要包括哪些？

4. 损伤评估报告应包括哪些内容？

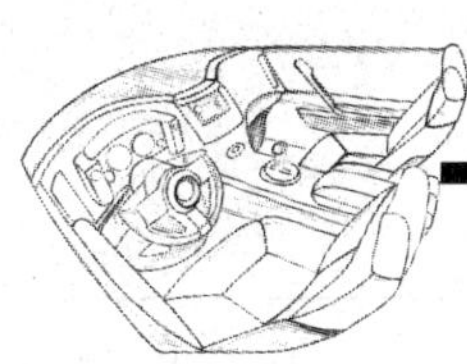

附录

常见零件维修价格表

附表 1 **常见钣金价格表**

单位：元

部件价格（元）\ 车型		奔驰 S320	宝马 X5	奥迪 A6	帕萨特	丰田 4500	捷达 04 款	夏利三厢	奇瑞 QQ	微型车系
矫正车身	4s 店价	9 000	7 000	2 000	1 750	2 500	1 200	1 000	1 000	800
	大修厂价	4 000	3 000	1 500	1 200	1 600	900	700	600	700
单侧前纵梁	4s 店价	1 500	900	400	350	400	300	250	240	200
	大修厂价	800	600	350	300	350	260	150	150	150
前机盖	4s 店价	3 000	2 000	400	400	400	300	200	240	150
	大修厂价	1 500	1 200	300	300	350	240	180	200	100
单侧前翼子板	4s 店价	750	400	280	240	260	100	60	150	80
	大修厂价	400	300	250	200	240	80	50	120	50
水箱框架	4s 店价	0	0	220	180	200	150	120	150	—
	大修厂价	0	0	200	130	180	100	100	100	—
前门	4s 店价	720	450	300	240	260	180	150	150	150
	大修厂价	350	300	200	180	200	150	100	100	120
后门	4s 店价	720	450	300	240	260	180	150	150	150
	大修厂价	350	300	200	180	200	150	100	100	120
大顶	4s 店价	900	450	350	300	350	250	200	200	250
	大修厂价	300	300	300	200	300	200	150	150	200
后备箱盖	4s 店价	1 000	600	420	400	450	300	200	300	300
	大修厂价	600	400	300	300	350	250	180	240	240
单侧后翼子板	4s 店价	1 000	500	400	400	400	260	200	150	150
	大修厂价	450	300	250	240	300	200	150	100	120
后纵梁后备箱地板	4s 店价	2 000	1 200	550	450	550	450	320	350	350
	大修厂价	1 000	600	450	400	500	400	260	300	300
A 柱	4s 店价	700	400	200	200	200	150	120	150	100
	大修厂价	300	200	150	150	150	120	100	100	80
B 柱	4s 店价	800	500	300	240	300	200	150	150	140
	大修厂价	400	280	200	200	200	150	120	120	100
C 柱	4s 店价	700	400	200	180	200	150	120	150	100
	大修厂价	300	200	150	120	150	120	80	100	80

附表 2　　常见零部件拆装价格表

单位：元

车型 部件价格（元）		奔驰 S320	宝马 X5	奥迪 A6	帕萨特	丰田 4500	捷达 04 款	夏利 三厢	奇瑞 QQ	微型 车系
全车拆装	4s 店价	5 500	4 300	3 000	2 000	3 500	1 850	1 500	1 400	1 350
	大修厂价	3 200	3 000	2 000	1 800	2 500	1 500	1 000	1 000	1 000
发动机变速箱	4s 店价	1 600	1 250	550	500	550	50	350	320	250
	大修厂价	800	750	500	400	500	380	300	280	200
单侧前悬挂	4s 店价	700	600	300	200	260	150	80	100	80
	大修厂价	300	280	150	120	150	80	50	50	50
后桥	4s 店价	600	450	300	250	300	200	100	120	100
	大修厂价	300	300	150	120	150	100	80	80	60
前杠、大灯、水箱、冷凝器等件	4s 店价	450	260	200	180	200	150	100	120	100
	大修厂价	300	300	150	150	150	100	80	80	80
仪表台	4s 店价	600	450	300	200	300	200	150	150	100
	大修厂价	350	300	200	150	200	150	100	100	80
前风挡	4s 店价	800	400	300	200	300	150	50	50	50
	大修厂价	350	300	200	100	200	80	50	50	30
前门	4s 店价	480	300	180	120	150	100	80	80	50
	大修厂价	200	200	100	80	100	60	50	50	30
后门	4s 店价	400	280	150	100	120	80	60	50	40
	大修厂价	180	180	100	80	100	50	50	50	30
后翼子板	4s 店价	700	500	400	300	400	280	180	150	150
	大修厂价	300	300	250	200	300	240	150	150	120
坐椅（一个）	4s 店价	250	200	150	100	100	80	50	50	40
	大修厂价	150	120	80	80	100	60	50	50	40
水箱框架	4s 店价	600	160	100	100	200	150	100	100	80
	大修厂价	300	80	80	60	200	120	100	80	50
前纵梁（单侧）	4s 店价	700	500	300	240	300	200	150	100	0
	大修厂价	300	280	200	200	200	150	120	100	0
棚顶（天窗）	4s 店价	400	300	200	150	200	100	50	50	50
	大修厂价	200	200	150	120	150	50	50	50	50

附表 3　　常损零件喷漆价格表

单位：元

部件价格（元）\ 车型	奔驰 S320	宝马 X5	奥迪 A6	帕萨特	丰田 4500	捷达 04 款	夏利 三厢	奇瑞 QQ	微型 车系
全车喷漆	11 500	10 000	4 200	3 200	4 500	2 800	1 800	1 600	1 600
	5 000	5 000	2 800	2 400	3 200	2 000	1 200	1 000	1 000
前机盖	1 200	720	550	550	600	450	350	300	150
大顶	1 200	700	500	480	500	380	350	300	300
后备箱盖	900	800	400	380	450	350	300	300	300
前保险杠	800	480	400	400	450	360	150	200	100
后保险杠	850	450	400	400	450	360	150	200	100
前翼子板	600	300	240	240	250	200	150	150	100
前门	800	420	240	240	260	240	200	200	150
后门	800	480	280	260	260	240	200	200	200
后翼子板	900	500	280	280	300	240	200	100	180
后围板	400	300	300	180	180	150	150	100	100
水箱框架	300	150	120	90	100	80	80	80	50
前纵梁（单侧）	300	150	150	120	150	100	100	80	50
大底防腐	400	500	200	200	200	180	150	120	120

注：在一、二类维修厂进行的全车喷漆价格可参考第二行价格提示。

参考文献

［1］戴冠军．汽车车身维修大全．杭州：浙江科学技术出版社，2000.

［2］吴兴敏．汽车车身修复与美容．北京：机械工业出版社，2002.

［3］张俊才．机动车辆保险理赔实务．西安：西安地图出版社，2002.

［4］刘森．汽车表面修复技术．北京：金盾出版社，2002.

［5］曾娟．机动车辆保险与理赔．北京：电子工业出版社，2003.

［6］曹建国．汽车维修实用技术．重庆：重庆大学出版社，2003.

［7］刘广龙．汽车装饰与美容．北京：时代传播音像出版社，2003.

［8］张俊．汽车车身修复专门化．北京：人民交通出版社，2004.

［9］王伟．机动车辆保险与理赔实务．北京：人民交通出版社，2004.

［10］王永盛．汽车评估．北京：机械工业出版社，2005.

［11］程玉光．汽车车损与定损．北京：人民交通出版社，2005.

［12］吴兴敏．汽车钣金与涂装修复技术．北京：国防工业出版社，2005.

［13］张晓明等．机动车辆保险定损员培训教程．北京：首都经济贸易大学出版社，2006.

［14］王永盛．车险理赔查勘与定损．北京：机械工业出版社，2006.

［15］王玉东．汽车美容与装饰技术培训教程．北京：国防工业出版社，2006.

［16］贾逵钧．汽车碰撞估损与修复．北京：机械工业出版社，2007.

图书在版编目（CIP）数据

汽车车损与定损/明光星主编．—2 版．—北京：中国人民大学出版社，2012.7
21 世纪高职高专规划教材．汽车运用与维修系列
ISBN 978-7-300-16141-9

Ⅰ.①汽… Ⅱ.①明… Ⅲ.①汽车保险-理赔-中国-高等职业教育-教材 ②汽车-损伤-鉴定-高等职业教育-教材 Ⅳ.①F842.63②U472

中国版本图书馆 CIP 数据核字（2012）第 158384 号

21 世纪高职高专规划教材·汽车运用与维修系列
汽车车损与定损（第二版）
主　编　明光星
副主编　蒋　岩

出版发行	中国人民大学出版社		
社　　址	北京中关村大街 31 号	**邮政编码**	100080
电　　话	010－62511242（总编室）		010－62511398（质管部）
	010－82501766（邮购部）		010－62514148（门市部）
	010－62515195（发行公司）		010－62515275（盗版举报）
网　　址	http://www.crup.com.cn		
	http://www.ttrnet.com(人大教研网)		
经　　销	新华书店		
印　　刷	三河市汇鑫印务有限公司	**版　　次**	2009 年 4 月第 1 版
规　　格	185 mm×260 mm　16 开本		2012 年 8 月第 2 版
印　　张	15	**印　　次**	2016 年 8 月第 3 次印刷
字　　数	350 000	**定　　价**	29.00 元